John L. Sandford

Warum begehen Christen Treue(Ehe)Bruch?

– Ursachen und Wege zur Heilung –

Verlag Gottfried Bernard
Solingen

FÜR MEINE FRAU PAULA

Für 38 wunderbare Jahre als meine Partnerin in Christus, meine Geliebte und meine Trösterin, Mutter von sechs Kindern, Großmutter von dreizehn Enkeln und Urgroßmutter von einem Urenkel.

UND FÜR TONY UND AMI LINCOLN

Für unseren neuen Schwiegersohn und unsere Tochter, die uns als Lektoren und Ratgeber geholfen haben – sogar während ihrer Hochzeitsreise!

Titel der Originalausgabe:
Why some Christians commit Adultery
by John L. Sandford

Übersetzung: Andrea Gleiß
Satz: CONVERTEX, Aachen
Grafik: image design, A. Fietz, Landsberg
Druck: Druckhaus Gummersbach

ISBN 3-925968-22-9

INHALT

DANK

Ohne unseren Verleger Clift Richards von „Victory House Inc." und unseren langjährigen Herausgeber Lloyd Hildebrand wäre dieses Buch nie entstanden. Sie haben mich überzeugt, daß es geschrieben werden müsse und daß dies meine Aufgabe sei. Der Heilige Geist hat es bestätigt und Seine Salbung gegeben – und schon bald füllte das Konzept meine Gedanken und viele Seiten.

Ein besonderer Dank gilt unserem „privaten" Lektor, unserem Schwiegersohn Tony Lincoln, der viele Stunden in Geduld damit zugebracht hat, meine schwerfälligen Gedanken in lesbare Sätze umzuformulieren. Viele Familienmitglieder und Freunde haben mit guten Gedanken und Ratschlägen zu dem Inhalt des Buches mit beigetragen, vor allem natürlich meine liebe Frau. Unser Sohn Loren wurde inspiriert, gerade zum richtigen Zeitpunkt eine vollmächtige Predigt zu halten – die als zusammenfassende Schlußbotschaft in das Buch aufgenommen wurde.

Mein größter Dank gilt unserem Herrn Jesus Christus und dem Heiligen Geist. Ich bete, daß der Herr uns allen die Weisheit gibt, Seine Wahrheiten anzunehmen und anzuwenden. Die Seuche der Sünde in unserer Zeit muß zum Stillstand kommen – und zwar schnell! Mit diesem Ziel vor Augen habe ich alle Kraft eingesetzt und viel mitternächtlichen Strom verbraucht, um das Buch so schnell wie möglich zu Ende zu bringen.

Ich bete darum, daß alle den Ruf zur Buße und zur Fürbitte hören. Unser Herr Jesus Christus wird zurückkehren, um eine gereinigte Gemeinde zu sich zu holen, die als Braut für ihren himmlischen Bräutigam zubereitet ist. Zur Zeit sind wir weit davon entfernt, daß sich die Gerechtigkeit unseres Herrn bei uns offenbart. Doch wir dürfen getrost sein: „In Treue bringt er das Recht hinaus. ER WIRD NICHT VERZAGEN NOCH ZUSAMMENBRECHEN, bis er das Recht auf Erden aufgerichtet hat. Und die Inseln warten auf seine Weisung" (Jes. 42,3-4).

VORWORT

In den ersten Kapiteln erläutere ich mehrere, im allgemeinen nicht bekannte Gründe dafür, warum ernstgesinnte Christen in Ehebruch verfallen. Die Hauptursachen jedoch liegen meistens in der Zerstörung der Persönlichkeit und des Charakters der betreffenden Personen in der Kindheit. Unzucht und Ehebruch entstehen meistens dadurch, daß die betreffenden Menschen Wunden und daraus entstandene Brüche in ihrem Charakter tragen, die keine Heilung erfahren haben. Sie werden von einem ungestillten Hunger, von verborgenen Nöten dazu gezwungen, das andere Geschlecht zu verunreinigen, zu bestrafen, Rache an ihm zu üben. Oder aber dadurch, daß andere (manchmal die eigenen Eltern) sie sexuell mißbraucht und/oder sie dazu bewegt haben, sich an anderen Formen lustvoller Aktivität, wie zum Beispiel Pornographie, zu beteiligen.

Durch die Darstellung in Teil Vier des Buches UMGESTALTUNG DES INNEREN MENSCHEN haben Paula und ich versucht, dem Leib Christi Hilfe anzubieten, so daß dieser die Sünder aus jenen Fallen retten kann: Kapitel 15 „Unzucht, Ehebruch, übermäßiges Verlangen und Anomalien“, Kapitel 16 „Archetypen und Homosexualität“; Kapitel 17 „Umkehrung der Elternrolle und Ersatzpartner“; und durch Paulas Buch OPFER DES SEXUALMISSBRAUCHS.

In den ersten Kapiteln dieses Buches wollen wir aufdecken, welche persönlichen Faktoren dazu führen, daß Christen, die ansonsten ein gesundes und moralisch einwandfreies Leben führen, in sexuelle Sünden verfallen. Keiner von uns hat vollkommene Eltern gehabt, und jeder von uns hat in irgendeiner Weise negative Gegenreaktionen in seinem Leben, selbst wenn die eigenen Eltern noch so wohlmeinend waren. In jedem von uns gibt es darum verborgene Bereiche von Schwachheit (gar nicht zu sprechen von den Resten der Sünde Adams, von der wir alle auch nach unserer Bekehrung immer wieder bedrängt werden). Doch die meisten von uns sind nicht so stark zerbrochen, daß wir VON EINEM ZWANG GETRIEBEN würden. Es gelingt uns, unsere Impulse der Korrektur von Gottes Wort zu unterstellen, und der Wunsch, unserem Herrn Jesus Christus keine Unehre zu machen, hält uns erfolgreich davon ab, in Sünde zu verfallen. Wir haben uns anscheinend „im Griff", und vielleicht beglückwünschen wir uns sogar selbst, daß WIR NICHT zu sexueller Sünde verführt werden können.

Dieses Buch ist geschrieben, um Christen zu helfen, die normalerweise ein rechtschaffenes Leben führen und anscheinend heil sind. Denn auch sie können plötzlich zu den Opfer zählen. Bestimmte Bedingungen und der Druck, unter dem sie stehen, können so belastend werden, daß sich Triebe, die sie bisher unter Kontrolle hatten, zu zwanghaften Gewohnheiten entwickeln, über die sie keine Herrschaft mehr haben. Da unser Wille immer miteinbezogen ist, steht keiner von uns völlig ohne Schuld da. Wir sind nicht einfach nur Opfer von dem, wozu uns der gesellschaftliche Einfluß verleitet. Darum enthält das Buch viel harte Liebe und auch Warnungen vor harter Strafe. Doch unser Hauptziel ist, INFORMATION zu geben und so eine GRUNDLAGE FÜR BARMHERZIGKEIT UND HEILUNG zu schaffen und SCHLÜSSEL DER ERKENNTNIS weiterzugeben, DIE VOR DEM FALLEN BEWAHREN.

Dieses Buch ist NICHT für Menschen geschrieben, die sich mit Absicht in Sünde begeben. Für solche „Christen" hat Gott eine klare Ermahnung: „Höre auf zu sündigen! Lebe in Gerechtigkeit!"

Das Buch ist mit Erbarmen und Verständnis geschrieben, um denen zur Vergebung und Heilung zu helfen, die meinen, sie würden fest stehen, und doch feststellen, daß sie von Kräften gebunden werden, die ihnen nicht verständlich sind und denen sie nicht widerstehen können. Es ist ebenso geschrieben für alle, die von den Taten solcher Menschen verletzt und bitter enttäuscht worden sind. Wir schreiben, um den Leib Christi auszurüsten, damit er den Gefallenen und deren Opfern helfen kann und damit er nicht dem Fehler verfällt, zu verdammen oder in falschen Eifer zu geraten. Der Herr Jesus Christus hat sich aufgemacht, Seinen zerbrochenen Leib zu heilen. Möge Gott jeden Dienst segnen, den Brüder und Schwestern in diesem Zusammenhang aneinander tun.

TEIL 1

Persönliche Gründe und Heilmittel für sexuelle Sünden

Kapitel 1

GEISTIGER EHEBRUCH, AFFÄREN UND KÖRPERLICHER EHEBRUCH

Christen beschließen nur selten absichtlich, Ehebruch zu begehen. Viele stehen vielmehr verwundet und verwirrt da, daß ihnen so etwas geschehen konnte. Besonders Leiter, wie zum Beispiel Evangelisten, Pastoren und Lehrer, sind sprachlos, wenn sie feststellen, daß sexuelle Sünde sie in so kurzer Zeit zu Boden stürzen konnte, obwohl sie gemeint hatten, sie würden so etwas niemals tun! Der Leib Christi taumelt, weil ein Fall nach dem anderen aufgedeckt wird. Die Christen versuchen zu verstehen, wie es möglich ist, daß so viele mächtige Männer Gottes überwunden werden konnten. Sowohl Christen als auch Nichtchristen fragen sich, warum eine so große Anzahl von Menschen so viel aufs Spiel setzen, obwohl sie nur so wenig dafür bekommen, Menschen, die die Ehre Christi vor Millionen von Menschen repräsentieren!

Jeder Mensch kann von machtvollen sexuellen Kräften ergriffen werden, ganz gleich, ob er den Herrn kennt oder nicht. Es verwirrt Christen, daß es manchmal so aussieht, als seien sie nicht besser vor sexuellen Sünden geschützt als die Ungläubigen! Dies sollte uns jedoch nicht überraschen. Wir unterstehen denselben fleischlichen Trieben wie alle anderen Menschen. Hinzu kommt noch die Tatsache, daß Satan sich bei den Ungläubigen nicht so große Mühe gibt, sie in Schwierigkeiten zu bringen. Warum sollte er auch? Die Ungläubigen sind ja schon in seinem Reich. Es geht ihm vielmehr um die Christen. Die will er zerstören.

Und viele von uns helfen ihm ungewollt dabei! In der Mehrheit der Fälle sind Christen erschreckend naiv, was ihre Gedanken über die eigene Sexualität betrifft. Es ist ihnen nicht bewußt, daß es in unserer menschlichen Natur Kräfte gibt, die uns zu Boden stürzen können, und entsprechend sind sie auch in Unkenntnis über die Art und Weise, wie die Mächte der Finsternis Situationen und sexuelle Triebe manipulieren können, um uns in Schwierigkeiten zu bringen. Es ist wahr, Gottes „Volk kommt um aus Mangel an Erkenntnis“ (Hos. 4,6).

GEISTIGER EHEBRUCH

Durch die Gnade Gottes habe ich nie eine andere Frau sexuell gekannt als Paula. Doch dies hat mich nicht vor GEISTIGEM Ehebruch bewahrt. Meine Mutter war ein Mensch, der sehr stark kritisierte und dadurch andere verwundete. Darum baute ich Mauern auf. Besonders in der Nähe von Frauen fühlte ich mich nie sicher. Das bedeutete, daß ich am Anfang unserer Ehe nicht in der Lage war, mein Herz vor Paula zu öffnen – und das machte mich schutzlos.

Gott hat uns mit dem Bedürfnis geschaffen, uns mitzuteilen. Er hat gesagt, es sei nicht gut, daß der Mensch allein sei (1. Mose 2,18), und Er schuf die Frau, damit sie das Herz des Mannes stärken sollte. Ich jedoch hatte Angst, Paula in mein Herz zu lassen. Doch der Natur ist ist jedes Vakuum zuwider. Darum öffnete ich mich anderen Menschen und erzählte sowohl Männern als auch Frauen in meiner Gemeinde, der ich als Pastor diente, Dinge, die ich als erstes Paula hätte erzählen sollen, manchmal auch Dinge, die ich nur ihr hätte erzählen sollen – ich sprach von Offenbarungen, Einsichten, Verletzungen, Ängsten, Sorgen und Hoffnungen, über alles, was mein Herz bewegte und wo ich Trost oder Bestätigung brauchte. Keinem anderen als Paula allein ist die Aufgabe übertragen, sich liebevoll um mein Herz zu kümmern. Ich hatte jedoch gelernt, daß alles, was meine Mutter von mir wußte, „im Falle eines Falles gegen mich verwendet werden konnte und würde!" Da nun Paula an die Stelle meiner Mutter getreten und die wichtigste Frau in meinem Leben geworden war, übertrug ich auf sie, daß sie mich genauso behandeln würde wie meine Mutter. Ich reagierte immer so, als hätte sie es tatsächlich getan, ganz gleich, wie sie sich verhielt. Nichts konnte mich dazu bewegen, Paula mehr anzuvertrauen, als irgend nötig.

Aufgrund jener Erfahrungen und Gefühle suchte ich nach Orten, die „sicherer" waren. Besonders leicht fiel es mir, mich älteren Frauen zu öffnen. Meine beiden Großmütter waren mir sehr lieb gewesen, mit ihnen hatte ich leicht reden können. Daher stellten ältere Frauen keine Bedrohung dar. Sie nahmen nicht den ersten Platz in meinem Leben ein so wie Paula. Darum konnte ich ihnen ohne Schwierigkeiten erzählen, was mich bewegte.

Paula erlebte manchmal, wie ich in Gemeindeversammlungen über private Dinge sprach, von denen ich ihr noch nichts erzählt hatte. Das verletzte sie sehr tief. Sie teilte mir dies in unmißverständlichen Worten mit! Ich begann zu erkennen, daß sie recht hatte und daß ich ihr zuerst von diesen Dingen hätte erzählen sollen. Doch damals wußte ich noch nichts von geistigem Ehebruch. Auch empfand ich nicht die geringste Versuchung, jene Frauen, denen gegenüber ich mich öffnete, sexuell zu begehren. Ich war jung, unreif, vollkommen naiv und dachte überhaupt nicht darüber nach, welche Gedanken oder Gefühle diese Frauen im Blick auf mich hegten. Nachdem ich wußte, was Paula dabei empfand, versuchte ich, ihr alle Dinge zuerst zu erzählen, und meinte, damit sei das Problem gelöst. Ich achtete also darauf, Paula alles zu sagen. Doch danach öffnete ich mein Herz weiterhin anderen Frauen, auch wenn ich nichts weiter tat, als ihnen einfach nur etwas von mir zu erzählen. Doch geschah es in einer Art und Weise, die allein für Paula hätte reserviert sein sollen. Ich konnte nicht sehen, daß ich mich zu Hause nicht wirklich öffnete und „draußen", wo ich mich sicherer fühlte, Offenheit spielte.

Es dauerte nicht lange, da sagte Paula, die geistlich sehr sensibel ist: „John, ich habe das Gefühl, als seien wir nicht einmal mehr im Bett allein. Ich kann den Geist dieser Frauen hier bei uns im Bett spüren!" Dieser Eindruck war weder seltsam noch okkult. Frauen „wissen" oft, wenn ihr Mann in ehebrecherische oder potentiell gefährliche Beziehungen verwickelt ist. Es ist ein Teil des sechsten Sinnes der Frauen, daß sie in der Lage sind zu fühlen, wenn eine andere Frau ihrem Mann zu nahe gekommen ist. Paulas Worte machten mich wachsam! Gemeinsam beteten wir, der Herr möge offenbaren, wo die Ursachen für diesen Eindruck lägen. Wir sagten: „Herr, wenn in John noch irgendetwas ist, das nach einer Mutter schreit, und wenn diese Frauen dadurch angezogen werden, so heile Du das bitte. Stelle das Kreuz zwischen John und jede Frau, die sich vielleicht zu John hingezogen fühlt, weil sie diese schmerzliche Leere in seinem Herzen ausfüllen möchte."

Wir beteten das, was wir unser „Rundum-Schuß-Gebet" nennen. Wir beteten für alles, was uns nur einfiel, einfach für den Fall, daß irgendetwas davon auf mich zutraf: „Heiliger Geist, offenbare Du, wenn John das Gefühl hat, eine Stärkung seines Ichs zu brauchen, und dadurch diese Frauen anzieht – oder nimm dies einfach jetzt weg, ohne daß Du es offenbarst." „Wenn irgendetwas in John ist, was ihn unbewußt dazu bringt, Frauen strafen zu wollen, indem er sie zunächst anzieht und dann durch seine hohen moralischen Maßstäbe wieder fortstößt, so töte dies an Deinem Kreuz."

„Jesus, wenn irgendetwas in John ist, das gerne mit Sex außerhalb der Ehe herumspielen möchte, so töte dies." „Vater, wenn in John etwas ist, das irgendeine Art von Erfüllung durch andere Frauen sucht, dann laß John dies erkennen. Denn diese Erfüllung soll nach Deinem Plan nur durch Paula geschehen. Bring dies in den Tod, ob er es erkennt oder nicht." „Herr, wenn in John irgendwelche verborgenen, unheiligen sexuellen Triebe sind, dann setze diesen jetzt ein Ende, bevor sie ihn beherrschen" Für alles, was uns nur einfiel, beteten wir gemeinsam.

Dann beteten wir für die Wurzeln von Verletzungen in der Beziehung zu meiner Mutter, zu meiner Schwester und zu allen anderen Frauen, die uns nur einfielen. Da ich von meinen Eltern in eine mir eigentlich nicht zustehende Rolle hineingedrängt wurde, beteten wir auch für die Folgen dieser Situation (mein Vater wurde zum Alkoholiker, als ich zehn Jahre alt war, darum mußte ich für meine Mutter und meine jüngeren Geschwister der starke Mann sein).

Menschen, die von ihren Eltern in eine ihnen eigentlich nicht zustehende Verantwortungsrolle hineingedrängt werden, lernen, daß das Zuhause ein Ort der Spannung und nicht der Erholung ist. Sie können Zuhause keinen Moment ihre Wachsamkeit vernachlässigen, sonst würden Chaos ausbrechen und Familienmitglieder verletzt werden. Darum mußte ich lernen, Trost AUSSERHALB DES HAUSES zu finden, im Garten bei meinen Pflanzen oder im Hof bei meinem schönen Collie oder im Schuppen bei den freundlichen und sanftmütigen Kühen. Diese Freunde verletzten oder enttäuschten mich nie. Ich konnte mich immer darauf verlassen, daß sie mir Liebe und Zuneigung entgegenbrachten. Daher lebte in mir dieses festverwurzelte Muster, Trost außerhalb des Zuhauses bei anderen zu suchen. Das mußte sterben.

Nach einigen Monaten des beharrlichen Gebets und Suchens gelang es uns nicht nur, jene sündhaften Verhaltensmuster außer Kraft zu setzen, sondern uns wurde auch bewußt, was geistiger Ehebruch ist. Ein Mann oder eine Frau können „todsicher" sein, daß sie ihrem Ehepartner sexuell treu sind und dies auch immer bleiben werden – und sich trotzdem absolut irren.

Ich bildete wahrscheinlich keine Ausnahme unter den jung verheirateten Männern. Die meisten von uns sind sehr naiv, was unsere Beziehungen zu anderen Menschen betrifft, und von der Möglichkeit geistigen Ehebruchs haben wir meisten überhaupt keine Ahnung. Folglich sind manche tief darin verwickelt, gleichzeitig jedoch vollkommen blind.

Paula sagte immer wieder: „John, warum hast du MIR nicht davon erzählt, daß du dir Sorgen um dieses oder jenes machst. Das ist MEINE Sache. Es tut mir weh, wenn du jemand anderem zuerst davon erzählst." Oder: „John, ... brauchte nicht zu wissen, daß du diesen Kummer im Herzen hast. Das ist UNSERE Sache. Ich weiß, du hast mir zuerst davon berichtet, aber ich wünschte, du würdest keinem sonst davon erzählen. Eines Tages wirst du noch merken, daß ich deine beste Freundin bin." Und sogar in Blick auf Erfolg und Lob: „John, ich möchte nicht die letzte sein, die davon erfährt, was in deinem Leben geschieht. Es ist beschämend, wenn andere Menschen mehr von deinem Leben wissen als ich."

Ich war ein Spätentwickler. Die meisten, vielleicht fast alle, haben bereits Sensibilität erworben, wenn sie in die Ehe gehen. Doch geistiger Ehebruch ist schwer erkennbar, es war nicht einfach nur meine Unreife. Viele Frauen, deren Männer wenig Interesse an geistlichen Fragen haben, suchen sich eine Gebetspartnerin, mit der sie sich austauschen können – und erkennen dabei vielleicht nicht, daß sie mit einer anderen Frau geistigen Ehebruch betreiben. Männer können geistigen Ehebruch mit Arbeitskollegen begehen, es kann sich dabei um Männer oder um Frauen handeln. Unverheiratete Menschen entwickeln manchmal Freundschaften, wo sie einem anderen Menschen ihr Herz in der Tiefe öffnen – wenn nun ein Ehepartner hinzukommt und diesen Platz im Herzen einnehmen will, mag es schwer sein, daß jenes Verhalten dem alten Freund gegenüber stirbt.

Anderen Menschen etwas über sich selbst zu erzählen, ist an und für sich nicht ehebrecherisch. In Christus müssen wir alle lernen, uns mehr zu öffnen und konkreter von dem zu erzählen, was in unserem Herzen vorgeht. Je reifer wir in Christus werden, desto mehr werden wir dies lernen. WENN WIR UNSER HERZ EINEM MENSCHEN ÖFFNEN, DER NICHT UNSER EHEPARTNER IST, DIESEM MENSCHEN DABEI ABER EINE POSITION DES TROSTES UND DER STÄRKUNG EINRÄUMEN, DIE IN ERSTER LINIE UND MANCHMAL AUSSCHLIESSLICH UNSEREM EHEPARTNER ZUSTEHT, DANN BEGEHEN WIR GEISTIGEN EHEBRUCH. Durch den Heiligen Geist ist Gott unser erster und größter Tröster. Doch wann immer Gott beschließt, uns diesen Trost durch ein menschliches Gefäß zu geben, so hat unser Ehepartner das erste und wichtigste Anrecht auf unser Herz. Unglücklicherweise haben die meisten von uns nie etwas von geistigem Ehebruch gehört. Wir bleiben ungeschult und blind auf diesem Gebiet.

Darum glaube ich, daß die erste und wichtigste Ursache für SEXUELLEN Ehebruch unter ernstgesinnten Christen GEISTIGER Ehebruch ist. Wie bereits ausgesprochen, kann man definieren, daß geistiger Ehebruch dann vorliegt, wenn eine verheiratete Person einem anderen Menschen etwas erzählt, was sie zuerst oder ausschließlich ihrem eigenen Ehepartner hätte anvertrauen sollen. Da jeder Mensch, ob gläubig oder ungläubig, sein Herz ehebrecherisch öffnen kann, müssen wir unsere Definition auf Christen einschränken. Folglich findet geistiger Ehebruch dann statt, wenn Christen, auf ihrem gemeinsamen Weg in Christus, ungewollt einander ihren erneuerten Geist öffnen und sich aus ihrem Herzen und ihrem Geist etwas mitteilen, was sie zuerst oder ausschließlich ihrem eigenen Ehepartner hätten erzählen sollen.

Geistiger Ehebruch ist besonders eine Falle für Christen. In emotionalen Ehebruch, oder Ehebruch des Herzens, kann jeder hineingeraten. Auch wenn emotionaler Ehebruch manchmal unabsichtlich geschieht, wird er doch oft von ehebrecherischen Menschen bewußt eingesetzt, um andere zu verführen und in eine bestimmte Art von Beziehung zu verwickeln. Solche Leute gebrauchen gefühlsgeladene Blicke, Körpersprache, Berührungen und zweideutige Worte, sie setzen alles ein, was dazu dient, ihre Absichten zu vermitteln und die Zustimmung des anderen zu gewinnen.

Doch GEISTIGER EHEBRUCH TRÄGT DAS KLARE MERKMAL, DASS ER (zunächst) IMMER UNABSICHTLICH GESCHIEHT. Es werden nicht bewußt Signale ausgesandt, noch wird bewußt in bestimmter Weise darauf reagiert. Anfangs merken die Beteiligten nicht, was geschieht. Das ist einer der Hauptgründe dafür, warum Christen in Ehebruch verfallen. Wenn geistiger Ehebruch offen zutage träte, insbesondere wenn er klar erkennbare sexuelle Züge hätte, dann würden sich ernstgesinnte Christen schnell davon abwenden. Doch dies ist nicht der Fall. Der geistige Ehebruch schleicht sich ungesehen heran, bis zwei Christen, oft ohne die zwischen ihnen wachsende körperliche Anziehungskraft zu bemerken, in einer so intensiven Beziehung miteinander stehen, daß sie, ehe sie sich's versehen, in sexuelle Versuchung geraten.

IMMER DANN, WENN MENSCHEN IN GEISTIGEM EHEBRUCH VERHARREN, FÜHRT DIES UNVERMEIDBAR ZU VOLLEM KÖRPERLICHEM EHEBRUCH! In den vergangenen 30 Jahren sind tausende von Ehepaaren zu Paula und mir in die Seelsorge gekommen, und wir haben versucht, die Scherben, die durch Ehebruch verursacht wurden, wieder aufzusammeln. Wir können versichern, daß uns nicht ein einziger Fall vor Augen steht, der nicht mit geistigem Ehebruch begonnen hätte. (Dabei dürfen wir natürlich nicht vergessen, daß wir nur von solchen Menschen sprechen, die in Ehebruch hineingeraten sind, nicht von denen, die bewußt danach gesucht haben.)

GESCHICHTE UND AUFBAU EINER TYPISCHEN SPIRALE, DIE VON GEISTIGEM EHEBRUCH ZU EINER AFFÄRE UND ZU VOLLEM KÖRPERLICHEM EHEBRUCH FÜHRT

Ein Pastor verläßt voll Idealismus das theologische Seminar. Er will ein heiliges Leben für Gott führen, er ist entschlossen, in seinem Dienst immer an seinen hohen moralischen Maßstäben festzuhalten. Voll Entsetzen, und vielleicht sogar ein wenig verurteilend, denkt er an jene Leiter, von deren Fall er gehört hat, und ist absolut sicher, daß ihm so etwas nie passieren kann.

Seine Gaben verschaffen ihm weiten Raum (Spr. 18,16). Schon bald werden mehr Anforderungen an ihn herangetragen, als er überhaupt erfüllen kann. Als erste Maßnahme gibt er den Sabbat auf, er meint, dies sei das geringste Opfer, das er seinem Herrn bringen könne. Dabei merkt er wahrscheinlich gar nicht, daß er dadurch bereits gegen Gottes Sabbatverordnung sündigt – es war nicht Gott, der dieses Opfer von ihm verlangt hat, sondern das Gefühl, ein wichtiger Mann zu sein. Schon bald wird durch die ständig wachsende Müdigkeit sein Wahrnehmungs- und Urteilsvermögen beeinträchtigt.

Als nächstes stellt er fest, daß er seiner Frau nicht alles erzählen kann, was ihn beschäftigt. Dies kann zum Teil mit den Besonderheiten zusammenhängen, denen jeder Pastor durch seinen Beruf ausgesetzt ist. Wenn man anfängt, möglichst anonym von Dingen zu erzählen, die sich im Seelsorgezimmer abgespielt haben oder von anderen Ereignissen aus der Gemeinde, dann gelingt es vielleicht nicht immer, am richtigen Punkt aufzuhören, und zum Schluß berichtet man Dinge, die man vertraulich hätte behandeln sollen. Davor haben wir alle Angst. Auch leben wir mit der Furcht, daß jemand anders unserer Frau Fragen stellen könnte, auf die sie die Antwort NICHT wissen dürfte. Kennt sie jedoch die Antwort, dann geht es uns an den Kragen! Darum neigen wir eher dazu, gar nichts zu erzählen. Frauen von Pastoren machen oft Witze über ihre beklagenswerte Situation und sagen, sie seien normalerweise die letzten, die erführen, was in der Gemeinde geschehe. Wenn sich diese berufsbedingte Schwierigkeit noch mit anderen verborgenen Faktoren im Herzen des Pastors verbindet, so wie es bei mir der Fall war, dann bricht die Kommunikation zwischen dem Pastor und seiner Frau völlig zusammen. Schließlich erzählt er ihr auch nichts mehr von anderen Dingen, die wenig oder gar nichts mit der Gemeinde zu tun haben. Sie ist zu einer „Berufswitwe" geworden.

Die Anforderungen nehmen weiter zu. Das Büro oder andere Dienste außerhalb der Gemeinde erfordern immer mehr Zeit. Auch die Salbung wächst. Es geschehen Wunder. Die Menge strömt herzu und wird immer größer.

Der Pastor (Evangelist, Lehrer, Prophet) ist jetzt äußerst gefährdet was Versuchungen betrifft – und ist sich dessen absolut nicht bewußt. Er befindet sich auf der Höhe seiner Kraft, er dient dem Herrn in großer Vollmacht, vielleicht mehr, als er es sich in seinen kühnsten Träumen je erhofft hat.

Doch sein Herz stirbt immer weiter ab. Er besteht nur noch aus einer Hülle. Er wird nur noch von der Salbung angetrieben, emotional ist er leer – und bedürftig – oh, er hat ein mächtiges Verlangen danach, diese Leere auszufüllen.

Und an seiner Seite arbeitet die unvermeidliche Sekretärin (Diakonin, Chorleiterin, Hauskreisleiterin oder wer auch immer ...). Die Arbeit verlangt, daß er mit ihr redet, und sei es nur, um Termine und die weitere Planung in Einzelheiten zu besprechen. Doch dieses wenige ist mehr, als was zu Hause an Kommunikation geschieht. Er fängt an, mit dieser anderen Frau auch über andere Dinge zu sprechen, nicht nur über den Dienst – schließlich müssen sie sich ja austauschen, um in Einheit zusammen dienen zu können. Er hat ein tiefes Verlangen nach jemandem, der ihn versteht. Seine Frau scheint da nicht die richtige zu sein. Da sie ihn in Wirklichkeit jedoch sehr gut versteht, hat sie ihn in letzter Zeit immer wieder dazu gedrängt, sein Tempo zu verringern. Doch das hat ihn nur weiter davon überzeugt, daß sie die Bedeutung dessen, was er tut, nicht ganz begreift oder zu schätzen weiß. Er hat das Gefühl, als würde ihr die „Heiligkeit" seines Rufes nicht genug bedeuten – sie

„... versteht mich nicht". Er ist vereinsamt und verarmt, obwohl dies gar nicht hätte geschehen brauchen.

Wenn die sexuelle Beziehung zu seiner Frau nicht schon vollkommen verkümmert ist, dann kommt es ihm jedoch so vor, als würde er sie körperlich nur noch rein mechanisch lieben, mit dem Ziel, selbst körperliche Entspannung zu finden. Da er ihr nichts mehr erzählt und ihr nicht mehr auf der Ebene des Herzens begegnet, hat sie bei allen sexuellen Wünschen seinerseits nur noch das Gefühl, von ihm BENUTZT zu werden. Für sie wird es zunehmend schwieriger, sich ihm zu öffnen und voll hinzugeben. Das wiederum wirkt sich tödlich auf seine Gefühle aus, und dies umso mehr, da die ständig wachsenden Anforderungen seine so wie so schon erschöpften emotionalen Reserven weiter aufzehren.

Inzwischen hat die enge Verbindung mit der Mitarbeiterin in ihm merkwürdige Gefühle geweckt. Ihm wird immer bewußter, wie stärkend und heilend die Zeit auf ihn wirkt, die er mit dieser Partnerin in Christus verbringt. Er erfindet Gründe, um mit ihr etwas besprechen zu können. Seine Gefühle fangen an, wieder aufzuleben. Auf einmal wird sein Leben wieder von romantischen Empfindungen beflügelt, die so lange geschlafen hatten. Zunächst überträgt er sie auf seine Frau und wird ein besserer Liebhaber Zuhause. Seine Frau wundert sich über diese Veränderung, doch trotz ihrer Erleichterung bleibt auch ein Rest von Befürchtung bestehen. Es dauert nicht lange, da kann er nicht mehr leugnen, daß er gegenüber jener Mitarbeiterin romantische Gefühle hegt.

Sehr wahrscheinlich hat sie in bezug auf ihr Zuhause und ihre Beziehung zu dem Pastor dieselbe Metamorphose durchgemacht. Ganz gleich, ob sie verheiratet ist oder nicht, sie empfindet die Verbindung mit diesem mächtigen Mann Gottes als ungeheuer erfüllend. In ihr steigt langsam Angst auf. Sie fragt sich, wohin diese Beziehung noch führen wird. Doch beschwichtigt sie sich immer wieder. Schließlich steht sie ihm ja nur zur Seite, so wie eine pflichtbewußte Dienerin es tun sollte, sie gibt ihm die Kraft, weiterzumachen. Anscheinend ist sonst niemand da, der diese Aufgabe erfüllt, nicht einmal seine Frau.

Der Mann Gottes hegt inzwischen vielleicht auch den Verdacht, daß irgendetwas nicht in Ordnung ist. Es ist sehr wahrscheinlich, daß er noch nie etwas von geistigem Ehebruch gehört hat und auch nie gelernt hat, an welchen Signalen man die Gefahr erkennen kann. Er weiß nur, daß es ihm gut tut und ihn stärkt, mit dieser Frau zusammen zu sein. Wenn er seine Motive erforscht, kann er (bis dahin) keinerlei sexuelle Wünsche in sich entdecken. Wenn Freunde, Vorgesetzte – oder seine Frau – ihn warnen, wehrt er sich wahrscheinlich und sagt, es handle sich um eine rein platonische Beziehung, die nötig sei, um das Werk des Herrn zu fördern. Vielleicht tadelt er sogar diejenigen, die ihn warnen, und wirft ihnen vor, sie würden einfach nicht verstehen, wie eine wahre christliche Beziehung aussähe – vielleicht hätten sie selbst unreine Gedanken und müßten dafür Buße tun – „Wie kann man nur auf solche Gedanken kommen!" Meistens schweigt der Leib Christi jedoch aus Unwissenheit über die Tatsachen des geistigen Ehebruch und dessen Gefahren. Andere Christen machen sich höchstens Sorgen und beten erfolglos (da Gott nicht das tut was UNSERE Aufgabe ist).

Je weiter die Zeit fortschreitet, desto mehr vertieft sich auch die Beziehung. Inzwischen muß er gegen eindeutig romantische Bedürfnisse ankämpfen. Er möchte sie gern mit kleinen Aufmerksamkeiten erfreuen, ihr zum Beispiel einen Blumenstrauß auf den Schreibtisch legen und heimliche Befriedigung darüber empfinden, wenn sie sich freut. Er fühlt sich in seine Teenagerjahre zurückversetzt. Es tut so gut, wieder Leben in sich zu spüren, in seinem Herzen ist er so überwältigt, daß er nicht bereit ist, auf die Warnsignale zu achten, die in seinem Kopf möglicherweise aufleuchten. Er weiß, daß etwas nicht in Ordnung ist. Da er jedoch noch nie von geistigem Ehebruch gehört, kann er nicht recht greifen, was los ist. Ihm ist klar, daß er ein schlechtes Gewissen haben sollte im Blick auf das, was er tut, aber es geht ihm so gut, es gelingt ihm nicht, sich schuldig zu fühlen. Außerdem, so sagt er sich, hat er schließlich nichts anderes getan, als sich an ein paar schönen Gefühlen zu freuen. Vielleicht kommen ihm Jesu Worte in den Sinn, daß „... jeder, der eine Frau ansieht, sie zu begehren, schon Ehebruch mit ihr begangen hat in seinem Herzen" (Mt. 5,28). Doch sagt er sich, daß diese Stelle auf IHN nicht zuträfe, da er in sich keine begehrlichen Gefühle ihr gegenüber entdecken könne. Ganz im Gegenteil, er sieht es als seine Aufgabe, ihre Tugend zu beschützen, so wie ein großer Bruder. Im Blick auf seine wahren Gefühle ist er nun vollkommen verführt, und er ist sich der Gefahr, in die ihn seine Seele geführt hat, überhaupt nicht bewußt.

Früher oder später wird das Paar gemeinsam in eine Situation hineingeraten, in der sich ihnen eine Gelegenheit für einen körperlichen Ausdruck ihrer Zuneigung bietet. Normalerweise geschieht dies auf einer Tagung oder auf einer gemeinsamen Fahrt. Vielleicht bringt er sie nur zu ihrem Zimmer. Doch wenn er ihr dann eine flüchtige, christliche Umarmung geben will, wird er plötzlich von den bisher unterdrückten Gefühlen überwältigt! Wie immer auch die Umstände aussehen, die diese Gelegenheit herbeigeführt haben, die beiden werden nun von Kräften beherrscht, denen sie anscheinend machtlos ausgeliefert sind. Manche, die bei Paula und mir in der Seelsorge waren, besaßen anfangs noch soviel Stärke, daß sie sich nach einem heftigen Petting Einhalt geboten und nicht noch einen Schritt weitergingen. Doch was dadurch in ihnen begonnen hat, wirkt weiter, bis sich ihnen die nächste Gelegenheit bietet, die sie nun nicht mehr abschlagen können. Es endet damit, daß sie schließlich zusammen im Bett landen.

Da sie Diener des Herrn sind, wissen beide, daß sie sich schrecklich schuldig fühlen müßten, und vielleicht werden sie auch von Schuldgefühlen geplagt. Doch gleichzeitig sind sie äußerst verwirrt, daß sie sich so gut fühlen! Sie hatten erwartet, daß diese Sünde ihre Herz krank machen würde und sie von Gewissensbissen überwältigt wären. Sie fühlen sich vielleicht ein wenig schuldig, doch sind sie überhaupt nicht von Schuld überwältigt. Das erstaunt sie sehr. Sie fühlen sich auf wundervolle Weise geachtet, geliebt, erfüllt und unaussprechlich wohl! Ihre körperliche Liebe kann nicht die Fülle der Herrlichkeit enthalten, die Gott dem sexuellen Akt zugedacht hat. Diese Herrlichkeit kommt vom Heiligen Geist, der die Symphonie des Lebens und der Liebe zwischen zwei Menschen singt, von Geist zu Geist, von Herz zu Herz, von Leib zu Leib. AN ORTEN DER UNMORAL WIRD DER HEILIGE GEIST NICHT SINGEN. Doch die Ebene ihrer Kommunikation hat ihre Herzen in einer Weise und in Bereichen füreinander geöffnet, die den eigenen Ehepartner schon lange verschlossen waren. Folglich enthielt ihre Vereinigung sehr viel mehr Freude und Lust, als sie es seit langem zu Hause erlebt hatten. Das verwirrt sie völlig.

In dem Paar beginnt nun der Prozeß des Rechtfertigens. Natürlich WISSEN sie, daß das, was sie getan haben, Sünde ist. Das können sie nicht völlig wegdiskutieren. Doch aus der Art der Beziehung, die sie zueinander haben, schließen sie, daß sie einander wirklich lieben. Vielleicht, so argumentieren sie, haben sie ihren eigenen Ehepartner nie wirklich geliebt. Schließlich waren sie ja damals noch so jung. Jetzt sind sie älter und kennen sich selbst besser. Sie meinen, dies sei nun die wahre Liebe. Wenn sie sich nur eher gefunden hätten! Gott muß das doch verstehen – und jetzt fallen ihnen viele Schriftstellen über Gottes Gnade und Seine Vergebung ein.

An diesem Punkt beschließen sie vielleicht, nie wieder sexuell zusammen zu kommen. Sie geloben sich Enthaltsamkeit. Doch ihre Körper haben gelernt, den anderen zu befriedigen und zu erfreuen. Es gelingt ihnen nicht, sie finden immer wieder Wege, zueinander zu kommen.

Für den Mann Gottes ist es völlig verwirrend, wenn er entdeckt, daß er seine Salbung nicht verloren hat. Im Gegenteil, seine Vollmacht als Prediger hat sogar noch zugenommen! Durch seine eigenen Kämpfe mit Schuld und Angst, seinem Selbsthaß und den Augenblicken der Gnade, durch das Leid in seinem eigenen Herzen kann er die anderen Menschen viel besser ansprechen und sie an dem eigentlichen Punkt ihrer Not verstehen. Er kann ihre Schwierigkeiten und Kämpfe, die sie mit dem Glauben haben, besser nachvollziehen, weil er dasselbe durchlebt. Dies verwirrt ihn noch mehr. Vielleicht fällt ihm ein, daß Gottes Gaben unwiderruflich sind (Röm. 11,29), doch er kann sich nicht erklären, warum er sich näher bei Gott fühlt als zuvor. Der Grund dafür liegt darin, daß Gott Seine Gnade auf ihn ausgießt, um ihn zu einer vollkommenen Umkehr zu führen (Röm 5,20 und 2,4). Er denkt jedoch, der größere Erfolg und das Gefühl der größeren Nähe zu Gott läge darin begründet, daß er nun endlich die richtige Frau an seiner Seite habe, diejenige, die Gott von Anfang an für ihn bestimmt haben mußte. Er glaubt, seine Buße sei schon ausreichend, denn viele Nächte hat er stundenlang vor Gott gerungen und mit seiner Verwirrung und den Schuldgefühlen gekämpft.

In ihm entsteht vielleicht der immer wiederkehrende Gedanke, sich von seiner Frau scheiden zu lassen und die andere zu heiraten. Gleichzeitig hat er Angst vor dem unvermeidbaren Augenblick, wo sie entdeckt werden. Tag und Nacht grübelt er nach und versucht sich auszudenken, was er tut, wenn es herauskommt. Falls seine Kinder noch klein sind, krampft sich sein Herz vor Schmerz und Schuldgefühlen zusammen, weil er weiß, daß seine Frau ihm die Kinder wegnehmen wird. Der Schmerz, den er schon im voraus erleidet, wird so heftig, daß er sich jetzt fast danach sehnt, daß alles ans Licht kommt. Er will die Sache hinter sich haben – und vielleicht tut er unbewußt bestimmte Dinge, die darauf angelegt sind, daß sie schneller entdeckt werden.

Gedanken beginnen ihn zu plagen, daß diese ganze Beziehung schließlich auch ein Trug und eine Falle sein könnte. Bedeutet ihm diese Beziehung wirklich so viel, daß er dafür bereit ist, seine Familie und vielleicht seinen ganzen Dienst zu opfern?

Das, was er bei der anderen Frau gefunden zu haben meint, ist in Wirklichkeit das, wonach er sich in seinem Herzen die ganze Zeit bei seiner eigenen Frau gesehnt hat. Er erkennt nicht, daß seine Geliebte in dem Moment, wo er sich scheiden ließe und sie heiratete, in dieselbe Stellung hineingeriete, die jetzt seine Frau innehat – aus seinem Leben ausgeschlossen, einerseits durch Erinnerungen an die eigene Mutter, andererseits durch die Schwierigkeiten, die sein Beruf mit sich bringt und die mit dazu beigetragen haben, die Kommunikation mit seiner Frau zum Erliegen zu bringen!

Seine angebliche Liebe für jene Frau ist in Wirklichkeit eine Täuschung. Er kennt sie nicht WIRKLICH, ganz gleich, wie sehr er auch davon überzeugt ist, sie besser zu verstehen, als er je einen Menschen verstanden hat. Das, was er zu kennen meint, setzt sich zusammen aus seiner Phantasie und Vorstellungen von der „idealen Frau“, die er auf sie überträgt, eine Traumwelt, die im Herzen jedes Menschen wohnt. Im Laufe unserer Kindheit haben wir alle in uns ein Bild des idealen Mannes oder der idealen Frau aufgebaut. Filme, Romane, Geschichten, Mythologien und die Bibel haben in den Strom unserer Erinnerung Szenen von Helden und Heldinnen eingegraben. Diese wirken unterschwellig und treiben uns dazu, die Phantasievorstellungen unseres Herzen in der Wirklichkeit zu suchen. Schon bald nach der Hochzeit entdecken wir, daß unser Ehepartner nicht die ideale Traumperson ist, für die für sie anfangs hielten. Nach dieser Entdeckung setzt unser Suchen unbewußt wieder ein. Der geistige Ehebruch empfängt seine Kraft vor allem durch den Trug, daß wir meinen, in der neuen Person nun endlich die Erfüllung der Träume unseres Herzens gefunden zu haben.

Die Wahrheit ist, daß kein Mensch je die Vorstellungen unserer Träume erfüllen kann. Kein menschliches Wesen kann so ideal sein. Doch solange diese Vision in unserem Herzen lebt, bewirkt sie, daß wir ständig zu weiterem, fruchtlosem Suchen verleitet werden. Männer, die in geistigen Ehebruch verwickelt sind, werden so von dieser Täuschung ergriffen, daß sie glauben, die neue Frau sei tatsächlich die Verkörperung jener Träume. Sie übertragen nun ihre

Gefühlswelt auf die Fürsorge für ihre Geliebte, bis sie schließlich meinen, sie könnten nicht mehr ohne sie leben. Dasselbe geschieht umgekehrt bei der Frau, die denkt, sie habe in diesem mächtigen Mann Gottes nun endlich den idealen Mann gefunden.

Wenn er schließlich ertappt wird oder seine Sünde bekennt oder in irgendeiner Weise entdeckt wird, ist er zunächst unfähig, aufrichtig Buße zu tun. Sicherlich empfindet er großen Schmerz bei dem Gedanken, wie sehr er dadurch seinem Herrn Unehre bereitet hat. Was er seiner Frau und seinen Kindern angetan hat, quält ihn zutiefst. Und den Schlag, den die Entdeckung seiner Gemeinde versetzt hat, zerbricht ihm fast das Herz. DOCH ALL DIESER SCHMERZ DARF NICHT MIT BUSSE VERWECHSELT WERDEN. BUSSE WIRD DURCH GOTTES GNADE BEWIRKT. Durch sie wird einem Menschen die Fähigkeit verliehen, tiefe Traurigkeit zu empfinden, nicht weil er selbst etwas verloren oder andere verletzt hat, sondern UM DER ANDEREN WILLEN. Wir kannten einen jungen Mann, der tief betrübt war, weil er andere verletzt hatte, doch kam er nie so weit, daß er sich mit den Verletzungen der anderen identifizierte, daß es ihm um wirklich um ihr Wohlergehen ging.

In seiner Beziehung zum Herrn und im Blick auf den Kummer, den er Ihm zugefügt hat, mag ein Mensch durchaus zu voller Buße kommen. Die Buße im Gedanken an Gott mag vorhanden sein. In die Falle des Ehebruchs ist er jedoch geraten, weil sein Herz nicht wirklich für seine Frau und seine Familie geöffnet war. Aber es gibt keine Garantie dafür, daß all der Schmerz sein Herz für sie geöffnet hat, daß er jetzt mehr um ihre Bedürfnisse besorgt ist als zuvor.

Manche Männer entscheiden sich für ihre neugefundene „Liebe“ und verlassen ihre Frau. In diesen Fällen liegt es auf der Hand, daß die Buße nicht vollständig und die Heilung nicht abgeschlossen war. Manche Männer beschließen jedoch, bei ihrer Frau zu bleiben. In solchen Fällen ist es manchmal schwierig zu erkennen, ob wirklich aufrichtige Buße und vollständige Heilung geschehen ist. Ein solcher Ehemann fühlt sich seiner Frau näher als zuvor, besonders da sie als Christ normalerweise bereit ist, ihm zu vergeben und bei allen Kämpfen, die noch mit dem Ehebruch zusammenhängen, an seiner Seite zu bleiben.

Bei dem Kampf, den sie nun gemeinsam durchstehen müssen, geht es darum, neue Grundlagen für die Kommunikation zwischen ihnen aufzubauen. Viele erleben in der geschlechtlichen Liebe eine ganz neue Freude, da sich durch den Schmerz des Verlustes und die neue Fähigkeit der Kommunikation lang verschlossene Türen wieder geöffnet haben. Doch leider erleben wir sehr oft, daß solche Ehepaare der Täuschung erliegen, daß sie jetzt endlich gelernt hätten, miteinander zu reden und dies nun für alle Zeiten beherrschen würden. Sie glauben, ihre Liebe füreinander wiederentdeckt zu haben (auch wenn sie dafür einen hohen Preis bezahlen mußten) und meinen, ihre Beziehung sei nun für immer in Ordnung. Dies kann eine vollkommene Täuschung sein. WAHRE BUSSE MUSS FRUCHT BRINGEN, DIE DER BUSSE WÜRDIG IST (Mat. 3,8). Der Ehemann ist vielleicht eine Zeitlang ungewöhnlich aufmerksam und feinfühlig, und das weckt in ihr den trügerischen Gedanken, sie habe einen neuen Ehemann. Doch wahre Buße um ihretwillen wird ihn dazu bewegen, bis zum Anfang ihrer Beziehung zurückzugehen und herauszufinden, worin die Wurzeln für die Störungen liegen.

Er wird um jeden Preis mit ihr zusammen alles aufspüren wollen, was ihn vielleicht nach wie vor davon abhält, sich ihr voll und ohne Vorbehalte hinzugeben – schmerzliche Erinnerungen an das Zusammenleben mit seiner Mutter, die Gewohnheit, sich zurückzuziehen, die bittere Erwartung, daß die Frau seines Lebens ihn enttäuschen könnte usw. Er wird ihre gemeinsame Erforschung erst dann beenden, wenn er, um ihretwillen, gelernt hat, ihr den Platz zu geben, den Gott ihr zugedacht hat und der ihr zusteht, nämlich die Hüterin seiner Gefühle und die Stärkung seines Herzens zu sein.

Leider erleben wir in fast allen Fällen, daß die Nähe, die ein solches Ehepaar unmittelbar nach dem „Ereignis“ verspürt, sie zu der Annahme verleitet, er habe seine Lektion gelernt und sei nun zu einem Ehemann geworden, der seiner Frau sein eigenes Herz öffnen und ihr von sich erzählen kann. Doch kann es sein, daß die eigentlichen Ursachen für seine Unfähigkeit, sich mitzuteilen, wenig und gar nicht angegangen und geheilt wurden. Folglich kehrt er früher oder später zu demselben Verhaltensmuster des Rückzugs zurück, wird wieder schutzlos und fällt erneut, entweder wieder durch eine Frau oder durch eine andere Sünde, weil er hofft, daß ihm dadurch der Druck der ständigen Einsamkeit genommen würde.

VORBEUGENDE MITTEL

Vorbeugende Mittel können verhindern, daß Sünde überhaupt geschieht, und/oder verhindern, daß sie erneut geschieht.

Das beste vorbeugende Mittel ist Weisheit. „Denn wie Geld beschirmt, so beschirmt auch Weisheit; aber die Weisheit erhält das Leben dem, der sie hat" (Pred. 7,12 – Luther). Die Tatsache, daß ich über geistigen Ehebruch Bescheid wußte, war für mich in all den Jahren ein großer Schutz.

Man könnte fragen: „Wie kann ich mich vor geistigem Ehebruch schützen, wenn er so weit verbreitet und so trügerisch ist?" Oder: „Wie kann ich noch die Freiheit haben, anderen etwas anzuvertrauen, zum Beispiel im Hauskreis in der Gemeinde oder an anderen Orten, und ins besondere meinem Pastor, wenn dies zu geistigem Ehebruch führen kann?!" Diese Furcht ist durchaus begründet. Ein gutes Stück Furcht gehört mit zu unserem Schutz. „... Bewirkt euer Heil mit FURCHT und Zittern" (Phil. 2,12b) und „Die Furcht des Herrn ist der Weisheit Anfang: eine gute Einsicht für alle, die sie üben ..." (Ps. 111,10). Wir müssen lernen, durch Furcht wachsam zu bleiben. Durch ÜBUNG lernen wir, das Gute vom Bösen zu unterscheiden (Hebr. 5,14).

Furcht sollte uns nicht davon abhalten, uns in der Gemeinde einander zu öffnen. Wenn wir uns in der Gemeinde NICHT öffnen und anderen etwas von dem erzählen, was uns bewegt, dann werden wir dies wahrscheinlich auch Zuhause nicht tun, und das wird unsere Wehrlosigkeit gegenüber Versuchungen nur noch vergrößern. CHRISTEN MÜSSEN WAGEN, EIN RISIKO EINZUGEHEN UND DADURCH ZU LERNEN. Natürlich werden wir häufig in geistigen Ehebruch verfallen, während wir lernen, was und wann wir etwas erzählen können und was wir anderen NICHT mitteilen sollten. Doch wir brauchen nicht in geistigem Ehebruch zu verharren. In dem Moment, wo wir ihn erkennen, tun wir Buße. Wenn wir uns der Möglichkeit bewußt sind, dann können wir durch Übung lernen. Ich habe dadurch gelernt, daß ich immer wieder Schritte gewagt und auch Fehler gemacht habe, bis sich in mir schließlich ein automatischen Warnsystem entwickelt hat. Warnsignale ertönen in mir, wenn ich anderen etwas vertraulich erzähle, über das Paula und ich bis dahin noch nicht sprechen konnten. Alarmsirenen heulen in mir auf, wenn ich einem anderen Menschen gegenüber eine Nähe spüre, die nur Paula gehört.

Es ist hilfreich, einige Prinzipien zu kennen, und wir wollen sie hier aufführen. Wenn man jedoch in einer Beziehung steht, die sich bereits vertieft hat, und dann versucht, sich diese Prinzipien in Erinnerung zu rufen, werden sie keine Hilfe sein. Sie müssen durch Übung und Entschlossenheit in uns EINGEBAUT werden, BEVOR wir so tief in eine Beziehung hineingeraten. Nur so können wir unser Herz vor Gott und unserem Ehepartner rein halten. Wir sollten jedoch nicht den Fehler machen, jetzt alle Begegnungen zu vermeiden, weil wir Angst haben, zu stolpern und zu fallen. Vielmehr müssen wir lernen, Risiken einzugehen, in kleinen Gruppen und an der Seite unseres Ehepartners, wo wir einander warnen und voneinander lernen können. Ich mußte lernen, immer wieder auf Paula zu hören, wenn sie mir sagte: „Bist du dir im Klaren darüber, daß die Gefühle, die jene Frau dir gegenüber hat, anders aussehen, als du meinst?“ Nach einiger Zeit lernte ich selbst, diese Dinge zu unterscheiden.

Wir müssen die Demut erlernen, aufeinander zu hören, bis die Wahrheit, die die anderen uns sagen, in uns zu einem eigenen funktionierenden Warnsystem wird. Doch wir müssen erkennen, daß wir auch dann noch nicht in Sicherheit sind. Manchmal funktioniert unser Warnsystem nicht, aus welchem Grund auch immer, oder wir hören nicht, wenn das Warnsignal ertönt. Ganz gleich, wie erfahren wir auch werden, wir brauchen immer die Erkenntnis und den Rat anderer Menschen.

In manchen Gemeinden gibt es keine „Hauskreise“, in denen die Mitglieder lernen können, sich einander zu öffnen und Schritte in dieser Richtung zu wagen. Oder aber es sind Kreise, in denen man den anderen nur etwas „vorspielt“, sich jedoch nicht wirklich begegnet. Doch mein Vater pflegte zu sagen: „Wo ein Wille ist, da ist auch ein Weg.“ Familienmitglieder, nicht einzelne, sondern als Gruppe, Freunde, Arbeitskollegen, Nachbarn oder andere Menschen, die uns so nahe stehen, daß sie uns kennen, können uns sagen, ob wir nur „spielen“, sie können ausgleichend wirken und uns warnen. Keiner von uns braucht seinen Weg allein zu gehen.

WIE MAN GEISTIGEN EHEBRUCH VERMEIDEN KANN

Erstens, ACHTE DARAUF, NICHT ISOLIERT ZU LEBEN. Der Feind unserer Seele will, daß wir auf Sätze wie die folgenden hören und sie in unserem Leben verwirklichen:

> „Ich bin der Meister meines Schicksals;
> Ich bin der Kapitän meiner Seele.“
>
> Aus: „Invictus“, von William Ernest Henley

Wir sind NICHT der Kapitän unserer Seele, noch sind wir der Meister unseres eigenen Schicksals. Sondern unser Herr Jesus Christus ist dies. Durch Petrus sagt Er uns: „... LASST EUCH auch selbst als lebendige Steine AUFBAUEN, als ein geistliches Haus“ (1. Petr. 2,5). Es heißt nicht, baut euch selbst auf, sondern LASST EUCH von anderen AUFBAUEN. Und aus den Sprüchen:

> „Der Weise höre und mehre die Kenntnis, und der Verständige erwerbe weisen Rat“ (1,5).

> „Der Weg des Narren erscheint in seinen (eigenen) Augen recht, der Weise aber hört auf Rat“ (12,15).

> „Durch Übermut gibt es nur Zank; bei denen aber, die sich raten lassen, Weisheit“ (13,10).

> „Wo es an Führung fehlt, kommt ein Volk zu Fall, doch (kommt) Rettung durch viele Ratgeber“ (11,14).

Gott möchte, daß Sein Volk ein gemeinsames Leben führt. Wir Christen sollen Menschen sein, die ihr Leben voreinander öffnen. Daß heute so viele Christen fallen, mag zum Teil darin begründet liegen, daß wir weder begriffen haben, wie wichtig ein gemeinsames Leben ist, noch dieses praktizieren. Dabei hat Gott uns dafür einen Raum relativer Sicherheit gegeben, und zwar die kleinen Gruppen der Unterstützung in der Gemeinde. Wenn wir dies jedoch nicht in Anspruch nehmen, sind wir nicht vorbereitet, auf richtige Weise mit der Nähe und Vertraulichkeit umzugehen, die wir erfahren, wenn Gott uns näher zueinander führt, während Er Seine Gemeinde baut. Vor allem aber achte darauf, DICH NICHT VON DEINER FRAU ZURÜCKZUZIEHEN.

> „Eine tüchtige Frau – wer kann sie finden? Weit über Korallen geht ihr Wert. Ihr vertraut das Herz ihres Mannes, und an Ausbeute wird es ihm nicht fehlen. Sie erweist ihm Gutes und nichts Böses alle Tage ihres Lebens.“ (Spr. 31,10-12).

ODER VON DEINEM EHEMANN.

> „Die Frauen sollen sich ihren Männer unterordnen wie dem Herrn.“ (Eph. 5,22 – Luther).

> „„... Die Frau aber soll ihren Mann ehren“ (Eph. 5,33 – Luther).

Wieviel es auch immer kosten mag, den Strom der Kommunikation aufrecht zu erhalten – uneingeschränkte, aufrichtige, innige Kommunikation –, zahle diesen Preis frohen Herzens. Wenn die Offenheit Zuhause gestört ist, dann ziehe dich für eine Weile von den Höhenwegen des Dienstes zurück. Bringe erst zu Hause alles wieder in Ordnung, bevor du versuchst, jene Höhen wieder zu erklimmen.

> „Der Herr ist meine Kraft, er wird meine Füße machen wie Hirschfüße und wird mich über die Höhen führen.“ (Hab. 3,19 – Luther).

Der Hirsch kann sicher über die Berghöhen gehen, weil seine Hinterläufe genau auf die Stelle treten, wo vorher die Vorderhufe gestanden haben. Es gibt Stellen, wo der Hirsch in den sicheren Tod stürzen würde, wenn seine Hinterhufe auch nur einen Zentimeter von der Spur abwichen. Entsprechend muß das Innerste unseres Herzens darin geübt werden, genau in die Richtung zu folgen, in die uns unser erneuerter Sinn führt. Sonst fallen wir in Versuchung und enden im Unglück. Durch Übung müssen wir in uns einen Schutz aufbauen, so daß wir sicher über die Höhenwege unseres Dienstes im Herrn gehen können – und dieses Einüben beginnt zu Hause. Bete – ZUSAMMEN MIT DEINEM EHEPARTNER – für jene möglichen Ursachen in deinem Herzen, die auch Paula und ich durchgebetet haben.

Zweitens, LERNE, WAS GEISTIGER EHEBRUCH IST UND AN WELCHEN SYMPTOMEN MAN IHN ERKENNEN KANN.

Wir haben bereits das Wesen des geistigen Ehebruchs besprochen. Im Folgenden führen wir die häufigsten Symptome auf:

1) Die Neigung, private, vertrauliche Dinge Freunden (oder einem speziellen Freund) zu erzählen, BEVOR man sie dem eigenen Ehepartner anvertraut hat.

2) Wenn man übermäßig viel Zeit mit einer Person des anderen Geschlechts verbringt, d.h. wenn man sich dabei ertappt, daß man UNNÖTIGE GRÜNDE erfindet, um mit jenem Diener des Evangeliums zusammenzuarbeiten.

3) Wenn es einem mehr Freude bereitet, mit einem anderen Menschen zusammen zu sein als mit dem eigenen Ehepartner.

4) Wenn man anfängt zu denken, daß ein bestimmter Freund einen BESSER VERSTEHT als der eigene Ehepartner. Man möchte sich gerne mit ihm unterhalten, zu Hause läuft die Kommunikation jedoch nicht so gut.

5) Wenn man NICHT BEREIT IST, auf die Warnungen von anderen zu HÖREN. Man hält stur an der Meinung fest, diese Beziehung sei rein platonisch, und ist verletzt, daß die anderen das nicht erkennen können; sie können oder wollen einem anscheinend nicht vertrauen.

6) Achtung, wenn du dich in der Nähe eines Menschen, der nicht dein Ehepartner ist, JUGENDLICH BESCHWINGT ODER „HIGH" FÜHLST.

7) ROMANTISCHE GEFÜHLE. Zunächst wirst du sie auf deine Frau/deinen Mann übertragen und denken, du wärst jetzt zu Hause ein besserer Geliebter/eine bessere Geliebte – du wirst deine neue Fähigkeit, zu Hause besser zu lieben, vielleicht sogar dem „Segen" zuschreiben, den jene andere Beziehung mit der Person bei deiner Arbeit mit sich bringt.

8) AGGRESSIVE VERTEIDIGUNG. In Wirklichkeit versuchst du, vor dir selbst zu LEUGNEN, daß du etwas tust, was nicht richtig ist. Darum überträgst du dies auf andere und greifst sie an, wenn sie versuchen, dich zu warnen, so lange es noch nicht zu spät ist.

9) Sei äußerst argwöhnisch, wenn sich GELEGENHEITEN BIETEN, AUSSER REICHWEITE der prüfenden Blicke oder der Einmischung von anderen Personen zu sein. Erkenne, daß unser trügerisches Herz durchaus dazu in der Lage ist, Umstände herbeizuführen, die harmlos aussehen. Verbiete dir selbst, jemals Gelegenheiten zu nutzen, wo du mit einem „besonderen" Mitarbeiter des anderen Geschlechts allein sein könntest, und versuche zu erkennen, wann sich solche „Zufälle" häufen. Sie sind ein Anzeichen für das sündige Planen unseres Herzens.

10) Achte darauf, wo TRENNUNG GESCHIEHT. Sobald dein Herz in geistigen Ehebruch verwickelt ist, wirst du Gründe finden,

um die Warnungen deiner Freunde zu entkräften – und auf den unweisen Rat von Toren zu hören. Du wirst dich immer mehr von langjährigen Freunden entfremden und dich mit anderen zusammentun, die dir besser erscheinen, in Wirklichkeit jedoch nur „Ja-Sager“ sind und zuschauen, wie du ins Verderben läufst.

> „Besser OFFENE RÜGE als verborgen gehaltene Liebe. Treu gemeint sind die SCHLÄGE dessen, der liebt.“ (Spr. 27,5-6)

Drittens, WENN DU NOCH NICHT ZU EINEM HAUSKREIS GEHÖRST, IN DEM ES UM VERBINDLICHKEIT GEHT UND WO VERTRAUTHEIT HERRSCHT, DANN SUCHE NACH EINEM SOLCHEN KREIS. Höre auf das, was dir deine Brüder und Schwestern in Christus sagen. Schätze ihre Meinung höher als deine eigene, besonders wenn sie Dinge über dich sagen, von denen du sicher bist, daß sie falsch sind.

MÖGLICHE HEILMITTEL

Ich sage „MÖGLICHE“, weil nicht immer Heilung geschieht. Es ist nicht immer möglich, zu heilen. Die Chance der Heilung besteht dann, wenn die Opfer demütig gesinnt sind, wenn sie noch nicht zu sehr der Selbsttäuschung erlegen sind und wenn sie in der Lage sind zu erkennen, welche Macht von tief verborgen liegenden Beweggründen ausgehen kann. Manchmal ist die Ehebeziehung so verletzend gewesen, daß der Partner, der Ehebruch begangen hat, bewußt oder unbewußt nach einem Fluchtweg sucht. Nur eine sehr starke Entschlossenheit, dem Namen des Herrn keine Unehre zu machen, kann in solchen Fällen bewirken, daß es dem Diener Gottes gelingt, den Schmerz des Todes am Kreuz so lange auszuhalten, bis das Ehepaar die volle Heilung erlangt hat. Leider sind die meisten Menschen, die aus diesem Grunde in die Seelsorge kommen, zu diesem Zeitpunkt bereits so in Täuschung verfallen, was die wahre Natur ihrer ehebrecherischen Beziehung betrifft, daß sie NICHT HÖREN KÖNNEN, was die Weisheit ihnen zu sagen hat.

Ein Pastor kam zu mir in die Seelsorge. Er war nicht mehr in der Lage, mit seiner Frau zu reden. Er war Pastor in einer großen Gemeinde in der Stadt. Der Druck, unter dem er stand, hatte ihn überwältigt, und er hatte Ehebruch mit seiner Sekretärin begangen.

Es war nicht schwer, die Geschichte des geistigen Ehebruchs zu verfolgen, durch die sie verführt worden waren. Ich erklärte ihm dies und versuchte, ihn zum Bekennen und zur Vergebung seiner Schuld zu führen.

Doch bei dem, was ich ihm als nächstes sagte, weigerte er sich: „Sie müssen Ihre Sekretärin entlassen, und Sie dürfen sie niemals wieder sehen. Ihre Körper haben einen Weg gefunden, wie sie zusammen kommen können, und Sie werden in der Nähe dieser Frau nie wieder sicher sein."

Er schrie auf: „Das kann ich nicht!"

„Warum nicht? Sie müssen es tun."

„Ohne diese Frau kann ich nicht mehr LEBEN!"

„Sie können nicht mehr leben, WEIL sie da ist. Lassen Sie sie los!"

„NEIN!"

Eine ganze Weile versuchte ich, ihm zu erklären, wie er sein Gefühlsleben mit ihr identifiziert hatte, daß es eigentlich immer sein Wunsch gewesen sei, eine solche Beziehung zu seiner eigenen Frau zu haben und daß dies immer noch möglich sei. Während ich Einwände und Argumente vorbrachte und ihn ermahnte, band ich im Stillen die Festungen der Täuschung, in denen seine Gedanken gefangen waren, jedoch ohne Erfolg. Schließlich warnte ich ihn, er würde sehr wahrscheinlich seine Gemeinde und seinen Dienst verlieren und seine ganze Zukunft verwirken, wenn er sich nicht von dieser Frau trennen würde. Doch er wollte nicht hören. Ab und zu treffe ich ihn noch – ein Pastor ohne eine Gemeinde, der herumzieht und nach einem Ort sucht, wo er wirken kann. Hier und da arbeitet er als relativ erfolgloser Eheberater – seine Frau hat ihm vergeben, doch steht an ihrer Seite jetzt nur noch die Hülle eines Mannes, der ehemals ein nobler und vollmächtiger Diener des Herrn war!

Die ERSTE LEKTION DER HEILUNG besteht darin, daß diejenigen, die in eine ehebrecherische Beziehung hineingeraten sind, ungeachtet dessen, ob dies zu körperlichem Ehebruch geführt hat oder nicht, IM HERRN EINANDER VOLLKOMMEN LOSLASSEN müssen. Sie müssen sich voneinander trennen und der Beziehung vollkommen absagen. SIE MÜSSEN BEREIT SEIN, EINANDER NIEMALS WIEDER ZU SEHEN. Wenn das Paar zusammen arbeitet oder wenn beide zur selben Familie gehören – der eine zum Beispiel Ehepartner des Bruders oder der Schwester ist –, so kann es sein, daß es nicht möglich ist, ausreichende körperliche Entfernung zu erreichen. Wenn dies der Fall ist, so müssen sich die Ehebrecher mit aller Kraft emotional von einander entfernt halten – sonst werden sie nicht überleben, da sie einander weiterhin anziehen.

An diesem Punkt besteht für viele die Gefahr, sich einem Trugschluß hinzugeben. Manche Ehebrecher denken, sie hätten sich so schlimm „die Finger verbrannt", daß sie sich niemals wieder an das Feuer herantrauen würden – doch sind sie dazu nach wie vor in der Lage. Und wenn die verursachenden Faktoren nicht völlig behoben worden sind, dann ist es sogar sehr wahrscheinlich, daß sich die Geschichte wiederholen wird. Der eigene Ehepartner beobachtet vielleicht, wie sich die beiden in der Kirche oder bei einem Familientreffen mit verlangenden Blicken anschauen, ohne daß sie selbst merken, wie vielsagend ihre Blicke sind.

Unbewußt werden sie nach „unschuldigen" Gelegenheiten suchen, um zusammenzusein – und sie sind wahrscheinlich beleidigt, wenn jemand eine Bemerkung darüber macht. „Was ist denn los? Warum könnt ihr denn nicht endlich mal vergeben und vergessen? Gebt uns doch bitte mal eine Pause zum Aufatmen. Wir haben wirklich nichts getan." Vielleicht entspricht dies der Wahrheit. Vielleicht sind sie mit Recht in diesem Augenblick empört. Doch wenn einer von ihnen oder beide weise sind, dann werden sie die Gefahr erkennen und selbst den geringsten Anschein des Bösen vermeiden wollen. Freunde und Verwandte tun ihnen einen Gefallen, wenn sie sie eine Zeitlang aufmerksam beobachten: „Und erbarmt euch der einen, die zweifeln, rettet sie, indem ihr sie aus dem Feuer reißt, der anderen aber erbarmt euch mit Furcht, indem ihr sogar das vom Fleisch befleckte Kleid haßt" (Judas 22-23).

Es mag bedrückend oder ungerecht erscheinen, so genau beobachtet zu werden. Doch man muß die Ehebrecher unterweisen, dies in Demut anzunehmen, und ihnen zeigen, daß es zu ihrem eigenen Besten geschieht. Es ist nur ein vorübergehender Zustand, der solange anhält, bis die anderen in der Gemeinde und/oder der Familie erkennen und sich einig sind, daß die Herzen der beiden tatsächlich so rein sind, wie sie behaupten. Mit geistigem Ehebruch darf man nicht spielen, ganz gleich, ob körperlicher Sex dabei war oder nicht. Bei solchen Affären gibt es keine Helden, sondern nur Feiglinge. Sobald ein Paar den heiligen Boden des Herzens der anderen Person betreten hat, sind Wege darin eingegraben, die sofort zu unangemessener Nähe führen und zu einem körperlichen Hunger, der voll Schläue und Gier nach Wegen sucht, um diesem Begehren Ausdruck zu geben.

Die ZWEITE LEKTION DER HEILUNG besteht darin, daß man FÜR DIE TRENNUNG DES GEISTES DER BEIDEN BETEN muß. Gott hat uns so geschaffen, daß sich der Geist eines Mannes an die erste Frau hängt, in die er eingeht, und sie bis an das Ende seiner Tage beschützen, für sie sorgen und sie mit seiner Liebe segnen will. In gleicher Weise hängt sich auch der Geist einer Frau an den ersten Mann, der in sie eingeht, und sie möchte alle Tage ihres Lebens für ihn sorgen, ihm Erfüllung schenken, ihn segnen und ihm Kinder gebären, ihm allein. Aus diesem Grund sagt die Bibel, daß der Mann die Frau, in die er eingeht, heiraten soll. Tut er dies nicht, sondern heiratet eine andere, so ist das Leben der ersten Frau ruiniert. Von da an wird ihr Geist versuchen, einem Mann Erfüllung zu schenken, den sie nie wird heiraten können. „Wenn jemand eine Jungfrau betört, die nicht verlobt ist, und liegt bei ihr, muß er sie sich gegen das Heiratsgeld zur Frau erwerben" (2. Mose 22,15). (Manche haben sich so gesetzlich an diesen Vers gehalten, daß sie junge Leute zu offensichtlich falschen Ehen zusammengeführt haben. Wir wollen nicht vergessen, daß unser Herr heilen und befreien kann, und Er hat weisere Antworten als nur ein striktes Festhalten an dem Buchstaben des Gesetzes.)

Tatsache ist jedoch, daß UNSER GEIST DIESE VEREINIGUNG – SO WIE ALLE WEITEREN VEREINIGUNGEN – NIEMALS VERGISST. Er hört nicht auf, nach jedem zu suchen, bei dem wir gelegen haben, ganz gleich, wieviele es gewesen sind oder wie lange es her ist oder wie sehr unser Verstand es schon vergessen hat.

An einem College sprachen Paula und ich über die Herrlichkeit, die Gott allein dem Ehebett zugedacht hat. Nach dem Vortrag kamen junge Männer und Frauen zu uns. Ihre Gesichter waren von Tränen überströmt. Sie sagten: „Wir haben diese Herrlichkeit bereits verloren." Einige berichteten, sie hätten schon mit so vielen geschlafen, daß sie sich nicht einmal mehr an alle Namen erinnern könnten. Bis tief in die Nacht hinein hörten wir uns die Bekenntnisse an. Für jeden beteten wir: „Wir erklären in dem Namen Jesu und durch Sein Blut, daß dir vergeben ist und daß du reingewaschen bist. WIR ERGREIFEN DIE VOLLMACHT UND ERKLÄREN, DASS DEIN GEIST JETZT VON JEDEM MANN (ODER JEDER

FRAU), MIT DEM DU GESCHLAFEN HAST, LOSGELÖST WIRD. Wir gebieten deinem Geist, jede Vereinigung zu vergessen. Wir setzen dich frei, damit du allein für deinen eigenen Ehepartner offen und bereit bist, wenn die Zeit dafür gekommen ist."

Wir wußten, daß der Verstand die Sünde nicht vergessen würde, und um in der Demut zu bleiben, war dies auch gut so. Doch der Geist dieser jungen Leute würde nun nicht mehr an den früheren Geliebten festhalten. Jetzt waren sie frei und geheilt. Am nächsten Tag kamen sie noch einmal zu uns. Sie strahlten! Sorgenfalten waren über Nacht verschwunden. Um die Augen lagen keine Schatten mehr. Die Gesichter spiegelten jugendliche Kraft und Frische wieder. Sie sagten voll Freude: „Wir fühlen uns so heil! Wir haben überhaupt nicht gemerkt, wie ZERSTÖRT wir innerlich gewesen sind!" Natürlich. Ihr Geist hatte sich in einem Zustand der äußersten Erschöpfung befunden, weil er ununterbrochen nach jenen lang vergessenen Liebhabern suchte und sie alle versorgen wollte!

> „Wißt ihr nicht, daß eure Leiber Glieder Christi sind? Soll ich denn die Glieder Christi nehmen und zu Gliedern einer Hure machen? Das sei ferne! Oder wißt ihr nicht, daß, wer der Hure anhängt, EIN LEIB MIT IHR IST? 'Denn es werden', so heißt es, 'DIE BEIDEN EIN FLEISCH SEIN'. Wer aber dem Herrn anhängt, ist ein Geist mit ihm. Flieht die Unzucht! Jede Sünde, die ein Mensch begehen mag, ist außerhalb des Leibes; wer aber Unzucht treibt, sündigt gegen den eigenen Leib. Oder wißt ihr nicht, daß euer Leib ein Tempel des Heiligen Geistes in euch ist, den ihr von Gott habt, und daß ihr nicht euch selbst gehört? Denn ihr seid um einen Preis erkauft worden; verherrlicht nun Gott mit eurem Leib." (1. Kor. 6,15-20)

Weil die beiden in der Tat ein Fleisch werden, müssen wir, die wir ihnen helfen wollen, sehr darauf achten, daß wir sie richtig trennen. In Christus haben wir die Vollmacht, dies zu tun: „Wahrlich, ich sage euch: Wenn ihr etwas auf der Erde binden werdet, wird es im Himmel gebunden sein, und wenn ihr etwas auf der Erde lösen werdet, wird es im Himmel gelöst sein" (Mt. 18,18). Ohne diese Trennung fühlen sich die beiden Ehebrecher unbewußt weiter zueinander hingezogen, Tag und Nacht, sie finden keine Befreiung und verstehen vielleicht selbst nicht, warum dies so ist. Oft können sie nicht begreifen, warum sie immer wieder zurückgeworfen werden, obwohl sie doch der Beziehung abgesagt haben und frei sein wollen. Es ist so, als ob ein unsichtbarer Magnet sie in ihren Gedanken und Gefühlen immer wieder zueinander ziehen würde. Das führt sie vielleicht zu der Schlußfolgerung, daß es doch echte Liebe war, die sie für den anderen Menschen empfunden haben, und daß sie sich nie von ihm hätten trennen sollen. Die einfache Tatsache der Vereinigung ist der Grund dafür, daß viele in alte ehebrecherische Beziehungen zurückfallen. Gottes Volk kommt wirklich um „aus Mangel an Erkenntnis".

Die DRITTE LEKTION DER HEILUNG besteht darin, daß wir als Seelsorger darauf achten müssen, daß die Wurzeln, die der Beziehungsstörung der beiden Ehepartner zugrunde liegen, am Kreuz vollkommen getötet werden. Zwischen den beiden Ehepartnern müssen Wege des gemeinsamen Lebens aufgebaut und eingeübt werden. Der Seelsorger muß „das Eisen schmieden, solange es heiß ist", er muß die Wurzeln aufdecken, die aus Jahren stammen, die prägend für das Leben waren, und diese in den Tod geben. Wenn dies nicht geschieht, dann wird das Ehepaar die wiederentdeckte Fähigkeit, sich einander zu öffnen und mitzuteilen, früher oder später wieder verlieren. Und wenn der Mann und seine Frau nicht die Liebe des Herrn empfangen (Christi Liebe, die durch den Seelsorger und die christliche Gemeinde weitergegeben wird) und dadurch die Fähigkeit entwickeln, echte Gemeinsamkeit aufzubauen, dann wird die Herrlichkeit, die Gott dieser Beziehung geben will, unter Garantie von ihnen weichen.

Es ist nicht Thema dieses Buches, zu erläutern, wie man das, was sterben muß, in den Tod geben und wie man den Weg des gemeinsamen Lebens in Christus ins Leben rufen kann. Dies würde zwei weitere Bücher erfordern, die tatsächlich auch geschrieben wurden. Ich verweise den Leser auf unsere beiden Bücher: UMGESTALTUNG DES INNEREN MENSCHEN und HEILUNG DES VERWUNDETEN GEISTES (beide bei: Gottfried Bernhard Verlag). An dieser Stelle soll ein kurzer Hinweis ausreichen. Die Wurzeln müssen mit der Axt abgehauen werden. Sonst können der Mann und die Frau niemals die Fülle des Segens erreichen. Und es ist allein dieser Segen, durch den sie vor weiterem Ehebruch bewahrt werden können, und der dazu hilft, daß er (oder sie) in Zukunft allen Versuchungen gegenüber verschlossen ist. Ein guter

Arbeiter wird das Ehepaar in die Pflicht nehmen, bis vollkommene Heilung und Veränderung durch den Herrn vollbracht ist.

Schließlich muß auch IM BLICK AUF DIE GESAMTE FAMILIE UND DEN LEIB CHRIST AM ORT, ZU DEM DIE BETROFFEN GEHÖREN, HEILUNG GESCHEHEN. Ich überlasse es der Weisheit der Ältesten, in der jeweiligen Situation zu entscheiden, wie viel und wo etwas öffentlich besprochen werden muß. Jeder Fall enthält so viel mögliche Variablen, daß man keine konkreten Schritte vorschreiben kann. Manchmal muß die Sache einfach nur im privaten Rahmen behandelt werden, sie bleibt allein zwischen den Ältesten und den Betroffenen. Wir wissen von einem Fall, wo ein Ältester den anderen Ältesten in der Gemeinde seine Sünde des Ehebruchs bekannte. Sie führten ihn mit Weisheit alle Schritte bis zur vollkommenen Heilung, einschließlich disziplinarischer Maßnahmen. Doch dann hatte der Älteste den Eindruck, er solle in einem Sonntagsgottesdienst seine Sünde vor der ganzen Gemeinde bekennen. Die anderen Ältesten wußten, daß diese Art des unnötigen Bekenntnisses die jungen Christen in ihrer Mitte nur schockieren und verletzen würde. Sie verboten ihm, dies zu tun – sie mußten ihn fast mit Gewalt daran hindern, den Mund zu öffnen! Es gibt jedoch auch Fälle, wo es NÖTIG ist, ein öffentliches Schuldbekenntnis abzulegen, zum Beispiel dann, wenn sich das Gerücht über die Sünde bereits in der Gemeinde herumgesprochen hat. Solch ein Bekenntnis kann Heilung bringen. Doch die Schritte müssen jeweils neu abgewogen werden. E I N PRINZIP WOLLEN WIR ALLERDINGS NENNEN: DIE ENTSCHEIDUNG, WELCHE SCHRITTE ANGEMESSEN SEIN KÖNNTEN, SOLLTE NIEMALS NUR EINEM MENSCHEN ÜBERLASSEN WERDEN. Kein Mensch besitzt so viel Weisheit, auch sollte man niemals eine so große Last auf die Schultern eines einzigen Menschen legen. Ebenso sollte niemals nur einer allein den Unmut derer ertragen müssen, die möglicherweise gegen die beschlossenen Schritte rebellieren. „Pläne scheitern, wo keine Besprechung da ist; wo aber viele Ratgeber sind, kommt etwas zustande“ (Spr. 15,22).

WIEDERGUTMACHUNG

Es gibt noch einen weiteren Aspekt, der besprochen werden sollte: WIEDERGUTMACHUNG. Heute weiß kaum noch irgendjemand etwas über dieses vergessene biblische Prinzip. Viele denken, die Notwendigkeit der Wiedergutmachung sei aufgehoben, seit Jesus den Preis für unsere Sünden am Kreuz bezahlte. Doch ist Wiedergutmachung nicht nur eine alttestamentliche Praxis, die im Christentum nicht nötig wäre. WIEDERGUTMACHUNG IST EIN NOTWENDIGER AKT, UM IN EINER BEZIEHUNG DIE LIEBE WIEDERHERZUSTELLEN.

Wenn sich mein Nachbar zum Beispiel von mir den Rasenmäher ausleiht, dieser kaputt geht, während er ihn benutzt, und er ihn dann zurückbringt, OHNE ihn REPARIERT zu haben, und mich um Vergebung bittet, dann werde ich ihm zwar vergeben. Doch ein Teil des Vertrauens, auf dem unsere Beziehung aufgebaut ist, zerbricht durch diesen Vorfall. Ich werde immer noch sein Freund sein, aber ich werde ihm nicht so schnell noch einmal etwas von mir anvertrauen. In unsere Beziehung hat sich eine gewissen Spannung hineingeschlichen. Wenn er den Rasenmäher repariert, ihn zurückbringt und um Entschuldigung bittet, dann ist es besser. Doch hat der Rasenmäher jetzt trotzdem einen geringeren Wert als vorher, bevor er kaputt ging. Etwas fehlt noch. Mein Herz spürt das, und meine Gefühle sind ein wenig zurückhaltend in der Beziehung zu meinem Freund. Doch wenn er meinen Rasenmäher repariert, sich entschuldigt und mir zusätzlich noch eine neue Gartenschere schenkt, um den Schaden wiedergutzumachen, dann ist mein Herz dem Bruder gegenüber weit offen! Er kann sich von mir jederzeit alles ausleihen, was er braucht! Er hat gezeigt, daß er auch die zweite Meile geht, weil ich ihm wichtig bin und weil er mein Vertrauen und meine Liebe bewahren möchte.

In 2. Mose 22,14 heißt es: „Wenn jemand von einem andern (ein Tier) entlehnt, und es bricht ein Bein oder stirbt, ohne daß der Besitzer dabei ist, so muß er Ersatz leisten“ (Zürcher). Vers eins desselben Kapitels nennt das Gebot, daß ein Dieb für einen gestohlenen Ochsen fünf Ochsen und für ein Schaf vier Schafe erstatten muß. Zachäus wußte, daß bei Betrug das Gesetz nur forderte, daß man den vollen Wert plus ein Fünftel des Betrages zurückzahlen mußte (3. Mose 6,1-5). Doch er erklärte vor unserem Herrn Jesus, daß er alles VIERFÄLTIG zurückgeben würde (Lk. 19,8), dieselbe Summe, die als Wiedergutmachung bei einem verlorenen Schaf erstattet werden müßte! Damit wollte er dem Herrn zum Ausdruck geben: „Ich weiß, daß jene, die sich von mir betrogen fühlen, deine geliebten Schafe sind. Ich habe Deine Schafe geschädigt. So sehr liebe und ehre ich Dich.“ Er WUSSTE, daß Jesus wirklich der Gute Hirte ist. Hier haben wir einen Fall von Wiedergutmachung im

Neuen Testament. Jesus lehnt diesen Schritt nicht ab, sondern lobt ihn. Er antwortet: „Heute ist diesem Haus Heil widerfahren ...“ (Lk. 19,9).

Diejenigen, die in Ehebruch geraten sind und dies aufrichtig bereuen, sollten von ihren Gemeindeleitern beraten werden. Es sollte über eine Form der Wiedergutmachung entschieden werden, die in den Augen deren, der mit dem Fall zu tun haben, angemessen ist, um so das Vertrauen innerhalb der Gemeinde wiederherzustellen. Die Verantwortlichen können den Betreffenden eine Zeitlang zu bestimmten Diensten verpflichten, sie können ihm zum Beispiel das Säubern der Toiletten und einen Teil der Hausmeisterarbeiten übertragen. Sie können auch verlangen, daß der Schuldige als Zuhörer an Seelsorgegesprächen teilnimmt (wenn es sich um ähnliche Fälle wie den seinen handelt), vorausgesetzt natürlich, daß die Ratsuchenden damit einverstanden sind. Nichts macht uns die Abscheulichkeit von Sünden mehr bewußt, als wenn wir in der Rolle des Seelsorgers sind und versuchen müssen, den Schaden wieder zu heilen! Eine andere Möglichkeit wäre, darauf zu bestehen, daß der Ehebrecher eine bestimmte Anzahl von Stunden bei einem der diakonischen Dienste der Gemeinde mitarbeitet, zum Beispiel bei der Gefangenenarbeit oder dem Dienst unter Trinkern und Obdachlosen.

Ein Einzelner oder eine ganze Gruppe müssen benannt werden, deren Aufgabe es ist, darauf zu achten, daß diese Taten der Wiedergutmachung auch ausgeführt werden. Sie sollen beobachten und berichten, in welcher Haltung die Dienste getan werden und ob dieser Prozeß gute Früchte hervorbringt.

Ein gefallener Ehemann, der umgekehrt und geheilt ist, sollte sich eine Reihe von kleinen, jedoch liebevollen Taten ausdenken, um das Herz seiner Frau zurückzugewinnen und so das Vertrauen wiederherzustellen. Es liegt auf der Hand, das dasselbe für eine gefallene Ehefrau gilt. Es ist nicht verkehrt, dieses Thema mit dem Ehepartner zu besprechen und gemeinsam zu beschließen, welche Gesten am meisten der Heilung und Wiederherstellung dienen. Ungeachtet dessen, ob die Wiedergutmachung ein gemeinsames Unternehmen wird oder nicht, sollten der betrogene Ehepartner und die ganze Familie in jedem Fall darauf achten, daß sie nicht einen falschen Weg einschlagen. Auf der einen Seite könnten sie versucht sein, Rache zu üben und von dem Sünder zu verlangen, daß er alles „bis zum letzten Pfennig“ bezahlt. Christen werden jedoch meistens eher zu der genau entgegengesetzten Reaktion verführt: es einander zu leicht zu machen. Es reicht nicht aus, einfach nur die Sünden zu bekennen und um Vergebung zu bitten. Ein weiser Mann, eine weise Frau wird den Pastor und die Ältesten um Rat bitten und sie fragen, was sie tun müssen, um den Schaden wiedergutzumachen und noch darüber hinaus die eigene Reue zu zeigen. Die Wiedergutmachung muß so hart sein, daß sie eine Lektion in das Herz des Sünders schreibt und daß dadurch bei dem Rest der Familie Gewißheit und neues Vertrauen aufgebaut wird.

Wenn die Sünde nicht in der Öffentlichkeit bekannt ist, dann sollten unauffällige Arbeiten übertragen werden. Die Art der Ausführung sollte die Ältesten davon überzeugen, daß sie hier einen Sünder vor sich haben, der in Wahrheit Buße getan und Wiederherstellung und Heilung erfahren hat.

FRAGEN, DIE NOCH BLEIBEN

WENN GEISTIGER EHEBRUCH SO SCHNELL GESCHIEHT UND SO WEIT VERBREITET IST, WIE KANN MAN DANN ALS PASTOR ODER SEELSORGER DEM HERRN DIENEN, OHNE SELBST IN GEISTIGEN EHEBRUCH ZU VERFALLEN? Die Antwort lautet, daß dies tatsächlich fast unmöglich ist! Ich sage damit NICHT, daß alle Diener des Herrn beschließen sollten, dem geistigen Ehebruch in ihrem Leben Raum zu geben! Zwischen christlicher und weltlicher Seelsorge besteht ein sehr wesentlicher Unterschied. Weltliche Seelsorger werden darin geschult, sich zu distanzieren. Uns allen ist das Bild des Patienten vertraut, der sich auf der Couch zurücklegt, während der Psychiater, der die Analyse durchführt, hinter ihm sitzt und sich auf einem Block Notizen macht, neben sich die Uhr, die nach 50 Minuten des Zuhörens klingelt – ein Bild der Distanz. Christliche Seelsorge basiert im Gegensatz dazu auf INNERER BETEILIGUNG. Unser liebender Herr hilft durch uns, während wir anderen Menschen begegnen. Dies bedeutet für uns ein Risiko. Der Herr setzt Sein Vertrauen auf unsere Fähigkeit, uns in einer Haltung der Rechtschaffenheit dem anderen zu widmen, die heilend wirkt.

Aber diejenigen, die hilfesuchend zu uns kommen, sind vielleicht nicht in der Lage, ihr Herz uns gegenüber rein zu halten. Ich habe schon vielen Frauen zugehört, die mir ihr Herz ausgeschüttet haben. Ich weiß, daß in jeder Frau eigentlich der Wunsch besteht, ihr Mann möge ihr jenes Verständnis und Erbarmen entgegenbringen, das sie nun von mir erfährt. Der Mann ist jedoch offensichtlich nicht dazu in der Lage. Ich weiß, wie diese Erfahrung sie im Bereich ihrer Gefühle mir gegenüber verführen kann. Ich kann spüren, wann sie anfängt, mich zu verehren. Ich kann mit keinem Mittel verhindern, daß diese Art der falschen Liebe entsteht. Menschen, die zu uns in die Seelsorge kommen, und Gemeindeglieder WERDEN Liebe für uns empfinden. Unsere Aufgabe besteht darin, zu verstehen, was diese Gefühle in Wirklichkeit sind, und uns durch sie weder verwirren noch abstoßen zu lassen. Wir müssen in Gerechtigkeit eine klare Linie bewahren und, wenn dies für die Heilung des Betreffenden nötig und hilfreich ist, die Gefühle des Ratsuchenden mit ihm besprechen.

„Wo keine Rinder sind, bleibt die Krippe zwar sauber, doch kommt reichlicher Ertrag durch die Kraft des Stieres" (Spr. 14,4). Seelsorge ist notgedrungen eine Arbeit, in der man es mit Schmutz zu tun hat, mehr noch als die Arbeit eines Pastors. Aber sie muß nicht zu einer Falle werden, die uns in die Irre führt. Wir weinen über jene Seelsorger, die geglaubt haben, die Andeutungen der jungen, hübschen Frauen, die bei ihnen in der Seelsorge waren, würden bedeuten, daß sie sie wirklich liebten. Auch hier gilt, daß Erkenntnis und Weisheit schützen, aus Mangel an Erkenntnis jedoch kommen wir um. JEDER, DER IM GEISTLICHEN DIENST STEHT, SOLL SICH VOR GEISTIGEM EHEBRUCH IN ACHT NEHMEN UND LERNEN, EHRLICH DAMIT UMZUGEHEN, ZUM SEGEN FÜR DIE, DEREN GEISTLICHES WOHLERGEHEN VON DER WEISHEIT UND RECHTSCHAFFENHEIT DES SEELSORGERS ABHÄNGT!

WAS SOLL MAN TUN, WENN MAN SIEHT, WIE DER EIGENE EHEPARTNER IN DER BEZIEHUNG ZU EINEM MENSCHEN IN GEISTIGEN EHEBRUCH HINEINGERÄT? Man sollte ihn warnen. Wenn er nicht darauf hört, sollte man immer wieder warnen. KÄMPFE FÜR DEINE EHE. Natürlich liegt der Hauptgrund für die Verwirrung deines Ehepartners nicht bei dir. Doch wäre es weise, dich selbst zu fragen, ob du in irgendeiner Weise mit dazu beigetragen hast, daß dein Partner für diese Versuchung zugänglich geworden ist. SUCHE NACH DEINEM EIGENEN VERSAGEN IN DER EHE. Wenn die Schwierigkeiten anhaltend sind, dann geh zu einem Seelsorger und bemühe dich zuerst darum, in deinem eigenen Leben die Wurzeln für die Beziehungsstörung zu beheben. Schmolle nicht, schimpfe nicht. Gib deinem

Geliebten keine zusätzliche Waffe in die Hand, die ihm bestätigt, daß es richtig war, sich dir nicht anzuvertrauen! Laß dich von den Problemen zum Herrn treiben, damit Er dein Wesen lieblicher macht und dich verwandelt, so daß dein Ehepartner gerne zu Hause ist, weil er dort Ruhe und Heilung finden kann.

WAS KANN MAN ANTWORTEN, WENN FREUNDE ODER NACHBARN FRAGEN, WAS LOS SEI? So wenig wie möglich. Wenn einfühlsame Menschen sagen: „Komm, ich weiß, daß etwas nicht in Ordnung ist", und du merkst, daß du den Fragen nicht ausweichen kannst, dann sage ihnen, sie sollen einfach für dich beten, gib zu, daß du im Moment durch ein Problem belastet bist. Danke ihnen für ihre Besorgnis und sage ihnen, es sei nicht nötig, daß sie mehr wüßten. Wenn die Fragen von einem der Leiter in der Gemeinde kommen, dann erzähle, was du in diesem Moment erzählen kannst. Laß deinen Ehepartner wissen, daß der Leiter dir Fragen gestellt hat, und schlage ihm vor, daß ihr beide mit dem Leiter die Sache durchsprecht. Vielleicht erhälst du eine ärgerliche Reaktion, doch zumindest hast du die Tür zur Heilung geöffnet.

WAS SOLL ICH TUN, WENN ICH BEOBACHTE, WIE SICH MEIN EIGENER PASTOR IN GEISTIGEN EHEBRUCH VERWICKELT (UND VIELLEICHT SOGAR IN EINE AFFÄRE)? Als erstes: bete. Kämpfe gegen die Mächte der Finsternis, die versuchen, ihn über eine Tändelei hinaus in die Hölle des Ehebruchs zu stoßen. Sprich ihn daraufhin an. Bringe ihn dahin, daß er dir verspricht, Material über dieses Thema zu lesen, wie zum Beispiel dieses Kapitel – oder lies ihm selbst einen kleinen Abschnitt vor. Wenn er nicht hören will, dann nimm einen Freund mit, am besten einen Ältesten der Gemeinde, und spricht erneut mit ihm. Wenn auch dies nicht hilft, geh still zu denen, die die Verantwortung in der Gemeinde tragen, und laß sie wissen, was du gesehen und was du unternommen hast. (Wenn du diese Schritte tust, befolgst du die Anweisungen aus Lukas 17,3 und Matthäus 18,15-17). Wenn die Gemeindeleiter nicht genügend informiert sind, um die Gefahr zu erkennen, besorge ihnen Material zu diesem Thema. Dann sei still und flehe von ganzem Herzen zu Gott.

Kapitel 2

VERUNREINIGUNG, AFFÄREN UND EHEBRUCH

VERUNREINIGUNG IM SEELSORGEZIMMER

Eine Frau kam zu mir in die Seelsorge. Sie war überhaupt nicht der Typ von Frau, den ich als attraktiv empfinden würde. Selbst wenn ich nicht entschlossen gewesen wäre, in Christus moralisch ohne Tadel zu sein und Paula die Treue zu halten, so hätte ich niemals irgendein sexuelles Interesse an dieser Frau gehabt! Während des Seelsorgegesprächs merkte ich jedoch zu meiner Überraschung, daß mir unzüchtige Gedanken durch den Kopf gingen: „Ich würde dieser Frau gerne die Kleider vom Leib reißen." „Ich würde gerne mit dieser Frau ins Bett gehen!" Während ich versuchte, äußerlich ruhig zu bleiben und ihr mit Interesse zuzuhören, suchte ich in meinen Gedanken verzweifelt nach einer Antwort: „Was ist hier los? Ich weiß, daß ich mit dieser Frau sexuell überhaupt nichts zu tun haben will. Aber warum kommen mir dann diese Gedanken?!" Plötzlich kam mir ein Gedanke, und ich fragte die Frau: „Haben Sie, seit Sie hier im Raum sind, mir gegenüber begehrliche Gedanken gehabt?" Glücklicherweise gehörte sie zu den Frauen, denen man eine solche Frage stellen kann, ohne daß sie beleidigt sind. Sie antwortete ehrlich: „Ja, das stimmt, und es tut mir leid."

Durch mein einfühlsames Wesen, dadurch, daß ich dazu neige, Lasten anderer zu tragen, waren ihre Gefühle in mein Herz eingedrungen. Mein Verstand legte mir diese Gefühle als meine eigenen aus! Doch diese Gefühle hatten überhaupt nichts mit meinen Empfindungen zu tun, sondern waren nur die Gefühle der Frau. Doch drückten sie sich in mir so aus, als wären es meine eigenen. Das meine ich, wenn ich von Verunreinigung spreche, die durch Gefühlsübertragung entsteht.

Wer hat nicht schon einmal bei der ersten Begegnung mit einem Menschen zu seiner eigenen Überraschung eine Abscheu empfunden und unmittelbar den Impuls verspürt, sich von dieser Person zurückzuziehen? Wir können äußerlich nichts an diesem Menschen erkennen, das in uns diese starken Gefühle wecken würde. Warum diese Reaktion? Manchmal liegt es daran, daß jene Person in uns Erinnerungen an einen Menschen in der Vergangenheit weckt, der uns verletzt hat. Meistens jedoch liegt der Grund für solche Gefühle nicht in uns selbst, sondern sie kommen aus dem anderen Menschen. Einmal kam ein Mann zu mir in die Seelsorge, dem ich noch nie zuvor begegnet war. In mir entstand plötzlich ganz stark der Drang, ihm voll ins Gesicht zu schlagen! Inzwischen hatte ich gelernt, solche Dinge als Schlüssel für die Seelsorge zu benutzen. Darum stellte ich ihm einige Fragen. Als Kind war er von seinem Vater geschlagen worden, und als Teenager war er oft von Jugendbanden überfallen und verletzt worden. Seine Bitterkeit und die Erwartung, gewalttätig behandelt zu werden, waren in mich eingedrungen, als wären es meine eigenen Gefühle, und mein Verstand hatte mir, hilfsbereit wie er ist, Gedanken und Bilder geliefert, so als ob ich ihn schlagen würde! Das ist Verunreinigung. „Und achtet darauf, daß nicht jemand an der Gnade Gottes Mangel leide, daß nicht irgendeine Wurzel der Bitterkeit aufsprosse und euch beunruhige und die vielen durch diese VERUNREINIGT werden" (Hebr. 12,15).

VERUNREINIGUNG, DIE DURCH GEFÜHLSÜBERTRAGUNG ENTSTEHT, IST DIE DURCHDRINGUNG UNSERES EIGENEN GEISTES MIT DEM, WAS IM GEIST EINES ANDEREN MENSCHEN IST. Dies kann für die Diener des Herrn gefährlich und verwirrend sein, weil unser Verstand das, was uns in anderen begegnet, manchmal so darstellt, als wäre es unser eigenes.

Verunreinigung, die durch Gefühlsübertragung bedingt ist, ist überall in der Gesellschaft verbreitet. Kürzlich sprachen Paula und ich in einer Gemeinde über dieses Thema. Ein Kinderarzt war sehr dankbar für diese Lehre und äußerte bewegt:

> „Jetzt verstehe ich endlich, was ich in meiner Praxis erlebe! Wenn ich mit den Müttern über ihre Kinder spreche, bin ich oft frustriert, ärgerlich, fühle mich unter Zeitdruck und bin besorgt. Dabei ist mein Terminkalender gar nicht so voll. Ich habe überhaupt keinen Grund, ärgerlich zu sein. Ich liebe meine Arbeit. Manchmal fühle ich mich verwirrt und ängstlich. Dabei habe ich eine gute Ausbildung und kann mich auf meine Fähigkeiten verlassen. Ich habe nie verstanden, woher diese Gefühle kommen. Jetzt begreife ich es! Das ist das, was die Frauen fühlen, das sind die Enttäuschungen und Ängste, die sie als Mütter haben! Ich habe ihre Gefühle übernommen, und mein Verstand hat mich denken lassen, es

wären meine eigenen Gefühle. Jetzt ist mir alles klar. Das ist ja ganz einfach! Ich bin so erleichtert!"

Danach kam eine Chorleiterin und sagte, auch sie fühle sich sehr erleichtert:

> „Sie haben mir geholfen, etwas zu verstehen, was mich seit langer Zeit beunruhigt. Ich WEISS, daß ich eine begabte Musikerin bin. Ich habe gelernt, mein Zwerchfell und meine Atmung zu beherrschen, ich weiß, wie ich singen muß, damit die Töne richtig herauskommen. Ich bin seit vielen Jahren Chorleiterin, und es ist mir zur zweiten Natur geworden, den richtigen Rythmus und das richtige Tempo zu halten. Ich bin eine gute Chorleiterin. Aber manchmal werde ich von ganz merkwürdigen Gedanken und Gefühlen geplagt, wie zum Beispiel 'Ich weiß nicht, wie ich dies oder jenes tun soll' oder 'Was bedeutet dieses Zeichen?' (obwohl ich ganz genau weiß, was jede einzelne Note und jedes Symbol auf der ganzen Partitur bedeuten). Und manchmal fange ich innerlich plötzlich an zu zittern und habe ohne jeden erkennbaren Grund Angst. Ich kann mich dann kaum noch konzentrieren oder den Takt halten. Ich kann nicht mehr richtig atmen, bis ich schließlich wie ein blutiger Anfänger außer Atem bin!
>
> Jetzt verstehe ich, wie es dazu kommt. Die meisten Leute im Chor haben keine Gesangsausbildung. Es sind Laien. Oft wissen sie nicht, was die Noten bedeuten, und sie haben Angst. Ich stelle mich ganz auf meinen Chor ein, um eins mit ihm zu sein. Darum werde ich verunreinigt durch das, was in den Chormitgliedern vor sich geht.
>
> Es ist so erleichternd, das zu wissen!"

Sie sagte, sie könne durchaus verstehen, was es bedeute, die Lasten anderer mitzutragen und sich in andere Menschen einfühlen zu können. Sie hatte schon oft die Lasten anderer Menschen in ihrem eigenen Herzen gespürt. Doch von Verunreinigung durch Einfühlungsvermögen hatte sie noch nie etwas gehört. Sie war verwirrt gewesen, weil die Gedanken und Gefühle der Chormitglieder in sie eingedrungen waren und sie geglaubt hatte, es wären ihre eigenen: „Ich weiß nicht, wie ich diese Stelle singen soll." „Was soll das bedeuten?" „Ich habe Angst." Froh sagte sie: „Jetzt brauche ich mich von diesen Dingen nicht mehr beunruhigen lassen. Bei mir ist alles in Ordnung!"

Es gibt zwei Arten von Verunreinigung: allgemeine Verunreinigung und Verunreinigung durch Gefühlsübertragung. In unserem Buch HEILUNG DES VERWUNDETEN GEISTES haben Paula und ich über beide Arten geschrieben. Ich zitiere hier aus Kapitel acht: „Verunreinigungen, Teufel und Todeswünsche".

> Jeder von uns ist wahrscheinlich schon einmal einem Menschen begegnet, der sexuelle Unreinheit ausgestrahlt hat. Frauen merken dies normalerweise eher als Männer. Wie oft liegen Frauen nach irgendeiner zufälligen Begegnung mit einem Menschen ihrem Mann hinterher in den Ohren und warnen ihn vor „jenem Typ", oft sehr zur Verwunderung des Mannes. „Also, hör mal, du bist diesem Mann doch gerade zum ersten Mal begegnet! Wie kannst du dann all das über ihn wissen? Meinst du nicht, daß du ein bißchen vorschnell urteilst?" Später erfährt er vielleicht, daß jener Mann die halbe Belegschaft der Frauen im Büro verführt hat! Die Ehefrau hatte sich in der Gegenwart jenes Mannes verunreinigt gefühlt. Sie wußte es einfach. Weise Männer lernen, solchen Wahrnehmungen Gehör zu schenken, zumindest sind sie wachsam und passen auf, ob nicht plötzlich Unkraut im Garten wuchert. (Dies ist ein Beispiel für allgemeine Verunreinigung.)
>
> Sind wir nicht alle schon einmal Menschen begegnet, bei denen wir instinktiv das Gefühl hatten, auf der Hut sein zu müssen? Ich weiß noch, wie ein Freund von mir, der Pastor ist, von einem Lehrer schwärmte, der aus dem Ausland gekommen war und nun in seiner Gemeinde lehrte. Ich war neugierig, doch gleichzeitig auch in meinem Geist beunruhigt. Mein Freund spürte dies und lud uns zu einem gemeinsamen Frühstück mit jenem Lehrer und dessen Begleiter ein. Der Lehrer gefiel mir. Mein Geist konnte ihm vertrauen. Doch was für eine üble Ausstrahlung ging von seinem Begleiter aus! In meinem Geist erklangen fast laut hörbar die Worte: „Feind! Feind!" Ich fühlte mich in seiner Gegen-

wart innerlich unrein, unruhig und mißtrauisch. Ich wußte, daß er ein Wolf im Schafspelz war.

Ich warnte meinen Freund, den Pastor. Aber er konnte mich nicht verstehen. Der Lehrer kehrte nach Hause zurück. Sein Begleiter blieb und zerriß jene Gemeinde in Fetzen! Er sagte, alle Bilder und alle Noten, die nicht das Gesicht Jesu aufgedruckt hätten, müßten aus den Häusern verschwinden. Sie seien vom Teufel. Er verfluchte fast alle Gemeindemitglieder, die sich seinen Wünschen nicht beugten. Frauen aus der Gemeinde sagte er, sie würden Gebärmutterkrebs bekommen, wenn sie ihm nicht gehorchten, ja es reiche schon aus, wenn sie nicht einer Meinung mit ihm seien. Schließlich erhob sich die Gemeinde und warf ihn und leider auch den Pastor hinaus. Noch schlimmer war jedoch, daß fast ein Drittel der Gemeinde, alles junge Christen, von dem Geist jenes Mannes verunreinigt worden waren, der Täuschung glaubten und ihm aus der Gemeinde hinaus folgten.

In dieser Geschichte sehen wir, wie die Gabe der Unterscheidung der Geister ausgeübt werden kann. In diesem Fall gründet sie sich auf die Fähigkeit unseres Geistes, zu fühlen, was in einem anderen Menschen ist, auf die Fähigkeit, Verunreinigung zu spüren und zu indentifizieren. Wir haben diese Gabe vielleicht allein von Gott, doch wächst sie durch Erfahrung: „Die feste Speise aber ist für Erwachsene, die infolge der Gewöhnung geübte Sinne haben zur Unterscheidung des Guten wie auch des Bösen“ (Hebr. 5,14). Aus dieser Geschichte sollen wir jedoch nicht in erster Linie etwas über die Gabe der Unterscheidung der Geister lernen. Vielmehr zeigt sie uns, in welcher Gefahr jene stehen, deren Geist nicht wach genug oder nicht geübt genug ist, um auf der Hut zu sein. Der Geist jenes Mannes beeinflußte und verunreinigte jene einfachen Gläubigen so sehr, daß sie Dinge dachten und sagten, die sie sonst niemals zugelassen hätten. (Diese Geschichte ist ein Beispiel für Verunreinigung durch Gefühlsübertragung.)

„Geh weg von dem Toren, denn du lernst nichts von ihm. Das ist des Klugen Weisheit, daß er achtgibt auf seinen Weg; aber der Toren Torheit ist lauter Trug“ (Spr. 14,7-8 – Luther).

„Denn ein törichter Mensch redet Törichtes. Und sein Herz bereitet Unheil, Ruchloses zu tun und Irreführendes gegen den Herrn zu reden, um die Seele des Hungrigen leer zu lassen und dem Durstigen den Trank zu verweigern. Und die Werkzeuge des Schurken sind böse: er beschließt böse Anschläge, um die Elenden durch Lügenreden zugrunde zu richten, selbst wenn der Arme redet, was Recht ist“ (Jes. 32, 6-7).

> Es sei noch erwähnt, daß jener Mann nach etwa einem Jahr an Darmkrebs erkrankte und innerhalb von sechs Wochen starb! Man muß an Herodes denken, der von den Würmern gefressen wurde (Apg. 12,23), und an den Zauberer auf der Insel Salamis, den der Heilige Geist durch Paulus mit Blindheit schlug (Apg. 13,1-12).

Die Tragödie in der Gemeinde meines Freundes war ein Fall von Verunreinigung. So wie ich in Gegenwart jener Menschen aus den ersten Beispielen merkwürdige Gedanken hatte, so hatten diese Gemeindemitglieder plötzlich die Gedanken jenes Wolfes in ihrem Kopf. Wir sprechen hier nicht von Hypnose oder bewußten Techniken der Gedankenübertragung. Der Mann wußte selbst nicht, daß der Einfluß, den sein Geist ausübte, dämonischen Ursprungs war. Allerdings hatte er gelernt, sich auf seine Fähigkeit, andere Menschen zu beeinflussen, zu verlassen. Später wollen wir noch ausführlicher auf die Dämonen eingehen, die im Hintergrund aktiv sind. Im Moment beschäftigen wir uns jedoch allein mit dem, was von unserem eigenen Geist ausgeht. Den unreifen Christen in jener Gemeinde fehlte es entweder an Unterscheidungsvermögen oder an Erfahrung, oder sie waren einfach überwältigt. Sie waren sich der Verunreinigung nicht bewußt. Sie glaubten, die Gedanken, die sie hatten, seien ihre eigenen ... (Auch das ist Verunreinigung durch Gefühlsübertragung.)

Ein Wort der Warnung soll angefügt sein. Die hebräischen Menschen waren sich des Phänomens der Verunreinigung sehr bewußt, zu sehr. Das Gesetz des Alten Testaments erwähnt viele Dinge, die verunreinigen, und legt fest, was man in diesen Fällen tun soll – im Neuen Testament findet sich davon kein Wort. Das spricht für sich! Es gab viele Nahrungsmittel, die verunreinigten (3. Mose 11). Gebären verunreinigte (3. Mose 12). Man konnte durch bestimmte Krankheiten unrein werden (3. Mose 13). Unbeabsichtigter oder beabsichtigter Samenerguß verunreinigte, ebenso die Menstruation der Frau (3. Mose 15). Unmoral, Götzen, das Berühren von Toten – Hunderte von Dingen verunreinigten. Jesus begegnete unter anderem Pharisäern, die 400 Waschungen pro Tag vornahmen, nur um sich von Verunreinigung zu säubern. Das Wort „koscher" stammt aus jener Zeit, wo großer Wert auf Waschungen und Zubereitung von Speisen gelegt wurde, um jede Verunreinigung zu vermeiden. Der Pharisäer Simon war davon überzeugt, daß Jesus kein Prophet sein konnte, denn sonst hätte er nicht zugelassen, daß jene Frau mit schlechtem Ruf Ihn durch die Berührung Seiner Füße verunreinigt hätte (Lukas 7,36-50).

Jesus antwortete darauf, indem Er Seine Jünger mit ungewaschenen Händen essen ließ und mit klaren Worten lehrte:

> „Nicht was in den Mund eingeht, verunreinigt den Menschen, sondern was aus dem Mund ausgeht, das verunreinigt den Menschen. Dann traten seine Jünger hinzu und sprachen zu ihm: Weißt du, daß die Pharisäer sich ärgerten, als sie das Wort hörten? Er aber antwortete und sprach: Jede Pflanze, die mein himmlischer Vater nicht gepflanzt hat, wird ausgerottet werden. Laßt sie! Sie sind blinde Leiter der Blinden. Wenn aber ein Blinder einen Blinden leitet, so werden beide in eine Grube fallen. Petrus aber antwortete und sprach zu ihm: Deute uns dieses Gleichnis. Er aber sprach: Seid auch ihr noch unverständig? Begreift ihr noch nicht, daß alles, was in den Mund eingeht, in den Bauch geht und in den Abort ausgeworfen wird? Was aber aus dem Mund ausgeht, kommt aus dem Herzen hervor, und das verunreinigt den Menschen. Denn aus dem Herzen kommen hervor böse Gedanken: Mord, Ehebruch, Unzucht, Dieberei, falsche Zeugnisse, Lästerungen; diese Dinge sind es, die den Menschen verunreinigen ..." (Mt. 15,11-20).

Ein für allemal hat Jesus damit die Angst vor äußerer Verunreinigung und damit zusammenhängenden Säuberungsritualen beiseite getan. Kein Christ braucht Angst zu haben, äußerlich von Dingen verunreinigt zu werden. (Dies bezieht sich auf allgemeine Verunreinigung.)

Doch die Warnung vor innerer Verunreinigung blieb auch bei Jesus bestehen: „... aus dem Herzen kommen hervor böse Gedanken: Mord, Ehebruch, Unzucht, Dieberei, falsche Zeugnisse, Lästerungen; diese Dinge sind es, die den Menschen verunreinigen ...“ Nicht das, was uns äußerlich berührt, sondern das, was wir innerlich fühlen und äußerlich tun, Unzucht oder Ehebruch, verunreinigt uns. (Entnommen aus HEILUNG DES VERWUNDETEN GEISTES)

In den Zeiten des Alten Testaments war die hebräische Mentalität, wenn es um die Vermeidung von Verunreinigung ging, fast fanatisch. In unserer Zeit jedoch ist sich kaum einer der christlichen Leiter, Pastoren, Lehrer, Evangelisten usw. des Phänomens der Verunreinigung bewußt, besonders nicht der Verunreinigung durch Gefühlsübertragung. Viele von uns erwarten, daß wir vom Herrn beschützt werden. Wir gehen davon aus, daß Er sich darum kümmert, daß wir nicht verunreinigt werden. Darum machen wir uns keine Gedanken. Aber das ist nicht richtig, wir haben durchaus eine Verantwortung in diesem Bereich, und der Herr entläßt uns nicht einfach daraus. Die Bibel ist voll von Warnungen. Hier sind nur einige davon:

> „Wer mit Weisen umgeht, wird weise; aber wer sich mit Toren einläßt, dem wird es schlechtgehen“ (Spr. 13,20).

> „MACHT EUCH NICHT UNREIN DURCH ALL DIESES! Denn durch all dieses haben die Nationen sich unrein gemacht, die ich vor euch vertreibe. Und das Land wurde unrein gemacht, und ich suchte seine Schuld an ihm heim, und das Land spie seine Bewohner aus. Ihr aber, ihr sollt meine Ordnungen und meine Rechtsbestimmungen halten, und ihr sollt nichts tun von all diesen Greueln, der Einheimische und der Fremde, der in eurer Mitte als Fremder wohnt – denn all diese Greuel haben die Menschen des Landes getan, die vor euch da waren, und das Land ist unrein gemacht worden –, damit das Land euch nicht ausspeit, wenn ihr es unrein macht, ebenso wie es die Nation ausgespieen hat, die vor euch da war: denn jeder, der etwas von all diesen Greueln tut, – die Seelen, die es tun, sollen

ausgerottet werden aus der Mitte ihres Volkes. Und ihr sollt meine Vorschriften halten, damit ihr keine der greulichen Bräuche übt, die vor euch geübt worden sind. Ihr sollt euch nicht durch sie unrein machen. Ich bin der Herr, euer Gott" (3. Mose 18,24-30).

„Da wir nun diese Verheißung haben, Geliebte, so wollen wir uns reinigen von jeder Befleckung des Fleisches und des Geistes und die Heiligkeit vollenden in der Furcht Gottes" (2. Kor. 7,1).

Wiederholt warnt uns unser Herr und gebietet uns, selbst Verantwortung zu übernehmen. Im Alten und Neuen Testament spricht der Herr 116 Mal über Verunreinigung!

Verunreinigung geschieht auf zweierlei Weise: durch unsere sündigen Taten und durch Umgang mit anderen Menschen. IN DIESEM KAPITEL GEHT ES UNS UM DIE VERUNREINIGUNG DURCH UMGANG MIT ANDEREN MENSCHEN.

Ein Pastor, den ich kenne, hatte ein Seelsorgegespräch mit einem Gemeindemitglied. Es war eine hübsche junge Frau, die in ihrer Kindheit von ihrem Vater vernachlässigt worden war. In ihr lebte eine ungeheure Sehnsucht, von ihrem Vater getröstet und in den Arm genommen zu werden. Weder sie noch der Pastor waren sich dessen bewußt, daß ihr Herz dieses Verlangen ganz stark ausstrahlte und in dem Pastor den Wunsch weckte, sie in den Arm zu nehmen oder sie mindestens zu berühren. Während sie über die intimen Probleme der Ehebeziehung der jungen Frau sprachen, öffnete sich durch die Aufmerksamkeit und das Verständnis des Pastors das Herz der jungen Frau und sie fing an, den Pastor zu lieben und zu schätzen. Ihr Herz wurde von Dankbarkeit überwältigt; zugleich wünschte sie sich schmerzlich, daß ihr Vater das getan hätte, was dieser Mann tat – sie anzunehmen. Er nahm sich Zeit für sie, obwohl sein Terminplan so voll war. Das hatte ihr Vater nie getan. Sie konnte regelrecht spüren, wie das Erbarmen des Pastors sie umgab! Das tat so gut!

Ihre immer stärker werdenden Gefühle drangen in sein Herz ein. Sein Verstand deutete sie als seine eigenen. Da er Erfahrung hatte, nahm er an, daß sie sehr wahrscheinlich für ihn, als ihrem Seelsorger, Gefühle der Liebe hegte. Das konnte er intellektuell verstehen und einordnen. Auf seine EIGENEN Gedanken und Gefühle ihr gegenüber war er jedoch nicht vorbereitet. Er konnte sie nicht verstehen und war entsetzt. Liebte er dieses Mädchen wirklich? Während sie weitersprach, erforschte er seine Gefühle. Es waren ganz eindeutig nicht die normalen Gefühle der AGAPE-Liebe, die jeder Pastor oder Seelsorger bei seinem Dienst an anderen Menschen verspürt. Er durchforschte sein Gedächtnis, konnte jedoch nicht feststellen, daß sie ihn an irgendeine Frau erinnerte, die ihn in seiner Kindheit geliebt hatte. Er konnte nicht verstehen, warum ihn diese junge Frau so anzog. Es waren schon andere hübsche junge Frauen bei ihm in der Seelsorge gewesen, daran konnte es also nicht liegen. Er hatte das Gefühl, als wolle er sie besitzen. Seine Gedanken sagten: „Ich liebe dieses Mädchen so, als wäre es mein eigenes." Er folgerte: „Sie muß wohl für mich so etwas wie meine eigene Tochter sein." In Wirklichkeit hatte sein Verstand IHR Verlangen nach einem Vater falsch gedeutet. Ihre Gefühle klangen in seinem Herzen wieder als sein eigener Wunsch, sie als seine Tochter zu haben.

Sie setzten das Gespräch über die Probleme der jungen Frau fort. Seine intuitive, einfühlsame Art, alles, was sie erzählte, sofort zu verstehen, rührte ihr Herz so tief an, daß in ihr der Wunsch entstand, sie hätte einen Mann wie ihn geheiratet, einen Mann, der ein Gegenüber für ihren Geist war und der ihr Herz erfrischte. Jetzt wandelte sich ihr Verlangen in die Gefühle einer Frau, die hungrig danach ist, daß ihr Mann sie auf einer ganz tiefen Ebene erkennt und annimmt, es war die Erwartung einer Braut.

Die Botschaft, die ihr Herz jetzt in Richtung auf den Pastor aussandte, lautete: „Liebe mich wie ein Ehemann." Sie versuchte nicht, ihn zu verführen. Wenn offene Verführung im Spiel gewesen wäre, dann hätte der Pastor, ein wahrhaft rechtschaffener Mann, dies gespürt und sie sofort daraufhin angesprochen. Doch er hatte keine Ahnung, daß etwas aus ihrem Inneren seine eigene Gedankenwelt beeinflussen konnte. Das ungewöhnlich starke Einfühlungsvermögen zwischen ihnen machte es ihm auf ganz natürliche Weise möglich, ihre Gefühle und Gedanken zu lesen. Er war sich bewußt, daß ihm allein schon deswegen ihre Anwesenheit sehr angenehm war. Es war leicht gewesen, alle unangemessenen Gefühle ihr gegenüber aufzudecken, sie dem Herrn abzugeben und davon frei zu sein. Was den Pastor beunruhigte, waren die Gedanken, die ihm immer wieder kamen und ihm sagten, daß er diese Frau immer mehr wie eine Ehefrau liebte! Wenn er dann noch an die anfänglichen Gefühle und Gedanken zurückdachte, sie besitzen zu wollen, brach ihm der kalte Schweiß aus. Diese Frau hatte ihn langsam völlig im Griff! Wie war das möglich?!

Das Rätsel löst sich, wenn wir wissen, wie Verunreinigung zustande kommt. Der Pastor wollte nicht wirklich dieses Gemeindemitglied heiraten, genauso wenig, wie sie es wollte. Doch ihr tiefes Bedürfnis, in das Herz ihres eigenen Mannes aufgenommen zu werden und bei ihm einen Zufluchtsort für ihre Gefühle zu finden, hatte zu der einfühlsamen Natur des Pastors gesprochen. Sein Verstand hatte ihm dieses Bedürfnis so gedeutet, als seien es seine eigenen Gefühle und Gedanken gegenüber der jungen Frau. Die Verunreinigung raubte ihm in dem Seelsorgegespräch die Objektivität.

Größte Verwirrung stiftet die Tatsache, daß diese Art der Verunreinigung durch Einfühlungsvermögen nicht bei jedem Seelsorgefall geschieht. Wenn dies so wäre, könnten wir fest damit rechnen und es leicht erkennen. Doch Einfühlungsvermögen bewirkt nicht immer Verunreinigung. Die Gefühle und Gedanken des Menschen, der zu uns in die Seelsorge kommt, dringen nicht immer in jeder Seelsorgesitzung in uns ein, so als wären es unsere eigenen Gedanken. Wir spüren, was im anderen Menschen ist und können es einwandfrei als die Empfindungen des anderen identifizieren. Unser Einfühlungsvermögen befähigt uns dazu, zu erspüren, was im anderen Menschen vor sich geht, und der Heilige Geist hilft uns, diese Gefühle richtig zu benennen. Darum ist Einfühlungsvermögen ein wertvolles Werkzeug für den Dienst. Es hilft uns, zu wissen, was im Herzen des ratsuchenden Menschen vor sich geht, und wir können unsere Fragen so stellen, daß das eigentliche Problem ohne Umwege angesprochen wird. Einfühlungsvermögen ist einer der wichtigsten Kanäle, durch die die Gaben der Erkenntnis und der Unterscheidung in uns wirken.

Wer kann sagen, warum wir manchmal durch unser Einfühlungsvermögen verunreinigt werden und die Gefühle des anderen als unsere eigenen deuten? Nach 30 Jahren Seelsorgepraxis kann ich immer noch nicht erklären, warum in einigen seltenen Fällen, bei ganz wenigen Menschen, die zu mir in die Seelsorge kommen, aus Einfühlungsvermögen Verunreinigung wird. Allerdings habe ich gelernt, dies zu erkennen und mich davon nicht in die Irre leiten zu lassen. MEINE VERMUTUNG IST, DASS SATAN, DER UNS VERFÜHREN WILL, SOLANGE WARTET, BIS ER DENKT,

JETZT SEI DIE RICHTIGE PERSON GEKOMMEN. DANN TRITT ER AUF DEN PLAN UND SCHALTET UNSERE VERNUNFT UND UNSER URTEILSVERMÖGEN GERADE SO LANGE AUS, DASS WIR, OHNE DIES ZU MERKEN, EINE ZEITLANG VON UNSEREM ALTEN MENSCHEN BESTIMMT WERDEN UND NICHT VOM GEIST. AUF DIESE WEISE KANN SATAN EINFÜHLUNGSVERMÖGEN IN VERUNREINIGUNG VERWANDELN UND UNSEREN VERSTAND DAHIN BRINGEN, DASS WIR DAS, WAS WIR SPÜREN, ALS UNSERE EIGENEN GEFÜHLE DEUTEN. Ich war schon jahrelang als Seelsorger tätig, bevor jene Frau kam, deren Lust ich als meine eigene interpretierte. Bis zu jenem Augenblick hatte ich etwas derartiges noch nie erlebt. Vielleicht hatte Satan sich vertan. Er hatte nicht darauf geachtet, daß mich dieser Typ von Frau nicht ansprach. Er wollte mich wahrscheinlich durch sie sexuell verführen. Doch verriet er sich, ich bemerkte seinen Plan.

Manche Seelsorger haben schlicht und einfach lüsterne Gefühle in Bezug auf Gemeindemitglieder, ohne die zusätzlichen Schwierigkeiten, die Verunreinigung durch Einfühlungsvermögen mit sich bringt. Nun entsteht die Frage, wie man das eine vom anderen unterscheiden kann. Darüber will ich später sprechen. An dieser Stelle möchte ich nur sagen, daß die ganze Sache darum so trügerisch ist, weil aus Einfühlungsvermögen nicht in jedem Fall Verunreinigung entsteht. Der Pastor in unserer Geschichte hatte noch nie zuvor erlebt, daß in ihm solche Gefühle und Gedanken gegenüber einem Menschen, der bei ihm in der Seelsorge war, aufgestiegen wären. Er hatte nie zuvor Verunreinigung durch Einfühlungsvermögen erfahren, er wußte nichts von diesem Phänomen.

Als er seine Wehrlosigkeit bemerkte, verwies er die junge Frau an einen anderen Seelsorger. Er versuchte, sie vor dem möglichen Gefühl der Ablehnung zu schützen, indem er sagte, es wäre hilfreich für sie, mit einem anderen Seelsorger zu sprechen, der vielleicht mehr Erfahrung auf diesem Gebiet hätte. Sie durchschaute diese Ausrede und verließ den Pastor mit dem schmerzlichen Gefühl, erneut von ihrem „Papa“ abgelehnt worden zu sein! Leider muß man sagen, daß der Pastor seinen Dienst nicht hätte abbrechen müssen. Die junge Frau befand sich bereits auf dem Weg der Heilung ihres tief verwundeten Herzens. Um wahre Heilung zu erreichen, hätte sich die Beziehung noch weiter vertiefen müssen. Doch ohne Verständnis über die Tatsache der Verunreinigung hätte es die Kraft des Pastors überstiegen, die dabei nötige Zurückhaltung zu wahren. Diejenigen, die durch Ablehnung von einem oder beiden Elternteilen verwundet worden sind, brauchen viel mehr als nur die Fähigkeit zu vergeben. Sie können nur dadurch heil werden, wenn sie erkennen, daß ein Mensch in der Gegenwart sie aufrichtig (und ohne sie zu bedrängen) liebt, nicht sexuell als Ehepartner, sondern so, wie ein Vater oder eine Mutter sich um sie kümmern würde. Da der Pastor seine eigenen Gefühle nicht verstand und darum nicht richtig damit umgehen konnte, war es weise von ihm, die seelsorgerliche Beziehung zu beenden.

Wenn er über die Möglichkeit der Verunreinigung Bescheid gewußt hätte, wäre die Furcht aus seinem Herzen gewichen. Er hätte während der Seelsorgegespräche gespürt, daß die Gedanken und Gefühle in ihm sehr wahrscheinlich nicht seine eigenen waren. Dann hätte er in der nüchternen Distanz des Nachsinnens nach dem Seelsorgegespräch diese Gefühle eindeutig von sich weisen und sie als das benennen können, was sie waren: reine Identifikation durch Einfühlungsvermögen. Seine Weisheit hätte ihn zu dem Entschluß gebracht, seine Frau oder einen anderen Mitarbeiter zu bitten, bei den Gesprächen dabei zu sein, und die Beziehung hätte sich in christlicher Liebe bis zu einer Ebene vertiefen können, wo das Herz der jungen Frau vollkommene Heilung erfahren hätte.

Leider sind viele Diener des Herrn nicht so gottesfürchtig und weise. Paula und ich haben Hunderte von Menschen in der Seelsorge gehabt, von denen wir Horrorgeschichten über „christliche Seelsorger“ erfahren haben, die während des Seelsorgegespräches der Versuchung erlegen sind, sexuelle Annäherungsversuche zu unternehmen! Vielfach handelte es sich einfach um lüsterne Menschen, die keine ausgebildeten Seelsorger waren. Manche haben ganz bewußt ihre Stellung als Seelsorger ausgenutzt, um andere Menschen, die durch ihre Probleme geschwächt waren, zu verführen. Solche „Christen“ gebrauchen Verunreinigung durch Gefühlsübertragung, um dadurch ihre Opfer zu verführen (obwohl sie oft wenig Kenntnis von diesem Phänomen haben; sie haben einfach gelernt, sich auf ihre Macht zu verlassen, andere zu beeinflussen). Doch wir müssen uns daran erinnern, daß dieses Buch nicht für solche Menschen geschrieben ist, die absichtlich sündigen, sondern vielmehr für diejenigen, die gute Absichten haben, die jedoch von ihrer eigenen Lust, oder in diesem Fall von der Lust anderer Menschen, überwältigt werden. Diese Diener Gottes, die keine Kenntnis von Verunreinigung haben, und im Moment vielleicht auch nicht bereit oder in der Lage sind, an Gottes moralischen Werten festzuhalten, glauben, daß die Gefühle und Gedanken der Liebe, die sie während des Seelsorgegespräches empfinden, ihre eigenen sind. Täuschung! Ihre Liebesgefühle waren nicht echt. Wahre Liebe im Heiligen Geist hätte sich in dem Erbarmen unseres Herrn ausgedrückt, das rein ist, und hätte respektiert, daß die Persönlichkeit des anderen Menschen heilig ist.

ZAHLLOSE CHRISTLICHE WERKE SIND DURCH AFFÄREN ZERSTÖRT WORDEN, DIE SCHLIESSLICH MIT EHEBRUCH ENDETEN, OBWOHL ALLES NUR MIT VERUNREINIGUNG ANFING!

Wenn sich Verunreinigung und geistiger Ehebruch miteinander verbinden, und zwar bei Menschen, die nicht die Rechtschaffenheit und Weisheit des erwähnten Pastors besitzen, so ist die Folge davon fast immer eine Affäre. Dort, wo Verunreinigung und geistiger Ehebruch zusammenkommen, hängen sie sich häufig an ungelöste Probleme im Herzen des Seelsorgers oder des Ratsuchenden oder beider. Nun schreien ungestillte Bedürfnisse nach Erfüllung. Die daraus folgende Dynamik der Beziehung wird von Tag zu Tag verwirrender und hat eine ungeheure, bezwingende Macht. Wenn zu diesen Faktoren noch bei einem von beiden oder bei beiden Schwierigkeiten in der Ehe hinzukommen, dann tritt zwanghaftes Verhalten auf den Plan. Die Betreffen MÜSSEN einander sehen. Sie fangen an, Gründe zu erfinden, warum sie sich auch außerhalb des Seelsorgeraumes sehen müssen. Zunächst sieht dies völlig unschuldig aus, sowohl in ihren eigenen Augen, als auch in den Augen anderer. Nach einer Weile können sie den natürlichen Trieben nicht mehr widerstehen, und sie verfallen in körperlichen Ehebruch. Ihre Geschichte unterscheidet sich jetzt nicht von jener, die wir im ersten Kapitel beschrieben haben. Ein Unterschied besteht allerdings. Weil sie den trügerischen Gefühlen und Gedanken geglaubt haben, die durch Verunreinigung in sie eingedrungen sind, halten sie wahrscheinlich hartnäckiger daran fest, daß sie einander „wirklich lieben". Darum ist es in solchen Fällen weniger wahrscheinlich, daß die Betreffenden zu wahrer Buße gelangen und zu ihrem Ehepartner zurückkehren.

GEISTIGE VERUNREINIGUNG

Eine Frau kam zu uns. Sie klagte darüber, daß sie sich jedesmal, wenn ihr Mann sie körperlich liebte, verunreinigt fühlte. Wir sahen uns ihre Vergangenheit an, um herauszufinden, was die Ursache für diese Gefühle sein könnte, und wir sprachen mit ihr über die Heiligkeit und Schönheit des ehelichen Geschlechtsverkehrs. Während dieser Zeit entdeckte sie, daß ihr Mann, obwohl sie sechs Kinder hatten und regelmäßig miteinander schliefen, im Geheimen homosexuell war! Die ganze Ehe hindurch war er immer wieder mit Jungen in ihre Hütte am See gefahren und hatte sich an allen möglichen extremen sexuellen Aktivitäten beteiligt. Kein Wunder, daß die Frau sich im Ehebett verunreinigt fühlte! Er war ein unreines Gefäß. Da sie eins mit ihm war, konnte sie spüren, wenn er sich wieder in sexuelle Aktivitäten hineinbegab. Sie hatte sich auch verunreinigt gefühlt, wenn sie nicht mit ihm zusammen war, aber am stärksten dann, wenn sich seine Unreinheit mit ihr im ehelichen Geschlechtsverkehr verband.

Ich nenne dies geistige Verunreinigung, weil diese Frau nur in ihrem Geist hat spüren können, was ihr Mann tat, auch über eine Entfernung hinweg. Dies hat nichts mit Mystik oder übersinnlichen Phänomenen zu tun. „Und wenn ein Glied leidet, so leiden alle Glieder mit; oder wenn ein Glied verherrlicht wird, so freuen sich alle Glieder mit" (1. Kor. 12,26). Unser Leben in Gemeinsamkeit bedeutet, daß das, was mit dem einem passiert, alle anderen auch beeinflußt. Keiner merkte, als Achan die geweihten Gegenstände stahl (Jos. 7). Doch diese Sünde hatte einen solchen Einfluß auf die Einstellung des Volkes, daß im Kampf am nächsten Tag ihr Vertrauen völlig zerschlagen wurde und sie besiegt fliehen mußten. Als Simri und Kosbi miteinander Ehebruch begingen, wurde Israel AUF DER STELLE gestraft. Durch eine Plage wurden 24 000 Menschen getötet (4. Mose 25)! DURCH DAS, WAS WIR SIND UND TUN, WERDEN ANDERE ENTWEDER GESEGNET ODER VERUNREINIGT!

Verunreinigung und Segen geschehen – ob wir nun daran glauben, ob wir dies wünschen, es ablehnen oder es bewußt einsetzen. Segen und Verunreinigung sind die Tatsachen unserer Existenz. C.S. Lewis sagte: „Das, was wir tun und das, was wir nicht tun, hat ewige Folgen." Wir können diese Tatsachen nicht ändern. Vielmehr werden wir durch sie verändert.

Dies ist in zweierlei Hinsicht von Bedeutung: Einerseits ist jeder Mensch einmalig im Hinblick darauf, wie er uns durch den Segen und/oder die Verunreinigung, die von ihm ausgehen, beeinflußt. Ich erinnere mich daran, wie einmal eine fürchterlich dicke Dame zu mir in die Seelsorge kam, die noch zusätzlich das schwere Los tragen mußte, sehr häßlich zu sein. Ungeachtet dessen ging von ihr eine äußerst mächtige verführerische Verunreinigung aus, und sie bekannte, daß sie eine Sexaffäre nach der anderen hätte! Bei normalem Verstand würde kein Mann je freiwillig mit ihr ins Bett gehen! Ihre Macht mußte in der Kraft der Verunreinigung liegen. Selbst wenn wir die Macht dieser Frau auf dämonischen Einfluß zurückführen würden, dann gilt, daß auch die Dämonen das Mittel der menschlichen Verunreinigung benutzen müssen.

Wenn ein Diener des Herrn ein rechtschaffener Mensch ist, Kenntnis über die Möglichkeit der Verunreinigung hat und sich davor in acht nimmt, so ist er vor der Verunreinigung der meisten Menschen geschützt. Trotzdem kann es passieren, daß jemand zu ihm kommt, der eine so starke geistliche Macht der Verunreinigung hat, daß der Mann Gottes seine ganze Kraft einsetzen muß, um nicht davon überwältigt zu werden. Ich habe mehrfach erlebt, daß in mir Alarmsirenen losgingen, wenn Menschen zu mir in die Seelsorge kamen. Trotz der Warnung brauchte ich all meine Kenntnis und Erfahrung und die Gnade des Herrn, um dem betreffenden Menschen zu helfen, ohne durch seltsame Gedanken und Gefühle zu falschen Einsichten und Entscheidungen verleitet zu werden.

Jeder, der über lange Zeit hinweg in diesem Dienst steht, wird erkennen, daß bei dieser Art des geistlichen Kampfes sehr oft dämonische Mächte mitwirken. Anfänger und Menschen, die nicht wachsam sind, können durch geistige Verunreinigung in ehebrecherische Gefühle und Gedanken hineingezogen werden, ja sogar in Affären und Ehebruch. Unser Rat: Anfänger im Reich Gottes sollten mit reiferen Mitarbeitern zusammenarbeiten. Wenn dies nicht möglich ist, sollten sie wenigsten darauf achten, daß sie Freunde und Familienangehörige haben (denen sie unterstehen), die regelmäßig über sie wachen. Anfänger sollten sich vornehmen, auf die Warnungen von Christen zu hören, die weiser sind und mehr Erfahrung haben.

Satan verkleidet sich als „Engel des Lichts" (2. Kor. 11,14). Menschen, die nach außen hin rein erscheinen, können in sich negative Ströme der Verunreinigung haben. Wenn wir anfangen, für sie zu beten, kann unser Wunsch nach Heilung für sie so stark sein, daß er uns blind macht für das, was in uns durch die Verunreinigung des anderen Fuß gefaßt hat. Darum geben wir allen den gleichen Rat, ob sie nun schon lange im Dienst stehen oder Anfänger sind: Hört auf Warnungen. Bleibt in der Nähe von Freunden, denen ihr vertraut. Öffnet ihnen euer Herz, laßt sie wissen, was in euch vor sich geht. Wenn sie euch davor warnen, daß ihr in Gefahr seid, dann brecht die Beziehung ab, oder nehmt einen anderen Mitarbeiter zu den Seelsorgegesprächen hinzu. Unser Herr hat Seine Diener aus gutem Grund zu zweit ausgesandt!

Eine Freundin von uns hatte angefangen, sich um eine lesbische Frau zu kümmern. Viele hatten sich schon vergeblich um diese Frau bemüht, doch sie hoffte, Erfolg zu haben. Die Frau war von einer Person zur nächsten, von Heiler zu Heiler, von Seelsorger zu Seelsorger gegangen, angeblich, weil sie Befreiung suchte und zur normalen Geschlechtlichkeit zurückkehren wollte (wie sie selbst glaubte). Nichts hatte geholfen. Dadurch, daß sie mit ihren Problemen ständig zu anderen Menschen ging, erfuhr sie so viel Liebe, daß sie schließlich gar nicht mehr gesund werden wollte. Im Laufe der Zeit hatte sie ein äußerst machtvolles „Feld" der Verunreinigung um sich herum aufgebaut.

Schon bald bemerkte unsere Freundin seltsame Gefühle in sich. Sie hatte so stark den Impuls, dieses verwundete Geschöpf zu berühren und in den Arm zu nehmen, daß sie sich kaum dagegen wehren konnte. Doch sie sagte sich: „Warum nicht?" Schließlich war sie älter als die lesbische Frau, und das Verlangen, diese zu berühren, schien nichts besonderes zu sein. Wenn sie mit anderen Frauen zusammen war, die Kummer hatten, dann hatte sie auch den Wunsch, diese in den Arm nehmen. Sie bemerkte nicht, daß sich die Sehnsucht der lesbischen Frau nach Berührung und Umarmung in ihren eigenen Gedanken so äußerte, als sei es ihr eigener Wunsch. Die ungewöhnliche Stärke dieses Wunsches schrieb sie der größeren Not der Frau zu, und sie glaubte, darum auch eine größere Liebe für sie zu verspüren. Sie hatte nie zuvor irgendwelche lesbischen

Empfindungen gehabt und hielt sich selbst für eine reife und erfahrene Christin, die lesbische Annäherungsversuche klar erkennen und sich dann zurückhalten konnte. Darum wurde sie von dem starken Verlangen, die lesbische Frau zu umarmen und zu trösten, weder gewarnt noch geängstigt. Sie war daran gewöhnt, starke Gefühle zu haben.

Doch sie wußte nichts von der verführerischen Natur und Kraft geistiger Verunreinigung. Je länger sie sich um die andere Frau kümmerte, desto mehr verband sich ihr Herz mit ihr. Sie hatte ein schmerzliches Verlangen danach, sich dafür einzusetzen, daß die andere Frau gesund und glücklich wurde. Je enger die Beziehung zusammenwuchs, desto stärker regte sich in der lesbischen Frau der Wunsch, eine sexuelle Beziehung mit ihrer Seelsorgerin zu haben. Unsere Freundin hatte keine Ahnung davon, daß die Gefühle eines anderen Menschen von unserem Verstand als unsere eigenen Gefühle gedeutet werden können. Darum war sie wehrlos, als sie bemerkte, daß sie in sich eindeutig sexuelle Gefühle gegenüber der anderen Frau hatte. Sie hatte damit gerechnet, daß die Frau ihr gegenüber solche Gefühle hegte, darauf war sie vorbereitet. Aber das Umgekehrte hatte sie nicht erwartet. Sie meinte, diese sexuellen Gefühle seien ihre eigenen. Als sie immer stärker wurden, fing sie an zu glauben, daß sie diese vielleicht schon immer gehabt und daß diese Frau sie nur in ihr geweckt habe!

Die sexuelle Beziehung zu ihrem Mann hatte abgenommen, was vor allem auf ihre Müdigkeit zurückzuführen war. Als Folge davon war auch ihrer Fähigkeit zur Kommunikation erloschen. Sie begann, diese Verschlechterung in der Ehe mit dem Anwachsen jener neuen Bedürfnisse in Zusammenhang zu bringen und dachte: „Natürlich. Jetzt, wo ich entdecke, wer ich wirklich bin, muß ja mein Verlangen nach Sex mit meinem Mann immer mehr abnehmen."

Schließlich ließ sie sich auf Sex mit ihrer Freundin ein und empfand dies als sehr angenehm! Die Verunreinigung und die Macht der Festung der Sodomie hatten ihren Verstand inzwischen so stark im Griff, daß sie nicht mehr erkennen konnte, daß diese Art des Sex eindeutig nicht zur Erfüllung führte, sondern nur auf überraschende Weise angenehm war. Sie war nicht in der Lage, wahrzunehmen, welche Leere ihr Geist dabei empfand. Unter dem Einfluß der Verunreinigung konnte sie sich nicht mehr an das befriedigende Gefühl der Vervollkommnung und der heiligen Einheit erinnern, das sie so oft zusammen mit ihrem Mann gehabt hatte.

Das Vergnügen der weiblichen Berührung, unterstützt von der Festung der Sodomie und deren Täuschungen, überzeugte sie davon, daß sie nun endlich das gefunden hatte, was für sie richtig war.

Ihr christliches Gewissen nagte an ihr und warf ihr vor, Ehebruch zu begehen. Doch die Mächte der Finsternis versorgten ihren Verstand mit den üblichen trügerischen Gedanken und Gefühlen: „Wie kann etwas, das so gut tut, falsch sein?“ „Wenn etwas gut TUT, dann muß es auch gut SEIN.“ Satan hörte nun auf, ihre Gesundheit anzugreifen (sie hatte unter anhaltenden körperlichen Beschwerden gelitten, bei denen bisher keine medizinische Behandlung Abhilfe hatte schaffen können). Satan wollte, daß sie sich stark und gesund fühlte, um dadurch ihre bereits verunreinigten Gedanken noch weiter zu verwirren: „Wenn das, was ich tue, wirklich falsch ist, warum geht es mir dann körperlich so gut wie lange nicht? Meine Gesundheit hat sich so verbessert! Das muß ein Zeichen dafür sein, daß das, was ich tue, in Ordnung ist!“ Als nächstes zog Satan alle Geister der Bedrückung und des Kampfes von ihr zurück. Sie fühlte sich leicht und frei. „Wenn diese Beziehung falsch wäre, würde ich mich nie so fühlen.“

Das Schwert der Verunreinigung ist zweischneidig. Satan kann beide Seiten benutzen. Als erstes kann er uns verführen, so wie er unsere Freundin durch die Frau verführte, die bei ihr in der Seelsorge war. Und zweitens, wenn der Haken erst einmal sitzt, kann er uns dadurch einfangen, indem er den Druck der Verunreinigung von uns nimmt, gegen den jeder Christ täglich anzukämpfen hat. Nun überzeugt uns unser gutes Gefühl davon, daß wir uns auf dem richtigen Weg befinden! Vor vielen Jahren geriet ich einmal eine Zeitlang in eine Täuschung. In dem Moment, wo mein Verstand jenem falschen Gedanken zustimmte, ließ Satan sofort davon ab, mich anzugreifen. Als ich diese Erleichterung verspürte, folgerte ich daraus, daß die „Offenbarung“, die ich gefunden hatte, richtig war! Dasselbe erlebte nun auch unsere Freundin.

Freunde versuchten, sie zu warnen, doch vergeblich. Sie hatte kein Ohr dafür. Sie hielt ihre Freunde für „kalt und unsensibel, ihnen fehlt die Liebe, die sie als Christen haben sollten!“ Sie würde es ihnen schon zeigen. Sie würde diese junge Frau nicht aufgeben, so wie alle anderen es offensichtlich getan hatten. Mehrere Monate später hörte sie schließlich auf die Warnungen über lesbische Liebe, tat Buße für ihren Irrtum und empfing Vergebung. Aber sie versuchte immer noch, der Frau weiterzuhelfen, sie war nicht in der Lage zu sehen, in wie vielen Bereichen sie zu törichten Gedanken und entsprechendem Verhalten verleitet wurde, obwohl sie früher sehr viel Weisheit besessen hatte!

Dies führt zu meinem zweiten Punkt im Blick auf Segnung oder Verunreinigung und den Einfluß, den dies auf unser Leben hat. Einerseits kämpfen wir gegen Verunreinigung durch EINZELPERSONEN. Auf der anderen Seite werden wir von GEISTIGER VERUNREINIGUNG DURCH EINE GANZE GRUPPE bedrängt, durch unsere Kirche, unsere Stadt, den Staat und die Welt. Unsere Freundin war nicht nur durch die eine lesbische Frau verunreinigt worden. Sie erlag auch der geistigen Verunreinigung dieser Welt, der jahrhundertealten Festung der Sodomie! In unserer Zeit wird die ganze Welt überflutet von Festungen der sexuellen Verunreinigung – durch das Fernsehen, durch Filme, Romane, Pornohefte usw.! Manchmal denke ich an die Prophezeiung aus Offenbarung 12,15, daß die Schlange aus ihrem Mund: „... Wasser (speien würde), wie einen Strom, hinter der Frau her, um sie mit dem Strom fortzureißen ...“ Eine erlaubte Deutung ist sicherlich die Flut des Schmutzes, die Satan aus seinem Munde ausgespien hat, um die Gemeinde Jesu in einer Welle der sexuellen Verunreinigung fortzureißen!

JEDER GEDANKE UND JEDE TAT JEDES EINZELNEN VON UNS VERGRÖSSERT ODER VERKLEINERT DIE LAST DER VERUNREINIGUNG, DIE AUF UNS ALLEN LIEGT! Das bedeutet, daß jeder Gottesdienst und jede Gebetsversammlung ein Akt des geistlichen Kampfes ist und die Verunreinigung dieses Zeitalters, die auf uns allen lastet, ein Stück verringert. Doch es bedeutet auch, daß es keine private Sünde gibt, ganz gleich, wie heimlich sie geschieht. Jede Sünde vergrößert die seuchenartige Flut der Sünde, unter der die Gemeinde Jesu und die ganze Menschheit heute leidet.

In 1. Mose 20 lesen wir, daß Abraham Abimelech nur die halbe Wahrheit sagte. Aus Angst davor, wegen der Schönheit Saras getötet zu werden, behauptete er, sie sei seine Schwester. Sie war tatsächlich seine Halbschwester. Aber er verriet nicht, daß sie auch seine Frau war. Als Abimelech Sara zu sich ins Haus nahm, wurde jeder Mutterleib im Hause Abimelechs verschlossen. Dann erschien Gott Abimelech im Traum und sprach: „Siehe, du bist des Todes, wegen der Frau, die du genommen hast; denn sie ist eine verheiratete Frau“ (V.3). Man beachte: dieser heidnische König war klug genug, um zu wissen, daß seine Sünde das ganze Volk zerstören konnte! – „Herr, willst du denn eine gerechte Nation zerschlagen?“ (V.4). Mit dem Wort „gerecht“ deutete er an, daß er noch nicht mit Sara geschlafen hatte. Gott sagte ihm, daß Er ihn davon abgehalten habe, gegen Ihn zu sündigen. Wenn er zu Abraham gehen würde, so würde DIESER für ihn beten, und die Frauen in seinem Haus würden wieder gebären können (V.6,7 und 17). DAS, WAS EIN LEITER TUT, SELBST WENN ES SICH UM EINEN HEIDEN HANDELT, WIRKT SICH ZUM SEGEN ODER ZUM SCHADEN FÜR DAS GANZE VOLK AUS.

Wir wollen Folgendes bedenken: Es ist allgemein bekannt, daß einige Präsidenten der Vereinigten Staaten während ihrer Amtszeit Ehebruch begangen haben. (Es ist auch wahr, daß Präsident Lincoln im Weißen Haus an einer spiritistischen Sitzung teilnahm und Präsident Reagan durch seine Frau in Astrologie verwickelt war.) Denken wir nun noch an die kürzlich aufgedeckten Sünden vieler christlicher Leiter. Ist es dann ein Zufall, daß diese Nation unter der Plage sexueller Unmoral leidet? Verunreinigung fließt von der Leiterschaft hinunter zum Volk.

Als David, trotz des Einspruches seines Oberbefehlshabers Joab, darauf bestand, eine Volkszählung durchzuführen (1. Chro. 21), sprach der Seher Gad für den Herrn und sagte, Gott würde David vor die Wahl stellen: entweder drei Jahre Hungersnot, drei Monate Niederlage vor den Feinden oder drei Tage das Schwert des Herrn und Pest (V.12). David wählte das letzte „... und es fielen von Israel 70 000 Mann“ (V.14)!

Kora, Datan und Abiram überredeten 250 unzufriedene Leiter dazu, den Anspruch auf das Priesteramt zu erheben, das ihnen jedoch nicht zustand (4. Mose 16). Feuer vom Himmel verbrannte ihre Räuchergefäße, und die Erde öffnete sich und verschlang Kora, Datan, Abiram und ihre Familien. Doch ihr Handeln hatte das Volk verunreinigt, und sie hörten nicht auf, gegen Mose zu murren! Am nächsten Morgen sagte Gott zu Mose: „Entfernt euch aus der Mitte dieser Gemeinde, und ich will sie vernichten in einem Augenblick!“ (4. Mose 17,10). Mose befahl Aaron, sein Räuchergefäß zu nehmen und sich schnell zwischen Gott und das Volk zu stellen. Doch bevor die Plage dadurch zum Stillstand gebracht wurde, waren bereits 14.700 Menschen gestorben!

Wenn schon allein der Gedanke an Sünde, wie bei König Abimelech, bewirkte, daß jeder Mutterleib in seinem Haus verschlossen wurde, wieviel größer wird dann die Bedrängnis sein, die jetzt auf Amerika kommt, wo so viele Leiter nicht nur in Gedanken, sondern mit der Tat gesündigt haben?!!! Es ist nicht meine Absicht, anklagend auf einen Präsidenten oder bestimmte christliche Leiter zu zeigen.

Vielmehr will ich uns allen bewußt machen, welche Macht geistige Verunreinigung hat, die von einer Gruppe ausgeht, und in welcher Weise sie wirken kann. Jeder von uns hat die Verantwortung, jeglicher Art von Verunreinigung, die von Leiterschaft kommt, zu widerstehen und sie zu überwinden. JEDER CHRIST, DER DIESE DINGE VERSTEHT, IST VON GOTT DAZU BERUFEN, DARAN ZU DENKEN, DASS UNSER LEBEN UNTRENNBAR MIT DEM LEBEN ANDERER MENSCHEN VERBUNDEN IST. WIR SIND DAZU BERUFEN, AUS GANZER KRAFT FÜRBITTE UND BUSSE ZU TUN.

In der heutigen Zeit erleben wir eine Wiederherstellung von wahrer gemeinsamer Anbetung. Ich glaube, das liegt darin begründet, daß Gott die fürbittende Kraft des Lobpreises kennt und weiß, daß dadurch Verunreinigung ausgelöscht wird und die Menschheit und das Land gesegnet werden.

THEOLOGISCHE VERUNREINIGUNG DURCH TÄUSCHUNG

Ein Beispiel theologischer Verunreinigung haben wir bereits in dem Abschnitt besprochen, der aus HEILUNG DES VERWUNDETEN GEISTES zitiert wurde. Doch kann ich dieses Thema nicht abschließen, ohne vorher noch vor zwei besonderen Täuschungen zu warnen, die im Leib Christi heute wild wuchern.

BEI DER ERSTEN HANDELT ES SICH UM DIREKTE SEXUELLE GEISTIGE VERUNREINIGUNG. Paula und ich haben viele Frauen bei uns in der Seelsorge gehabt, die davon überzeugt waren, daß der Herr Jesus zu ihnen gekommen war und sie sexuell geliebt hatte! Ein Dämon, der sich als der Herr selbst ausgab, sagte ihnen, daß ihnen nun, da sie Christi Braut seien, eherechtlich das Vorrecht und die Freude zuständen, Geschlechtsverkehr mit dem Herrn zu haben! Die Erfahrungen, die sie machten, waren so real, daß diese Frauen tatsächlich einen Orgasmus erlebten. Diese Art von Dämon nennt man „INKUBUS“.

Mit einer Frau führten wir ein stundenlanges Gespräch. Sie war absolut davon überzeugt, daß ein Inkubus, der sich als der Herr ausgab, sie so liebte, wie sie noch nie geliebt worden sei. Er allein hatte sie noch nie verlassen. Er war immer da, um sie zu trösten, wenn sie ihn brauchte. Sie glaubte, daß er ihr nur Gutes tun wolle und der beste Freund sei, den sie je gehabt habe. Sie zögerte bis zum Schluß, ihn loszulassen, selbst dann noch, als wir sie schließlich davon überzeugt hatten, daß er kein Segen für sie bedeutete, sondern vorhatte, sie direkt in die Hölle zu ziehen!

Männer können Ähnliches erleben. Ein Mann, der bei uns in der Seelsorge war, wachte regelmäßig jede Nacht auf und merkte, daß er durch einen entsprechenden Geist zur vollen Erektion gebracht worden war, ja, fast bis zum Orgasmus. Ein Dämon, der sich als ein schönes, weibliches Wesen ausgab, hat manche Männer, bei vollem Bewußtsein, zur vollen Erektion und sogar zum Orgasmus geführt. Sie wägten sich dabei in dem Glauben, mit einem Engelwesen Geschlechtsverkehr vollzogen zu haben. Diese Art des Dämons nennt man „SUKKUBUS“.

In solchen Fällen ist Befreiung nötig. Doch das Opfer kann weiterem Eindringen nur dann widerstehen, wenn der Seelsorger in der Lebensgeschichte des Betreffenden die Ursachen der Verwundbarkeit ausfindig macht. Der Ratsuchende muß dahin kommen, daß er die Art und Weise HASST, wie der Dämon Verwundungen aus der Kindheit ausgenutzt hat, um ihn zu verunreinigen. Sonst wird die Tür offenbleiben, und das Alte wird wiederkehren. Es gibt viele Menschen – wie zum Beispiel die Frau, um die wir uns stundenlang bemühten –, die so stark verunreinigt sind, daß ihre Gedanken über ihre Erfahrungen einen einzigen Trümmerhaufen darstellen. Oft braucht man viel Geduld, muß lange Gespräche führen und viele logische Argumente anbringen. Sonst sieht die Folge so aus, daß sieben Dämonen kommen, die schlimmer sind als der erste (Lk. 11,26)!

IM ZWEITEN FALL HANDELT ES SICH UM EINEN THEOLOGISCHEN IRRGLAUBEN, DER IM LEIB CHRISTI WILD WUCHERT. Vor etlichen Jahren begegneten Paula und ich nur hier und dort in Amerika dieser Auffassung. Kürzlich ist sie wieder neu aufgetaucht, ein wenig abgewandelt. Aber es bleibt derselbe, alte Trick Satans.

Die Irrlehre besagt, daß in dem Moment, wo ein Mann von Gott geschaffen wird, auch eine Frau geschaffen wird, die die „Partnerin seiner Seele“ oder die „Partnerin seines Geistes“ ist. Diese besondere Person ist NICHT notwendigerweise der eigene irdische Ehepartner! Wenn ein Mensch den „Partner seiner Seele" findet, wird er sich „vollkommen und heil" fühlen. Seine Salbung wird ungeheuer zunehmen. Die Gebete dieser beiden Partner füreinander (besonders mit Handauflegung) wird sie über jedes Maß hinaus in Hochstimmung versetzen.

Der Verführte besteht darauf, daß diese Lehre nur von denjenigen angenommen werden kann, die „reif genug" sind. Es handelt sich um eine „neue Offenbarung", die jetzt gegeben wird, weil der Leib Christi inzwischen so herangereift ist, daß er einige wenige reife Menschen enthält, die dies annehmen KÖNNEN. Nur die wahrhaft Reifen können den „Partner ihrer Seele" finden und eine so klare „geistliche" Beziehung erfahren, daß dadurch ihr irdisches Eheleben nicht gestört wird.

Satan, der Ehen verunreinigen und zerstören will, hat offensichtlich den Plan, das Bedürfnis derer zu befriedigen, die sich selbst für besondere Menschen mit einem hohen Reifegrad halten. Die Irrlehre ist so „neu" wie der erste Ehebruch, von dem in der Bibel berichtet wird! Paula und ich begegneten diesem Glauben zum ersten Mal Anfang der 60er Jahre. Zur Zeit ist eine Freundin von uns in einer Nachbarstadt völlig von dieser „neuen und aufregenden Offenbarung" gefangen. Ihre engsten Freunde haben versucht, sie davon zu überzeugen, daß es sich hier wirklich um einen Irrglauben handelt, eine dämonische Lehre, auf die schon Paulus prophetisch hingewiesen hat (1. Tim. 4,1). Der Verstand unserer Freundin ist dermaßen verunreinigt, daß die Warnungen und Proteste sie nur davon überzeugen, daß ihre Freunde in der Tat unreif sind. Offensichtlich wirft sie ihre kostbaren „Perlen" nur Schweinen vor, die Freunde können ihr nur leid tun. Sie werden die Herrlichkeit, die diese Lehre ihnen hätte offenbaren können, nicht erfahren, weil sie so „rückständig und engstirnig" sind! Wir beten für sie und reden mit ihr, in der Hoffnung, sie „... aus dem Feuer" zu reißen (Judas 23).

Satan hat keine neuen Tricks. Selbst wenn sich diese spezielle Form der Täuschung nicht weiter verbreitet, wird der Teufel an anderer Stelle und zu anderer Zeit erneut damit aufwarten, vielleicht nur in einem anderen Gewand. Die Opfer werden durch Verunreinigung davon ergriffen, diese Lehre befriedigt die Schwächen des Fleisches. Sie führt direkt zu geistigem Ehebruch, und, wenn ihr kein Einhalt geboten wird, zu Trennung und Scheidung. Die Opfer wenden sich von langjährigen Freunden ab und bauen

Beziehungen zu neuen Kameraden auf, deren Ohren und Hufe so schnell wachsen wie die von Pinocchio!

VORBEUGENDE MITTEL GEGEN GEISTIGE VERUNREINIGUNG DURCH EINE GRUPPE

Das erste und stärkste Mittel gegen diese Art der Verunreinigung ist das, was bereits genannt wurde – GEMEINSAME ANBETUNG.

Andere vorbeugende Mittel gegen geistige Verunreinigung durch eine Gruppe sind:

FÜRBITTEGRUPPEN, die sich mit dem speziellen Ziel bilden, die Verunreinigung über unserem Land wegzubeten. Während des Mittelalters wurden einige Klöster allein zu diesem Zweck gegründet.

GUTE UND GESUNDE THEATERSTÜCKE, FILME, BÜCHER, ROMANE, GESCHICHTEN, FERNSEHPROGRAMME USW. Jedesmal, wenn ich Filme wie „The Sound of Music" sehe, fühle ich mich gereinigt und gestärkt.

GESUNDER HUMOR. Es hat therapeutische Wirkung, sich Fernsehsendungen wie z.B. „Himself" von Bill Cosby anzusehen. Es bewirkt, daß wir über uns selbst lachen. Heiliges Lachen zerbricht den Fluch der Verunreinigung.

BEWUSSTSEIN DER MORALISCHEN VERANTWORTUNG UNTER POLITIKERN. Bete dafür, daß Gott Menschen mit unverrückbaren Prinzipien der Gerechtigkeit in die politische Szene schickt. Und wenn Gott dies so führt, dann arbeite in politischen Organisationen mit, um bei der Verwirklichung des genannten Gebetsanliegens mitzuhelfen (gar nicht zu sprechen von der Möglichkeit des Zeugnisses).

VORBEUGENDE MITTEL GEGEN GEISTIGE VERUNREINIGUNG DURCH EINZELPERSONEN

1. ENTWICKLE EINE TÄGLICHE PRAXIS DER GEISTLICHEN HYGIENE. Paula und ich bitten Gott einfach jeden Abend, Er möge uns von allem reinigen, was sich möglicherweise an unseren Geist gehängt hat oder während des Tages in uns eingedrungen ist und uns verunreinigt hat. Wir sprechen auch „Blitzgebete", sobald wir spüren, daß wir von etwas Unreinem berührt werden.

2. LIES GOTTES WORT. Höre, was in Psalm 119,9-11 steht:

> „Wodurch hält ein Jüngling seinen Pfad rein? Indem er sich bewahrt nach deinem Wort. Mit meinem ganzen Herzen habe ich dich gesucht. Laß mich nicht abirren von deinen Geboten! In meinem Herzen habe ich dein Wort verwahrt, damit ich nicht gegen dich sündige.“

Und Psalm 19,8-10a:

> „Das Gesetz des Herrn ist vollkommen und erquickt die Seele; das Zeugnis des Herrn ist zuverlässig und macht den Einfältigen weise. Die Vorschriften des Herrn sind richtig und erfreuen das Herz; das Gebot des Herrn ist lauter und erleuchtet die Augen. Die Furcht des Herrn ist rein und besteht in Ewigkeit.“

3. DENKE DIR ALTERNATIVE AKTIVITÄTEN AUS. Spiele. Plaudere mit der Familie über Themen, die nicht geistlich sind. Geh spazieren. Ich bin früher in der Pause zwischen zwei Seelsorgegesprächen fünf oder zehn Minuten in den Garten gegangen und habe mit den Händen in der Erde gearbeitet. Ich konnte spüren, wie die Erde Verunreinigung aus mir heraussog. Unser Herr Jesus ging auf Berge oder in die Wüste, um zu beten, obwohl es für ihn viel leichter gewesen wäre, sich in ein Nachbarhaus zurückzuziehen.

4. ACHTE DARAUF, DASS ZWISCHEN DIR UND DEINEM EHEPARTNER GUTE KOMMUNIKATION BESTEHT UND IHR EIN ERFÜLLENDES GESCHLECHTSLEBEN MITEINANDER HABT. ÖFFNE DEIN HERZ AUCH NAHESTEHENDEN FREUNDEN. Kommunikation bedeutet mehr, als einfach nur zu reden. Es bedeutet, sich von Herz zu Herz, von Geist zu Geist zu begegnen, Gedanken und Gefühle auszutauschen. Dadurch wird man aufgemuntert und gestärkt. Gesunder Sex bewirkt in beiden Ehepartnern, daß sie ein gutes Lebensgefühl haben und sich gestärkt und von Verunreinigung gereinigt fühlen.

5. HALTE DEN SABBAT. Für die meisten Diener des Herrn ist Sonntag der härteste Arbeitstag. Mache einen anderen Tag zu deinem Ruhetag, taste ihn nicht an. Wenn wir von Verunreinigung angegriffen werden, so ist es die Müdigkeit, die unsere Wahrnehmungsfähigkeit trübt.

6. GEH IN DEN GOTTESDIENST, EMPFANG REGELMÄSSIG DAS SAKRAMENT DER KOMMUNION. Jesus sagte: „Ihr

seid schon rein um des Wortes willen, das ich zu euch geredet habe“ (Joh. 15,3). Gute Predigten reinigen. Doch nichts wäscht unseren Leib und unseres Geist besser, als wenn wir den Leib und das Blut unseres Herrn empfangen!

7. VERBRINGE VIEL ZEIT MIT FREUNDEN, HÖRE AUF SIE. Dies bedeutet mehr, und zugleich etwas anderes, als die Kommunikation, von der ich unter Punkt 4 gesprochen habe. Ich meine miteinander spielen, mit beiden Beinen auf der Erde stehen, lachen und necken, Witze machen und plänkeln, einfach als ganz normaler Mensch leben. FREU DICH AM LEBEN. Laß es nicht zu ernst werden.

8. BETE IM VORAUS, DASS DAS KREUZ CHRISTI FEST ZWISCHEN DIR ALS DEM SEELSORGER UND DEM RATSUCHENDEN ERRICHTET IST UND DASS DIE GEGENWART DES HERRN DEIN SCHUTZ IST BEI ALLEM, WAS ZWISCHEN EUCH PASSIERT.

9. LERNE ZU UNTERSCHEIDEN, WELCHE LEIDENSCHAFTEN AUS DIR SELBST HERAUSKOMMEN UND WELCHE ALLEIN DURCH VERUNREINIGUNG ENTSTEHEN. Für diesen Lernprozeß gibt es keinen Abkürzungsweg. Die Weisheit kommt auf dem Weg der Erfahrung. Höre auf Freunde. Prüfe deine Gefühle. Nach einer Weile wirst du Verunreingigung durch Gefühlsübertragung daran erkennen können, daß dir diese Gefühle sehr „seltsam“ erscheinen. Irgendwie „passen“ sie nicht. Sie passen nicht zu dir, so wie in dem Beispiel, das ich am Anfang des Kapitels erzählte, oder wie bei dem Kinderarzt oder der Chorleiterin, deren verwirrte Gefühle und Gedanken im Gegensatz standen zu dem, wie sie sich normalerweise fühlte. Wir erinnern uns auch an die unattraktive Frau, die trotz ihrer Erscheinung eine verunreinigende sexuelle Anziehungskraft hatte. Aber paß auf! Manchmal gewinnt die Verunreinigung in uns Raum, weil sie sich GERADE GENAUSO anfühlt, als wären es unsere eigenen Empfindungen.

In solchen Fällen muß man in der Gabe der Unterscheidung der Geister wachsen. Es wird dir helfen, wenn du stur daran festhälst, nicht ohne den Rat anderer zu handeln oder außerhalb der Grenzen, die Gottes Wort steckt, und wenn du die Demut hast, ständig den Ursprung und die Richtigkeit deiner Gefühle und Gedanken zu überprüfen.

Die Sinne und der Verstand, die Gott uns gegeben hat, sind nicht unfehlbar. Wir sind nicht immer in der Lage, klar zu unterscheiden. In solchen Fällen ist unser bester Verbündeter die Zeit. Eile ist unser Feind. Warte. Die Offenbarung wird schließlich kommen. Inzwischen erkenne ich Verunreinigung durch Gefühlsübertragung meistens sehr schnell, es ist mir zu einem wertvollen Werkzeug geworden, mit Hilfe dessen ich schneller an das herankommen kann, was im Herzen des anderen Menschen ist. Aber trotzdem weiß ich, daß ich mich nicht allzu sehr darauf verlassen darf – unser Herr hat niemals gesagt, daß der Dienst an anderen Menschen, bei dem wir unser eigenes Herz öffnen, ohne Gefahren ist.

Verunreinigung durch Gefühlsübertragung ist in sich selbst keine Versuchung. Man kann nur von der eigenen Lust versucht werden (siehe Jakobus 1,14-15). Verunreinigung wird in dem Moment zur Versuchung, wo wir den Gedanken und Gefühlen glauben und unsere eigenen Lüste und Leidenschaften hinzufügen. Für mich wurde diese Erkenntnis zu einer der wichtigsten Werkzeuge, um zu erkennen, was Verunreinigung ist. Als erstes stellte ich fest, daß bei Verunreinigung die „feurige Kraft" der lüsternen Leidenschaft fehlt. Ich merkte, daß ich nur DACHTE oder FÜHLTE, daß ich etwas Bestimmtes tun wollte, OHNE DAS INNERE DRÄNGEN ZU VERSPÜREN, DAS DAGEWESEN WÄRE, WENN JENE GEDANKEN UND GEFÜHLE WIRKLICH VON MIR SELBST GESTAMMT HÄTTEN.

Mit ein wenig Praxis lernt man zu unterscheiden, wann Gedanken und Gefühle von außen in einen eingedrungen sind und nicht von innen kommen. Man merkt es vor allem daran, daß es einem nicht „in den Eingeweiden brennt" – doch müssen wir uns vor Augen halten, daß diese Unterscheidung verschwindet, sobald man jenen Gedanken und Gefühlen glaubt und die eigenen Leidenschaften in die Situation mit einfließen läßt.

MÖGLICHE HEILMITTEL

Hier handelt es sich um dieselben, die wir bereits im ersten Kapitel aufgeführt haben. Man muß wachsam sein, damit die eigene Wahrnehmung nicht durch die innere Verunreinigung der anderen verzerrt wird. Sei demütig und vertraue deine Eindrücke und Vorhaben anderen Menschen an, die nicht mit dem Verunreinigten in Verbindung stehen, und laß dich von ihnen prüfen. Wenn Verunreinigung und geistiger Ehebruch zusammenwirken (und sich im Leben des Ratsuchenden in Bereichen festsetzen, wo noch keine Heilung geschehen ist), dann mache dich darauf gefaßt, daß ein geistlicher Kampf bevorsteht. Suche dir Helfer. Sei kein „Einzelkämpfer". Suche dir Gebetskämpfer, die hinter dem Seelsorgeteam stehen, aber nicht direkt in den Dienst verwickelt sind. Sei ausdauernd. Der Kampf kann sich über lange Zeit hinziehen.

Kapitel 3

ZUNEIGUNG, ÜBERTRAGUNG, AFFÄREN UND EHEBRUCH

Zuneigung und Übertragung bilden (zusammen genommen) die dritte, häufigste Ursache dafür, warum manche Christen Ehebruch begehen. ZUNEIGUNG tritt dann auf, wenn ein Mensch unbewußt erkennt, daß er durch die Liebe eines anderen Menschen Zugang zu größerer Fülle des Lebens haben könnte und sich darum an diesen Menschen hängt. ÜBERTRAGUNG findet in der Seelsorge statt, wenn der Ratsuchende, nachdem er Zuneigung zu dem Seelsorger aufgebaut hat, eine oder mehrere ungelöste Beziehungen auf ihn überträgt und versucht, sie zu lösen. Der Hilfesuchende „liebt" nun seinen Seelsorger so, als wäre er (oder sie) sein Vater oder seine Mutter, sein Bruder, seine Schwester, sein Freund, seine verlorene Geliebte – wer immer auch Anlaß oder Mittelpunkt für ungelöste Probleme in seinem Leben darstellt. Diese Liebe ist nicht echt. Sie besteht zunächst aus Projektion, und dann aus Dankbarkeit.

Zuneigung und Übertragung kommen bei Ungläubigen und Christen gleichermaßen vor. Zuneigung zu bestimmten Menschen kann sich im Leben JEDES Menschen ereignen. Doch Übertragung erleben NUR diejenigen, die sich auf eine tiefergehende Einzelseelsorge einlassen.

ZUNEIGUNG

Jeder Mensch, ob Christ oder nicht Christ, kann in einen anderen Menschen vernarrt sein, sich in ihn verlieben und den Wunsch haben, so viel Zeit wie nur irgend möglich mit ihm zu verbringen. Zuneigung ist meistens eine „Einweg-Beziehung": sie geht von einem Menschen aus, der etwas haben möchte oder etwas braucht, und richtet sich auf eine Person, von der der Betreffende glaubt, das, was er braucht, empfangen zu können. In solchen Fällen besteht die „Liebe" vor allem aus Bewunderung und Hoffnung. Ab und zu ist die Zuneigung auf beiden Seiten vorhanden. In diesem Fall kann man sie PHILIA oder brüderliche Liebe nennen. Die meisten Ehen beginnen mit dieser Zuneigung und entwickeln sich von dort aus normalerweise zu EROS (sexueller und/oder romantischer Liebe).

Zuneigung entsteht zu verschiedenen Zwecken:

ERSTENS ZUR FREUNDSCHAFT. Wir begegnen einem anderen Menschen, und etwa in uns „klickt“. Unser Geist bindet sich an den anderen, entweder sofort oder nach mehreren Begegnungen. Wir „wissen“ einfach, daß wir mehr wollen als nur eine normale Bekanntschaft. Wenn die andere Person entsprechend reagiert, ist unser Herz offen, um sich innerlich zu binden. Wir wollen eine Freundschaft aufbauen, die lange hält. David und Jonatan erlebten diese Verbindung ihrer Seele: „Und es geschah, als er aufgehört hatte, mit Saul zu reden, verband sich die Seele Jonatans mit der Seele Davids; und Jonatan gewann ihn lieb wie seine eigene Seele“ (1. Sam. 18,1).

Wenn in biblischen Zeiten zwei Menschen eine solchen Bindung formell bekräftigen wollten, dann schlossen sie miteinander einen „Blutbund“. In einer Zeremonie machten sie sich einen Einschnitt am Handgelenk und verbanden ihre Hände mit zwei bestickten Stoffringen, bis die Ringe ganz von Blut durchtränkt waren. Danach mußte jeder seinen Ring als Erinnerung an den Bund aufbewahren (daraus leitet man den heutigen Brauch der Eheringe ab). Als nächstes wurde eine Ziege geschlachtet, in der Mitte aufgeschlitzt und beide Teile, mit den Beinen nach außen, nebeneinander gelegt. Zwischen den beiden Hälften wurde ein wenig Platz gelassen, so daß ein kleiner Pfad entstand. Die beiden Freunde stellten sich an die Enden des Tieres und versprachen sich Bruderschaft. Dann wechselten sie ihre Plätze, indem sie in der Form einer acht um die Teile der Ziege herumgingen. Dadurch brachten sie zum Ausdruck, daß sie nun ihre Herzensanliegen ausgetauscht hatten und verpflichtet waren, sich um das Wohlergehen und den Wohlstand des anderen zu kümmern. Nun tauschten sie ihre Umhänge aus und brachten den Namen des Freundes in ihrem Umhang an – aus dieser Praxis leitet sich ab, daß Frauen den Namen ihres Mannes übernehmen (in England fügen viele ihren Nachnamen mit Bindestrich hinzu). Der Bundesbruder hatte nun die Verantwortung für das Leben des anderen und für dessen Kinder und Kindeskinder übernommen. Den Höhepunkt der Zeremonie bildete ein „Bundesmahl“, bei dem durch den „Bund des Salzes“ (4. Mose 18,19) die Verbindung besiegelt wurde. Keine Beziehung (außer der Ehe) wurde als so heilig betrachtet wie die, die zwischen Blutsbrüdern bestand.

Unser Herr selbst vollzog mit Abram das Ritual des Blutbundes (1. Mose 15,12-21), Er fuhr zwischen den Stücken hindurch (V.17), um Abram von Seiner Treue zu überzeugen. Ein Blutbund wird zwischen gleichwertigen Personen geschlossen. Da nun Abram Gott nichts zu bieten hatte, handelte Gott allein. Sein Platztausch mit Abram war eine Vorschau und eine Verheißung dafür, daß Er in unserem Herrn Jesus Christus am Kreuz den Platz mit uns tauschen würde! Später führte der Herr die Bundeszeremonie fort, Er änderte Abrams Namen, indem Er Seinen eigenen Namen in Abrams Namen einfügte und so Abraham daraus machte (1. Mose 17,5), „Abra – 'JAH' für 'Jahwe' – Am". So wurde AbraHAm der „Freund Gottes" (2. Chron. 20,7), und unser Herr wurde bekannt als „der Gott, der den Bund schließt und den Bund hält".

Wir sehen also, daß durch Zuneigung Beziehungen entstehen können, die sehr heilig sind! Trotzdem bleibt diese Form der Beziehung gefahrvoll. Zuneigung zu Freunden, ganz gleich ob weiblich oder männlich, kann in geistigen Ehebruch übergehen. Wenn Freunde uns sehr nahe kommen und uns sehr lieb werden, widmen wir ihnen vielleicht zu viel Zeit und Aufmerksamkeit. Bei sehr engen Beziehungen geraten wir schnell in Vergötterung. Es liegt auf der Hand, daß Zuneigung zu Personen des anderen Geschlechts uns nicht nur zu geistigem Ehebruch, sondern auch zu körperlichem Ehebruch verführen kann.

Ausgewogenheit und Weisheit lernen wir nur durch Erfahrung. Doch manchmal sind solche Erfahrungen mit unnötig viel Schmerz verbunden. Unwissenheit über Zuneigung und die Macht einer solchen Beziehung führt viele dahin, daß sie in verwirrende Abhängigkeit zu Menschen hineingeraten, daß ihre Beziehung zu diesen das rechte Maß verliert, daß schmerzliche Unklarheit entsteht und sündige Erfahrungen jeglicher Art gemacht werden! Zu Paula und mir kommen viele Menschen in die Seelsorge, deren Beziehung mit reiner Zuneigung begann und sich nach Gottes Plan zu einer Freundschaft und zum Segen entwickeln sollte. Aber leider enden viele dieser Beziehungen mit der Zerstörung der Ehe und grauenhaftem Ehebruch.

DIE ZWEITE ART DER ZUNEIGUNG DIENT DEM LERNEN. Der Mann, der während meiner Zeit am College den größten Einfluß auf mich gehabt hat, war Rabbi Ernest Jacobs. Er war aus dem Nazi-Deutschland geflohen und Professor am Drury College geworden. Unter seiner Führung studierte ich europäische, englische und alttestamentliche Geschichte, belegte einen Kurs über die Propheten und ein zweites und drittes Jahr Deutsch. Mein Geist „hüpfte vor Freude“, als ich ihm begegnete. Sowohl während des Unterrichts als auch danach hing ich an seinen Lippen. Ich hatte mich an ihn gebunden und wollte jeden Tropfen Wissen von ihm trinken, den ich nur bekommen konnte.

Dasselbe geschah, als ich Winston Nunes aus Kanada begegnete. Ich versuchte, ständig mit ihm zusammen zu sein. Ein weises, altes Sprichwort lautet: „Wenn du einen Mann der Weisheit findest, dann laß deine Füße seine Schwelle abtreten.“

Viele Gemeindeglieder hängen sich in entsprechender Weise an ihren Pastor. Sich mit Zuneigung an einen Menschen hängen, um von ihm zu lernen, ist nicht nur erlaubt. Der Herr empfielt es sogar: „Der Mund des Gerechten läßt Weisheit sprießen ...“ (Spr. 10,31a), und „Wer mit Weisen umgeht, wird weise ...“ (Spr. 13,20a). Doch müssen wir umsichtig sein, damit wir die andere Person nicht vergöttern und nicht in die Irre geführt werden. 5. Mose 13,2-5 kann sowohl auf Pastoren und Lehrer, als auch auf Propheten bezogen werden:

> „Wenn in deiner Mitte ein Prophet aufsteht oder einer, der Träume hat, und er gibt dir ein Zeichen oder ein Wunder, und das Zeichen oder das Wunder trifft ein, von dem er zu dir geredet hat, indem er sagte: ‘Laßt uns anderen Göttern – die du nicht gekannt hast – nachlaufen und ihnen dienen!’, dann sollst du nicht auf die Worte dieses Propheten hören oder auf den, der die Träume hat. Denn der Herr, euer Gott, prüft euch, um zu erkennen, ob ihr den Herrn, euren Gott, mit eurem ganzen Herzen und mit eurer ganzen Seele liebt. Dem Herrn, eurem Gott, sollt ihr nachfolgen, und ihn sollt ihr fürchten. Seine Gebote sollt ihr halten und seiner Stimme gehorchen; ihm sollt ihr dienen und ihm anhängen.“

Der Herr erwartet von uns, daß wir unseren eigenen Verstand gebrauchen, um zu unterscheiden, ob uns das, was wir hören, näher zu Ihm und Seiner Gerechtigkeit führt oder weiter weg in die Zerstörung hinein.

Und Er erwartet von uns, daß wir auf eigenen Füßen stehen. Manche verfallen in INTELLEKTUELLE GEISTIGE GÖTZENVEREHRUNG, sie kehren dem Herrn und ihrem von Gott gegebenen Verstand den Rücken und haben nur noch Ohren für die Worte eines bestimmten Menschen, den sie zu sehr verehren. In den Anfängen unseres Dienstes begegneten Paula und ich Menschen, die wir „Tagungsjünger" nannten, Menschen, die intellektuelle Götzenverehrung betrieben, die bei jeder Veranstaltung auftauchten und angeblich nach Erkenntnis suchten. Wir bemerkten bald, daß sie ungeachtet dessen, wieviel Lehre sie hörten, nur wenig davon mit nach Hause nahmen und nicht heranreiften. „Denn aus diesen sind, die sich in die Häuser schleichen und lose Frauen verführen – die mit Sünden beladen sind, von mancherlei Begierden getrieben werden, IMMER LERNEN UND NIEMALS ZUR ERKENNTNIS DER WAHRHEIT KOMMEN KÖNNEN" (2. Tim. 3,6-7).

Man kann jede Segnung Gottes in Verlust und Zerstörung umwandeln. Manche Leute geraten in Schwierigkeiten, weil sie nicht verstehen, daß sich Zuneigung, selbst wenn diese dem Lernen dient, durch Unwissenheit und Verwirrung zu geistigem und sogar körperlichem Ehebruch entwickeln kann.

DIE DRITTE ART DER ZUNEIGUNG DIENT DEM BLUTSAUGEN. „Der Blutegel hat zwei Töchter: Gib her, gib her!" (Spr. 30,15a). Blutegel sind Menschen, die keine Selbstdisziplin üben, um mit ihrem Geist in Christus zu bleiben. Durch Zuneigung und Anhänglichkeit an andere Christen erleben sie ein oberflächliches Gefühl des Wohlseins. Sie saugen die Kraft anderer Menschen aus, ganz ähnlich, wie Blutegel das Blut von Watwanderern oder Schwimmern aussaugen.

Paula und ich neigen beide von Natur aus dazu, die Lasten anderer Menschen zu tragen. Es gab einmal eine Zeit, wo wir beide von Dutzenden von geistlichen Blutegeln fast bis zur vollkommenen Erschöpfung ausgesaugt wurden! Wir hatten der Lüge geglaubt, daß diese Menschen nur durch uns Heilung erfahren würden (so aufgeblasen waren wir, für so wichtig hielten wir uns). Darum zögerten wir, aufzugeben und sie ziehen zu lassen. Durch die Not, in der wir uns befanden, lernten wir schließlich, daß Blutegel GAR NICHT HEIL WERDEN WOLLEN. Sie wollen so lange getragen werden, wie die anderen Kraft haben. Als wir schließlich bereit waren, zu hören, zeigte der Herr uns Psalm 118,12: „Sie umgeben mich wie Bienen, sie entbrennen wie ein Feuer in Dornen; aber im Namen des Herrn will ich sie abwehren" (Luther). Wir hatten inzwischen gelernt, daß Gottes Güte manchmal in einer Weise ausgedrückt werden muß, die unbarmherzig erscheint. Wir beteten flehentlich zu Gott und schnitten jeden Blutegel ab, der sich in Zuneigung an uns gehängt hatte. Zu unserer Überraschung war die Folge, daß nicht nur WIR uns freier und leichter fühlten, sondern daß auch VIELE DER BETREFFENDEN MENSCHEN FREI WURDEN und anfingen, auf eigenen Füßen zu stehen. Daß wir ihnen erlaubt hatten, sich an uns zu hängen, hatte ihnen überhaupt nicht geholfen. Es hatte sie nur gehindert.

Paula und ich sind schon vielen Dienern des Herrn begegnet, die in der „dritten Phase der Verausgabung" herumtaumelten, ohne zu merken, daß sie von Blutegeln ausgesaugt wurden. Als auch ich mich einmal in diesem Zustand befand, kam es mir so vor, als sei in mir kein einziger Tropfen Erbarmen mehr übrig geblieben, ich war „ausgehöhlt" – so als könnte ich niemals mehr irgendeinem Menschen auch nur eine einzige freundliche Reaktion entgegenbringen! Ich hatte das Gefühl, als sei in meiner Brust ein Hohlraum. In mir schrie etwas. Es war das große Verlangen danach, jemand möge diese Leere mit viel Feinfühligkeit wieder auffüllen. Wenn ein Diener des Herrn innerlich so verwüstet ist, wird er oder sie wehrlos gegenüber jedem, der irgendeinen Trost anzubieten scheint und bei dem man hofft, wieder „auftanken" zu können. Wenn ich nicht entschlossen daran festgehalten hätte, Paula treu zu bleiben und wenn ich während jener Zeit in der Familie keine Hilfe gesucht und gefunden hätte, dann hätte ich von jeder Frau, die mir angeboten hätte, mich in den Arm zu nehmen und mein Herz wiederherzustellen, umgeworfen werden können. Ich trauere um die vielen Brüder in geistlichen Ämtern, die nicht bemerkt haben, daß sie durch bestimmte Dinge zu geistigem und körperlichem Ehebruch getrieben wurden. Sie sind gefallen, weil sie von Blutegeln ausgesaugt und von anderen Menschen getröstet wurden, gerade zu einer Zeit, wo sie Zuhause keine Stärkung finden konnten!

DIE VIERTE ART DER ZUNEIGUNG IST EINDEUTIG SEXUELLER NATUR. Ganz gleich, wie reif wir geistlich werden, sind wir alle nach wie vor zugänglich für den Reiz bestimmter Menschen, deren machtvollen körperlichen Reize uns anziehen. Wer glaubt, er sei geistlich so reif, daß er nicht mehr anfällig für sexuelle Reize sei, der betrügt sich selbst. Einmal war eine Frau bei mir in der Seelsorge, die so alt und so reif in Christus war, daß sie meiner Meinung unter Garantie keine sexuellen Empfindungen mir gegenüber haben konnte – oder sonst irgendjemandem gegenüber!

Jahre später jedoch erfuhr ich, daß sie ständig von sexuellen Träumen und Phantasien in Bezug auf mich geplagt wurde. Nun verstand ich, warum mir zu meiner eigenen Überraschung gelegentlich sexuelle Gedanken in ihrer Richtung durch den Kopf gingen, obwohl ich geglaubt hatte, völlig über so etwas zu stehen! Bei jüngeren Frauen hätte ich sofort an Verunreinigung durch Gefühlsübertragung gedacht. Doch bei dieser Frau wäre ich niemals auf diesen Gedanken gekommen, weil ich nicht vermutet hätte, daß jemand in ihrem Alter noch solche Gefühle haben könnte.

Menschen, die unwissend sind und denen es an Wachsamkeit fehlt, können durch sexuelle Kräfte in Zuneigung zu anderen Menschen geraten und zu geistigem und körperlichem Ehebruch verlockt werden. Irgendwie ist in uns das Denken entstanden, daß das, was wir wir seelisch und körperlich empfinden, wahr und echt ist. Nichts könnte weiter von der Wahrheit entfernt sein! Unsere seelischen Empfindungen sind immer der alten menschlichen Natur und Verwirrungen unterworfen. Sie kommen aus dem Herzen, das trügerisch und unheilbar ist (Jer. 17,9). Körperliche Empfindungen mögen echt sein, doch allzuoft werden sie von unserem verderbten Herzen gedeutet, anstatt von unserem erneuerten Sinn in Christus. Allzu viele sind schon gefallen, weil sie glaubten, daß die sexuelle Anziehungskraft wahrer Liebe entsprungen sei.

DIE LETZTE ART DER ZUNEIGUNG GRÜNDET SICH AUF „GEISTLICHE VERWANDTSCHAFT". Es gibt Menschen, bei denen wir bei der ersten Begegnung das Gefühl haben, sie seien mit uns „verwandt". Es kommt uns so vor, als stammten wir aus derselben himmlischen Familie: „Deshalb beuge ich meine Knie vor dem Vater, von dem ... (JEDE FAMILIE) IN DEN HIMMELN und auf Erden benannt wird ..." (Eph. 3,14-15 – Worte in Klammern nach der englischen Übersetzung). Ohne beweisen zu können, daß es so etwas wie eine gemeinsame himmlische Familie tatsächlich gibt, erleben wir, daß unser Geist bei manchen Menschen vor Freude hüpft, als würde er sie erkennen. Und er flüstert unserem Verstand die Worte zu: „Bei dem mußt du bleiben. Der gehört zur Familie."

Diese Art der Zuneigung kann sich zu einer der vier anderen Arten oder aber allen vieren zusammen entwickeln – Freundschaft, Lernen, Aussaugen oder sexuelle Anziehung. Für sich selbst genommen ist geistliche Verwandtschaft weder gut noch schlecht. Es kommt darauf an, was wir damit tun. Alle fünf Formen der Zuneigung können zu geistigem Ehebruch, Affären und körperlichem Ehebruch führen. Jede dieser Formen kann sich auch zu Übertragung entwickeln, und zwar dann, wenn wir uns mit viel Einsatz darum bemühen, dem anderen zu helfen.

DER ZUSAMMENBRUCH VON EHEN, DIE DURCH ÜBERTRAGUNG ENTSTANDEN SIND

Viele Pastoren und auch einige der gut ausgebildeten Seelsorger haben praktisch keine Kenntnis von Übertragung. Wenn solche Unwissenheit mit Verwundbarkeit in dem Seelsorger zusammentrifft, kann dies zu großem Schaden führen. Paula und ich haben uns schon um viele Menschen gekümmert, die auf Grund von Übertragung in heikle Beziehungen verstrickt worden sind. Sie glaubten, die Liebe ihres Klienten zu ihnen sei echt, und erwiderten sie in gleicher Weise. Aus diesen Beziehungen wurden Affären, von denen die meisten mit körperlichem Ehebruch endeten.

Alle Beziehungen, die aus einer Not heraus entstehen, sind ihrem Wesen nach unstabil. Dies gilt auch ganz unabhängig von Übertragung. Wenn ein Mann eine Frau heiratet, die emotional noch ein Kind ist, oder wenn eine Frau einen „Jungen" heiratet, so steht hinter dieser Beziehung meistens auf der einen Seite das Verlangen, „Mutter" oder „Vater" zu sein, und auf der anderen Seite der Hunger danach, von Vater oder Mutter versorgt zu werden. Bei vielen derartigen Verbindungen verliert der „elterliche" Partner nach einer Weile die Freude an seiner Rolle, oder das „Kind" fängt an, heranzuwachsen. Bestimmte Verhaltensmuster zwischen den beiden müssen nun in den Tod gegeben und neue Verhaltensmuster aufgebaut werden. Meistens ist einer von beiden oder auch beide nicht in der Lage, sich anzupassen, und die Ehe zerbricht.

Bei Übertragung drückt sich etwas Bestimmtes aus: Unreife sucht nach Reife, Schwachheit will Stärke haben, oder seelische Krankheit möchte Gesundheit trinken. Wie immer der Fall im einzelnen aussieht, DIE GRUNDLAGE, AUF DER SICH ALLE ÜBERTRAGUNGS-BEZIEHUNGEN AUFBAUEN, IST BEDÜRFTIGKEIT.

Es gibt einige „unweise" geschlossene Ehen, die trotzdem Bestand haben. Entweder erstarren die Partner in ihren Rollen, oder sie passen sich den Veränderungen an. Doch zwischen normalen Ehen und Übertragungen besteht ein entscheidender Unterschied: EINE EHE WIRD NICHT IN ERSTER LINIE AUS DEM

GRUND GESCHLOSSEN, DASS VERÄNDERUNG GESCHEHEN SOLL. DOCH BEI EHEN, DIE AUS ÜBERTRAGUNG HERAUS EINGEGANGEN WERDEN, IST GENAU DIES DER HAUPTGRUND ZUR HEIRAT. Wenn ein Seelsorger daher die Gefühle seines Klienten/seiner Klientin ihm gegenüber für wahre Partnerliebe hält und in entsprechender Weise darauf reagiert, so ist von vorneherein klar, daß der Geliebte/die Geliebte eine große Enttäuschung erleben wird. Die Liebe, die sie füreinander empfinden, kann niemals zu erfüllender Eheliebe werden. Eheliche Liebe entsteht durch gegenseitiges Vertrauen und Achtung voreinander, und zwar zwischen zwei gleichwertigen Partnern. Übertragungs-Liebe hingegen ist per Definition abhängig und täuschend.

Bei Paula und mir sind Menschen in der Seelsorge gewesen, die sich tatsächlich haben scheiden lassen, um den Menschen zu heiraten, zu dem sie eine solche „Übertragungs-Liebe“ empfunden haben. Wir haben bisher noch von keinem gehört, bei dem ein solcher Tausch erfolgreich gewesen wäre! Man könnte denken, daß die Übertragungsliebe sterben könnte und stattdessen wahre Eheliebe wachsen würde. Doch das geschieht nie. Beziehungen, die aus einer Not heraus entstehen, erzeugen niemals dieselbe Art der Achtung, der Bewunderung und des Vertrauens, die durch Gleichheit geschaffen wird.

Es dauert nicht lange, bevor die Klientin entdeckt, daß sie (oder er) den Pastor/den Seelsorger nicht wirklich liebt. Im Laufe der Zeit und durch wachsende Reife wird immer mehr aufgedeckt, daß das, was wie Liebe aussah, in Wirklichkeit nur Projektion und idealisierende Bewunderung waren. Projektion bedeutet in diesem Fall, daß aus einem unbewußten Verlangen nach einem Vater oder einer Mutter der Jüngere auf den Älteren die Hoffnung überträgt, dieser könne jenes Verlangen stillen. Oft sind noch viele andere unbewußte Erwartungen an die Beziehung geknüpft, sowohl positive als auch negative. Der Jüngere arbeitet durch diese Beziehung tatsächlich ungelöste Bereiche in seinem Leben auf und erfährt endlich die Liebe, die er sich von seinen Eltern gewünscht hat. Wenn diese Art der Liebe aufhört (weil der Mangel aufgefüllt ist), setzt die Enttäuschung ein. Normalerweise ist der Pastor/der Seelsorger wesentlich älter. Wenn nun das kalte Licht der Wirklichkeit den Nebel der Verwirrung vertreibt, findet sich der jüngere Partner in einer Ehebeziehung gefangen, die keine Erfüllung bringt. Normalerweise bleiben zärtliche Gefühle der Treue und Bewunderung bestehen, doch der Enttäuschte kann nicht umhin zu erkennen, daß dies nicht die Gefühle sind, die eheliche Liebe ausmachen – und daß sie es niemals waren.

Der Jüngere/die Jüngere der beiden Ehepartner fängt nun an, sich umzusehen, und entdeckt andere attraktive Menschen, die ihm (oder ihr) altersmäßig näher stehen. Schuldgefühle brechen über ihn/sie herein, doch er/sie kann nicht aufhören, nach anderen Ausschau zu halten. Schließlich stellt der ehemalige Hilfesuchende fest, daß die kleine Flamme der Eheliebe, wenn sie überhaupt einen Moment lang geflackert hat, endgültig ausgelöscht ist.

Dieses Bild mag zu deterministisch erscheinen, und auf Grund der menschlichen Natur gibt es auch Varianten. Einige überleben wahrscheinlich die Anpassung an die neuen Rollen. Paula und ich wissen von einigen Ehen, die Bestand hatten – durch die Verpflichtung den Kindern gegenüber oder die Entschlossenheit, sich nicht noch einmal scheiden zu lassen. Doch der Funke ist verschwunden! Die beiden treten bis zum Grab nur noch auf der Stelle. Sie wachsen nicht als Team zusammen zu der Ganzheit und gütigen Wärme, die sich bei so vielen Ehepaaren findet, die ihren 40., 50. oder 60. Hochzeitstag feiern.

Eine junge Frau, die wir kennen, ging zu ihrem Pastor in die Seelsorge. Sie brauchte einen „Vater". Schon auf der Hochzeitsreise hatte sich ihr Mann als ein Flegel ohne jegliches Einfühlungsvermögen entpuppt. Die Beziehung des Pastors zu seiner eigenen Frau war sehr schwach geworden. Die junge Frau befand sich schon nach kurzer Zeit in geistigem Ehebruch dem Pastor gegenüber, und sehr schnell entwickelte sich dies in den Zustand der Übertragung. Während sie die ungeheilten Bereiche ihrer Kindheit in Bezug auf ihren Vater und andere Familienmitglieder aufarbeitete, gelang es dem Pastor durch sein überströmendes Erbarmen immer, ihre aufgewühlten Gefühle zur Ruhe zu bringen. Mit jeder Sitzung wuchs ihre „Liebe" zu ihm.

Ihr Wunsch danach, einen Ehemann wie ihn zu haben, hatte inzwischen sein Herz verunreinigt. Der Verstand des Pastors deutete dies als sein eigenes Verlangen, eine so hübsche Frau wie sie als Ehefrau zu haben. Sein Versagen zu Hause hatte den Boden seines Herzen so sehr ausgedörrt, daß ihre offensichtliche Liebe zu ihm wie ein herrlicher, erfrischender Regen war. Er fing an, sich nicht nur auf die Seelsorgegespräche zu freuen, sondern auch auf andere Gemeindeveranstaltungen, an denen sie vielleicht teilnehmen würde. Er merkte, daß er beobachtete, wie sie sich bewegte, er „spürte" ihren Rythmus in sich fast so stark, als wäre er eins mit ihr. Er stellte fest, daß er zusammenzuckte, wenn er sich vorstellte, wie ihr Mann sie umarmte. Da er das Herz eines Pastors hatte, schrieb er diese Gefühle zunächst seiner Besorgnis zu, daß so ein schwerfälliger, uneinfühlsamer Trampel nur ihre Gefühle zertreten und ihren Körper verletzen konnte. Er merkte nicht, daß seine Qual daher rührte, daß er mit der Eifersucht eines verhinderten Liebhabers über sie wachte.

Soweit könnte dies die Geschichte zahlloser Übertragungen sein, die zu doppelter Übertragung werden. Doppelte Übertragung tritt dann auf, wenn ein Seelsorger verunreinigt wird, der „Liebe" seines Gegenübers glaubt und sie erwidert, wobei er ebenso wie der Hilfesuchende ungeheilte Gebiete seines Lebens aufarbeitet. Doppelte Übertragung macht sich immer an verborgenen Bereichen des Herzens beider Beteiligten fest und entfacht fast unwiderstehbare Flammen der Anziehungskraft.

Doppelte Übertragung überschreitet in den meisten Fällen sehr rasch das Stadium des geistigen Ehebruchs und endet mit dem körperlichen Ehebruch. Dies geschah auch in dem geschilderten Beispiel. Der Mann verlor seine Gemeinde, seine Frau und Familie. Manche Seelsorger, wie zum Beispiel der aufrichtige Pastor, von dem wir an früherer Stelle berichteten, fliehen aus solchen gefährlichen Beziehungen. Doch nur sehr, sehr wenige entkommen! Manche erkennen, daß sie sich in Gefahr befinden, doch halten sie an der Beziehung fest, weil sie Angst haben, daß diese erneute Ablehnung, die durch ihren Rückzug entstände, mehr ist, als der Hilfesuchende verkraften kann. Pflichtgefühl und das Überzeugtsein von der eigenen Wichtigkeit machen viele blind gegenüber der drohenden Zerstörung ihres eigenen Lebens.

Paula und ich haben einige Menschen in der Seelsorge gehabt, die auf Grund unerkannter doppelter Übertragung schließlich ihren Pastor/Seelsorger verführt haben. Eine dieser Frauen hatte mit ihrem Priester geschlafen und beklagte sich danach bitterlich, daß es ihr doch wenigstens hätte erlaubt sein sollen, Freude dabei zu haben, wenn sie schon für ihre Sünde verdammt werden würde! (Das unwiderrufliche Gelübde des Zölibats hatte bei dem Priester zur Impotenz geführt!)

Ehebrüche, Trennungen und Scheidungen, die durch doppelte Übertragung entstanden sind, haben eine unglaubliche Anzahl von

Familien und Gemeinden zerstört! Es besteht kein Zweifel daran, daß Gottes Volk „aus Mangel an Erkenntnis“ umkommt.

SYMPTOME FÜR EINSEITIGE ÜBERTRAGUNG

Die Symptome stimmen mit denen für geistigen Ehebruch und Verunreinigung überein. Zusätzlich gibt es folgende:

1) Der Hilfesuchende HAT EINE ZU HOHE MEINUNG VON DEM SEELSORGER – „Du bist der einzige, der mich wirklich versteht.“

2) DER KLIENT BITTET VERDECKT ODER AUSDRÜCKLICH UM EINE „BESONDERE ART DER BEZIEHUNG“. Eine schöne Frau aus meiner Gemeinde, die mich offensichtlich nicht bewußt verführen wollte, sagte wiederholt: „John, ich weiß auch nicht, was ich von dir will, ich weiß nur, daß ich mir wünsche, eine ‘besondere’ Stellung in deinem Herzen zu haben.“ Sie war als Teenager vergewaltigt worden, und ihr Vater hatte IHR dafür die Schuld gegeben! Unbewußt wollte sie gerne meine Tochter sein, obwohl sie fast genauso alt war wie ich.

3) DER HILFESUCHENDE FÄNGT AN, SICH PROBLEME „AUSZUDENKEN“. Der Seelsorger hat vielleicht die Vermutung, daß es dem Hilfesuchenden wichtiger ist, sich geliebt zu fühlen, als heil zu werden.

(An dieser Stelle muß gesagt werden, daß dieser Punkt und die meisten anderen Symptome auch mit anderen Faktoren zusammenhängen können. Es muß sich nicht immer um Übertragung handeln. Eine Diagnose erfordert immer Unterscheidungsvermögen. Es kann verletztend sein, falsche Schlußfolgerungen zu ziehen.)

4) DER HILFESUCHENDE LÄDT DEN SEELSORGER VIELLEICHT ZU GESELLSCHAFTLICHEN ANLÄSSEN EIN, ER MÖCHTE MEHR SEIN ALS NUR EIN „SEELSORGEFALL“. Der Hilfesuchende möchte ein enger, persönlicher Freund werden (ähnlich wie bei Punkt 2, doch liegt hier eine ausdrückliche Bitte um Freundschaft vor.)

5) DER HILFESUCHENDE WEIST TYPISCHE ANZEICHEN VON VERLIEBTHEIT AUF – sehnsüchtige Blicke, „unschuldige“ Berührungen, unabsichtlich doppeldeutige Worte usw.

SYMPTOME FÜR DOPPELTE ÜBERTRAGUNG

1) EIN ÜBERMÄSSIG GROSSES VERLANGEN IN DEM SEELSORGER, DER EINZIGE HEILER ZU SEIN (damit nimmt er Gottes Stellung ein).

2) DER SEELSORGER HAT DEN WUNSCH, HÄUFIGER SITZUNGEN MIT DEM RATSUCHENDEN ABZUHALTEN, UND AUCH LÄNGERE SITZUNGEN, ALS DAS PROBLEM BENÖTIGEN WÜRDE.

3) DIE NÖTE UND DAS TEMPERAMENT DES HILFESUCHENDEN PASSEN ZU GUT ZU DEN FÄHIGKEITEN DES SEELSORGERS – UND ZU SEINEN SCHWACHEN STELLEN. Achtung ist geboten, wenn der Seelsorger immer mehr davon überzeugt ist, wie „ideal" er/sie sich dazu eignet, der Helfer des anderen zu sein – und sich vielleicht für den einzigen hält, der ihn „wirklich verstehen kann".

4) ISOLATION. DER SEELSORGER SUCHT NACH MEHR ABGESCHIEDENHEIT, ALS DAS SEELSORGEZIMMER BIETET: „Jemand könnte vertrauliche Angelegenheiten mithören." Merkwürdig, daß das Seelsorgezimmer bei allen bisherigen Seelsorgefällen vollkommen ausreichend gewesen war. Wenn jemand dies anspricht, wird die Antwort wahrscheinlich lauten: „Aber dies ist ein besonderer Fall, hier ist noch größere Umsicht im Blick auf Vertraulichkeit vonnöten."

5) EMPFINDUNGEN DER „LIEBE" IN DEM SEELSORGER, DIE STÄRKER SIND UND MEHR VON GEFÜHLEN GEPRÄGT ALS Agape (GOTTES LIEBE) ODER Philia (BRÜDERLICHE LIEBE) ES RECHTFERTIGEN WÜRDEN. Eros (ROMANTISCHE LIEBE) SENDET IN TRÄUMEN UND IN WACHPHANTASIEN, DIE SICH GANZ VON ALLEIN EINSTELLEN, ERSTE SIGNALE.

6) DIE KOMMUNIKATION UND DAS GEMEINSAME GEBET ZUHAUSE UND DAS SEXUALLEBEN KOMMEN ZUM ERLIEGEN. Außerdem fängt der Betreffende an, unvorteilhafte Vergleiche zwischen seinem Ehepartner und dem Ratsuchenden aus der Seelsorge zu ziehen.

7) UNFÄHIGKEIT, AUF DIE WARNUNGEN VON FREUNDEN ZU HÖREN, UND AGGRESSIVE ABWEHRHALTUNG.

8) ANGST TIEF IM EIGENEN GEIST UND DAS NICHT GREIFBARE GEFÜHL, VERRATEN ZU WERDEN (obwohl kein Verräter erkennbar ist). Vielmehr spürt der Seelsorger/die

Seelsorgerin die Unrichtigkeit der eigenen Haltung und der Beziehung. Doch ist er/sie nicht in der Lage, sich der Tatsache dieser Täuschung zu stellen. Darum richtet er seine Befürchtungen auf andere Personen, bis seine Umgebung anfängt, ihn für paranoid zu halten und sich fragt: „Was ist nur mit ihm los?“

9) DAS GEFÜHL IN DEM SEELSORGER, WEHRLOS UND IRGENDWIE UNGESCHÜTZT ZU SEIN, zugleich ist er jedoch auf Vertiefung der Beziehung mit seinem Klienten/seiner Klientin bedacht und versucht mit allen Mitteln, ihn/sie zu beschützen. Diese Unruhe entsteht aus der Angst im Geist des Seelsorgers/der Seelsorgerin, daß er/sie vielleicht doch einer Täuschung erliegt. Und wenn dies der Fall wäre, taucht die Frage auf: „Und wo war Gott bei der ganzen Geschichte?“ Wenn die Sünde bereits zur Tat geworden ist, kommt noch die nagende Furcht hinzu, daß irgendjemand entdecken könnte, was los ist, und es anderen weitererzählen würde.

10) DIE ERSTEN ANZEICHEN VON ZWANGHAFTEM VERHALTEN. Zum Beispiel ist man nicht mehr in der Lage, dem Wunsch zu widerstehen, einander anzurufen. Man will einfach hören, „ob alles in Ordnung ist“. Oder man kann nicht mehr aufhören, an den „Geliebten“ zu denken. Oder man kann die aufkeimende Angewohnheit der Tagträumerei nicht mehr unter Kontrolle bringen oder wenigstens einschränken („was wäre, wenn ...“ „vielleicht hätten wir ...“).

VORBEUGENDE MITTEL UND HEILMITTEL

1) WAS DICH SELBST BETRIFFT, SO REINIGE DEINE EIGENEN VERBORGENEN MOTIVE ZUSAMMEN MIT DEINEM EHEPARTNER (ODER, WENN DU UNVERHEIRATET BIST, MIT EINEM FREUND/EINER FREUNDIN), SO WIE PAULA UND ICH FÜR JEDEN MÖGLICHEN SÜNDIGEN SEXUELLEN FAKTOR IN MEINEM HERZEN BETETEN (siehe die ersten Seiten des ersten Kapitels).

2) Doch muß noch eine weitere Dimension hinzukommen: *WERDE TRANSPARENT.* LASS CHRISTI LIEBE DURCH DICH HINDURCHLEUCHTEN. Übertragung ist eine psychologische Dynamik, die in weltlicher Seelsorge häufig auftaucht, in christlicher Seelsorge jedoch weniger. Doch sollte sie hier überhaupt nicht vorkommen! Übertragung ist eine weltliche Nachahmung der wahren christlichen Seelsorge. Da einem weltlichen Seelsorger die

Kraft des innewohnenden Heiligen Geistes fehlt, kann er nur menschliche Liebe weitergeben, durch die der Ratsuchende automatisch an den Seelsorger gebunden wird. Doch weil Christen lernen, in Christus zu lieben und nicht aus ihrer eigenen Natur heraus, können Ratsuchende (und auch andere Menschen, die Hilfe von Christen empfangen) sehr schnell das Stadium der Zuneigung und Bindung an einen Menschen hinter sich lassen und die Fülle unseres Herrn Jesus Christus erfahren.

Nachdem Paula und ich alles aus meiner alten Natur, was Menschen dazu veranlaßt haben könnte, sich an mich zu hängen, in den Tod ans Kreuz gebracht hatten, erlebten viele Menschen schon nach kurzer Zeit Heilung in Jesus. Ich erlebte nie wieder einen Fall uneingeschränkter Übertragung. Doch manche Menschen beharrten trotz all unserer Gebete in dieser Bindung an mich. Der Herr beantwortete unser Schreien und sprach: „John, der Grund liegt darin, daß deine Anwesenheit Meine Liebe verheißt. Aber deine Angst davor, dich zu sehr auf die Menschen einzulassen, hindert Meine Liebe. Wegen deines Unglaubens können die Menschen nicht zu Mir kommen. Jetzt, wo du jene Dinge in den Tod gegeben hast, mußt du glauben, daß Ich es bin, der die Menschen durch dich liebt, so daß sie zum Leben kommen. Laß los, vertraue Mir und liebe sie in aller Freiheit. Das, was sie dann empfangen, wird Meine Liebe sein.“ Bisher hatte ich mich gefürchtet, die Liebe auszudrücken, die ich empfand, damit die anderen nicht durch mich zu Fall kämen. Doch als ich wagte, meine Liebe zu zeigen, nahmen die Menschen sie paradoxerweise als Jesu Liebe an und bauten in aller Reinheit allein zu Jesus eine Bindung auf!

Transparenz entsteht durch ständigen Tod am Kreuz. Immer, wenn ich spüre, daß Menschen in der Seelsorge nicht in Reinheit durch mich zu Jesus hindurchdringen können, kehre ich zum Fuß des Kreuzes zurück und sage: „Gut, Herr, was ragt diesmal von meiner alten Natur heraus? Warum können die Menschen nicht zu dir durchdringen? Töte mich erneut, Herr. Gib, daß ich wieder transparent bin.“

Der Tod am Kreuz allein reicht nicht aus, damit Menschen, die seelsorgerliche Hilfe brauchen, Heilung und Verwandlung erfahren. Christen müssen auch Auferstehung erleben. Sie müssen in Bereichen, die noch nie vorher funktioniert haben, zum Leben erweckt werden, sonst werden sie in das Altgewohnte zurückfallen. Manchmal bewirkt unser Herr ganz souverän Auferstehung –

scheinbar von einem Augenblick zum anderen. Doch häufig, aus Gründen, die Er weiß, beschließt Er, die Menschen DURCH Seine Diener zu lieben und sie so zum Leben zu bringen. Wenn wir unserem Ich gegenüber nicht genügend tot sind, dann ist dies der Punkt, wo der seelsorgerliche Dienst heikel wird.

> „In einem großen Haus aber sind nicht allein goldene und silberne Gefäße, sondern auch hölzerne und irdenen, und die einen zur Ehre, die anderen aber zur Unehre. WENN NUN JEMAND SICH VON DIESEN REINIGT, WIRD ER EIN GEFÄSS ZUR EHRE SEIN, GEHEILIGT, NÜTZLICH DEM HAUSHERRN, ZU JEDEM GUTEN WERK BEREIT“ (2. Tim. 2,20-21).

Seit Paula und ich diese Dinge gelernt haben, ist nie wieder jemand in Übertragung uns gegenüber hineingeraten. Stattdessen haben wir Hunderte von glücklichen geistlichen Söhnen und Töchter rund um die ganze Welt! (Siehe Kapitel 21 „Väter und Mütter in Christus“ in unserem Buch UMGESTALTUNG DES INNEREN MENSCHEN.)

3) LERNE, REGELMÄSSIG DAS „ABRAHAM-ISAAK-GEBET“ ZU SPRECHEN. Unser Dienst wird immer zu unserem Isaak. Wenn wir unseren Dienst nicht auf den Altar legen, wird er uns im Griff haben! Und der Herr wird weder unseren Dienst noch uns besitzen. All unser Dienst wird von unserem Fleisch angetrieben werden. Nicht mehr Jesus, sondern UNSER Dienst wird dann der Gott sein, dem wir dienen. Wir werden fleischlichen Eifer für göttliche Salbung halten und weltliche Einsicht für Gaben der Erkenntnis und der Weisheit. Wenn dies geschieht, können wir nicht transparent sein. Die Menschen werden sich an uns hängen anstatt an Jesus. In unserem fleischlichen Eifer und unserer Selbsteingenommenheit werden wir aus unserer eigenen Kraft heraus dienen und versuchen, selbst der Retter und Wiederhersteller der Hilfsbedürftigen zu sein.

Das Abraham-Isaak-Gebet lautet ganz einfach: „Ich lege meinen Dienst (benenne ihn – Seelsorge, Musik, Lehren, Evangelisieren, Predigen, Helfen – was auch immer) auf den Altar, Herr. Ich gebe ihn Dir zurück. Zerschlage alles, wo mich dieser Dienst im Griff hat. Befreie mich davon. Von jetzt an gehört der Dienst Dir und nicht mehr mir.“

Wenn wir dieses Gebet nicht regelmäßig sprechen, werden wir unsere Transparenz verlieren. Wir werden mit Tricks „arbeiten", mit fleischlichen Methoden, persönlichen Programmen, die wir versteckt im Hinterkopf haben, und werden alle, die zu uns in die Seelsorge kommen, auf seelische „Trips" schicken. Wenn der Herr mir zum Beispiel bei dem ersten Menschen, der morgens zu mir in die Seelsorge kommt, eine neue Erkenntnis gibt, und ich vergesse, diese direkt auf den Altar zu legen, dann werden auch die nächsten Menschen, die zum Seelsorgegespräch kommen, gezwungenermaßen dieses Problem haben – ganz gleich, ob es wirklich ihr Problem ist oder nicht! (Das ist dann an jenem Tag „meine Masche". Diese Erkenntnis hat mich im Griff.)

4) SETZE FREI. Wenn falsche Zuneigung und Bindung eingesetzt hat, dann SCHNEIDE DIES AB. Setze jene Menschen seelisch, intellektuell und geistlich frei.

5) Wenn die Gebete nichts bewirken, so handle in Weisheit und Gerechtigkeit. Seelsorger müssen etwas unternehmen, um sich selbst und die Ratsuchenden zu schützen, und Freunde müssen helfen, um beide Seiten von Fehlern zu befreien. Aber wie?

A) BITTE EINEN ANDEREN SEELSORGER, AN DEN SITZUNGEN TEILZUNEHMEN.

B) VERMEIDE, AUSSERHALB DER SEELSORGETERMINE FREUNDSCHAFTLICH MIT DEN MENSCHEN, DIE ZU DIR IN DIE SEELSORGE KOMMEN, ZUSAMMEN ZU SEIN. Wir wissen von einem Seelsorgezentrum, die eine Mitarbeiterin entlassen mußten, weil sie mit den Menschen, die zur ihr in die Seelsorge kamen, zu freundschaftlichen und vertrauten Umgang pflegte – sie lud sie zum Beispiel viel zu häufig ein, mit ihnen essen zu gehen. Wir sollen durchaus freundlich sein, doch die Beziehung zu den Hilfesuchenden muß sich, so weit dies irgend möglich ist, allein auf die Seelsorge beschränken.

C) ERZÄHLE DEINEM EHEPARTNER, WAS DU OHNE VERTRAUENSBRUCH BESPRECHEN KANNST. Nenne keine Namen. Laß deinen Ehepartner wissen, wenn Menschen versuchen, sich an dich zu hängen, und betet erneut für die Schwachheiten in deiner alten Natur – und zwar gemeinsam.

D) ERKENNE, daß dann, wenn sich ein Hilfesuchender erst einmal aus seiner alten Natur heraus an den Seelsorger gehängt hat, es diesem eine Zeitlang nicht gelingen wird, den Betreffenden an Jesus weiterzureichen. Der Seelsorger muß dies vielleicht ertragen. Wenn er weise ist, bittet er andere Menschen zur Hilfe, erklärt dem Ratsuchenden, was es mit Übertragungsbeziehungen auf sich hat und macht sich auf einen langen Weg gefaßt.

6) WERDE NÜCHTERN. Laß nicht zu, daß dieser eine Seelsorgefall alle anderen überschattet. Miß ihm weniger Bedeutung zu. Besprich ihn mit deinem Ehepartner und vergiß ihn dann. Wenn die Übertragung inzwischen doppelt ist, so kannst du diese Schritte ohne die Hilfe anderer vielleicht nicht tun. Jeder Seelsorger braucht darum Freunde, die seine persönlichen Bilderstürmer sind und ihm helfen können, durch Spiel und Kameradschaft seine „Götzenbilder" zu zerschlagen.

7) ERKENNE, WANN DIE AUFGABE BEENDET IST. Wenn der andere in der Lage ist, allein zu stehen, dann laß ihn gehen. Die Aufgabe eines Seelsorgers läßt sich gut mit Paulus' Worten wiedergeben: „Meine Kinder, um die ich abermals Geburtswehen erleide, bis Christus in euch Gestalt gewonnen hat" (Gal. 4,19). Der Seelsorger trägt den Bedürftigen solange in seinem Herzen, bis dieser frei in Christus gehen kann (Phil. 1,7). Die Schwierigkeit liegt darin, zu erkennen, wann und wie man den anderen freilassen muß. Seelsorger müssen darauf achten, daß sie den Hilfsbedürftigen nicht zu früh freigeben, damit dieser Rückzug nicht als Ablehnung aufgefaßt wird und einen Rückfall verursacht.

Hier sind einige Symptome, an denen man erkennen kann, daß der andere stark genug ist:

A) KAMPFLUST. Der Seelsorgeklient fängt an, öfters einen Streit vom Zaun zu brechen, so wie ein Teenager, der sich vom „Schürzenbändel" freimachen will.

B) MUT. Der Ratsuchende steht fest und nimmt sein Leben selbst in die Hand.

C) Eine POSITIVE HALTUNG ist zur Norm geworden und ist den Situationen angemessen.

E) DER HILFESUCHENDE KENNT SICH SELBST, BEMERKT SCHNELL, WENN ER „SPIELT", UND KANN LEICHT DAMIT AUFHÖREN.

F) DER KLIENT SAGT: „ICH LIEBE SIE DOCH NICHT, ODER?" (Dies ist eine Aussage, keine Frage.) Der Klient befindet sich wieder im Gleichgewicht und erklärt seine Unabhängigkeit.

8) SCHLIESSLICH SOLLTE JEDER SEELSORGER EINER AUTORITÄT UNTERSTEHEN. Wenn Ratgeber empfehlen, eine bestimmte Seelsorge abzubrechen oder einen Partner mit hineinzunehmen, dann sollte der Seelsorger ohne Zögern und mit bereitwilligem Geist gehorchen. Mehr als alles andere sollte sich ein Seelsorger vor Stolz und Überheblichkeit in acht nehmen und daran denken, daß er weder der einzige noch der beste Seelsorger ist, den Gott für die Menschen, die zu ihm in die Seelsorge kommen, bereithält. „Ich habe gepflanzt, Apollos hat begossen, Gott aber hat das Wachstum gegeben. SO IST WEDER DER DA PFLANZT, ETWAS, NOCH DER DA BEGIESST, SONDERN GOTT, DER DAS WACHSTUM GIBT" (1. Kor. 3,6-7).

Kapitel 4

UNZUCHT, AFFÄREN UND EHEBRUCH

KLARSTELLUNG VON BEGRIFFEN

UNZUCHT tritt dann auf, wenn ein UNVERHEIRATETER MANN und eine UNVERHEIRATETE FRAU miteinander Geschlechtsverkehr haben.

Von EHEBRUCH sprechen wir, wenn ein VERHEIRATETER MANN und eine VERHEIRATETE FRAU miteinander Geschlechtsverkehr haben, ohne daß sie miteinander verheiratet sind.

Wenn ein UNVERHEIRATETER MENSCH mit jemandem Geschlechtsverkehr hat, der VERHEIRATET IST, so BETREIBT DER ERSTE UNZUCHT UND DER ZWEITE EHEBRUCH.

Einige Christen wollen uns weismachen, daß die Worte „Unzucht" und „Ehebruch" dasselbe bedeuten und nur auf verheiratete Menschen zutreffen. Sie ziehen die Schlußfolgerung, daß dann, wenn Unverheiratete Geschlechtsverkehr vollziehen, dies nichts mit Sünde zu tun hat! Wie irgendein ernstgesinnter Christ einen solchen Unsinn glauben kann, ist mir unbegreiflich! „Oder wißt ihr nicht, daß Ungerechte das Reich Gottes nicht erben werden? Irrt euch nicht! Weder UNZÜCHTIGE noch Götzendiener, noch EHEBRECHER ..." (1. Kor. 6,9). Wenn jene beiden Worte (Unzüchtiger und Ehebrecher) dasselbe bedeuten, dann ist eins überflüssig und daher bedeutungslos. Und wie können jene Christen 2. Mose 22,16 und 5. Mose 22,28-29 übersehen, wo es zweimal heißt, daß dann, wenn ein Mann eine Jungfrau verführt, er diese auch heiraten muß? Vers 29 fügt hinzu: „... WEIL ER IHR GEWALT ANGETAN HAT; er darf sie nicht entlassen sein Leben lang."

Biblisch gesehen gibt es keine Ausflucht – Geschlechtsverkehr vor der Ehe ist Sünde! Manche Leute wollen nur die Schrift verdrehen, um ihre eigenen sündigen Begierden zu rechtfertigen. Jeder Christ sollte mit Paulus in Entschlossenheit sagen können: „... sondern wir haben den geheimen Dingen, derer man sich schämen muß, entsagt und wandeln nicht in Arglist, noch verfälschen wir das Wort Gottes, sondern durch die Offenbarung der Wahrheit empfehlen wir uns jedem Gewissen der Menschen vor Gott" (2. Kor. 4,2).

Unzucht ist in unserer Gesellschaft zu einer Seuche geworden. Zu meiner Jugendzeit gab es nur sehr wenig Frauen, die vor der Hochzeitsnacht schon ihre Jungfräulichkeit verloren hatten. Heute ist die Zahl der Mädchen, die ihre Jungfräulichkeit bewahrt haben, geringer, als damals die umgekehrte Zahl! Laut einigen Umfragen sind mindesten 80% der amerikanischen Teenager bereits „sexuell aktiv" geworden – ein beschönigendes Wort der heutigen Zeit für „sexuelle Sünde".

Im zweiten Teil des Buches werde ich ausführlicher auf die historischen, theologischen und kulturellen Gründe für das Ansteigen der sexuellen Sünden in unserer Zeit eingehen. An dieser Stelle will ich einige der gesellschaftlichen Gründe aufführen, die es unserer Jugend schwer machen, sich von Unzucht fernzuhalten.

GESELLSCHAFTLICHE GRÜNDE FÜR UNZUCHT

Der Hauptgrund für Unzucht unter jungen Christen heute ist der Druck von Gleichaltrigen. Die Forderung, sich anzupassen, ist ungeheuer groß. Viele Teenager und junge Erwachsene haben Paula und mir schon berichtet: „Unsere Freunde sagen uns, wenn wir nicht mit ihnen schlafen, kriegen wir nie wieder einen Freund." „Wir werden nicht zu Parties eingeladen." „Niemand mag uns." „Wenn unsere Freunde herausfinden, daß wir immer noch Jungfrau sind, dann beschimpfen sie uns als 'Hühner', als 'prüde und dumm', 'eingebildet' und 'heiliger als der Papst'."

Teenager haben ein großes Bedürfnis danach, beliebt zu sein. Manche Christen bleiben beliebt, auch wenn sie einen „geraden Weg" gehen, doch ist dies die Ausnahme. Die meisten gläubigen Teenager, die an ihren moralischen Werten festhalten, sind zu Ablehnung und Einsamkeit verdammt. Die Wahl ist schmerzlich deutlich – unterwirf dich oder leide.

Der zweite gesellschaftliche Hauptgrund lautet: „Schließlich tut es ja jeder." Ich meine hiermit nicht den Druck der Gleichaltrigen, sondern die betäubende Wirkung, die die Flut der Filme, Fernsehsendungen, Romane, Kurzgeschichten und das schlechte Beispiel von einigen „christlichen" Leitern hat. Am stärksten wirkt sich dieser Druck des Argumentes „Jeder tut es" aus, wenn das schlechte Beispiel der Eltern hinzukommt. Trennung, Scheidung, Freunde, die die Eltern mit nach Hause bringen, sexuelle Beziehungen der Eltern zu Partnern außerhalb der Ehe, von denen die Kinder Zeugen werden oder die sie spüren – all dies zerstört die Tugend der Treue in den Gedanken der jungen Menschen. Kinder aus zerstörten Familien oder aus Familien, wo Untreue vorgekommen ist, können, ohne das Eingreifen Gottes, keine lebenslängliche Bindung eingehen und nicht treu sein.

Als unsere Kinder klein waren, waren Paula und ich es irgendwann einmal leid, daß sie immer nur mit einer bestimmten Sorte von Kindern spielten. Wir nannten sie die „Orang Utans". Wir sagten: „Warum sucht ihr euch nicht Kinder aus guten, stabilen Familien und gesellt euch zu ihnen?"

Sie erwiderten: „Aber, Mama, Papa, es gibt keine. In unserer Klasse kommen alle nur aus kaputten Familien!" Wir überprüften dies und fanden heraus, daß unsere Kinder tatsächlich zu den ganz wenigen gehörten, die nicht aus einer Familie kamen, wo nur ein alleinerziehender Elternteil war, oder die geschieden waren und/oder neu geheiratet hatten! Unsere Stadt unterschied sich darin leider nicht sehr von den meisten anderen Städten in Amerika und Kanada. Überall berichten uns Lehrer von ähnlichen Statistiken: mehr als die Hälfte ihrer Schüler kommt normalerweise aus kaputten Familien. Kinder, die in solchen Familien aufgewachsen sind, haben nie erlebt, was lebenslängliche Hingabe an einen anderen Menschen bedeutet, auch haben sie keine Vorstellung von der Heiligkeit der Sexualität, die ein Leben lang nur auf einen Partner beschränkt ist. Vielmehr nehmen sie Abstand davon, eine wirkliche Hingabe zu vollziehen. Der Schmerz der zerbrochenen Beziehungen, den sie in der Kindheit erlebt haben, hat in ihnen die Angst geweckt, ein Risiko einzugehen. Sie beschließen, sich dadurch zu schützen, daß sie nur oberflächliche Beziehungen eingehen, und diese auch nur mit Vorbehalten. Ihrem Leben fehlt es an Erfahrungen, die ihnen ins Herz geschrieben hätten, welchen Segen Beständigkeit und sogar hohe moralische Maßstäbe mit sich bringen. Ihnen fehlt jede Voraussetzung, um wahre Vertrautheit und Nähe zu einem Menschen zu erfahren, eine Beziehung, wo man sich begegnet, sich kennt, eins wird und liebevoll füreinander sorgt.

Im Gegensatz dazu haben Eltern mit guten moralischen Werten, die glücklich verheiratet sind, Kinder, die ebenfalls glückliche Ehen führen. Unsere vier Söhne sind Männer, die bewußt in ihrem Leben nur eine Frau haben wollen. Unser Sohn Mark erfreute neulich unser Herz, als plötzlich eine unmoralische sexuelle Szene im Fernsehen kam. Er zuckte zusammen und sagte: „Allein schon der GEDANKE daran, meinen Körper einer anderen Frau als Maureen zu geben, läßt mich erschaudern!“ Mir geht es entsprechend, und mein Vater war genauso – darin liegt natürlich auch begründet, warum unsere Söhne diese Einstellung haben. Auch unsere beiden Töchter haben dieselbe Entschlossenheit, an ihren moralischen Werten festzuhalten und rechtschaffen zu leben.

Der dritte gesellschaftliche Grund für Unzucht liegt darin, daß in unserer Zeit der Glaube an die Absolutheit des moralischen Gesetzes und die Heiligkeit des ehelichen Geschlechtsverkehrs zunehmend schwindet. Als ich Teenager war, war es DIE Sache, mit dem Auto irgendwo zu parken und dann Petting zu betreiben, zu schmusen oder zu „knutschen“. Dabei war es natürlich völlig normal, daß sexuelle Leidenschaften übermäßig erregt wurden. Sie überkamen einen mit der Schnelligkeit eines Frachtzuges, der außer Kontrolle geraten ist. Doch bei den meisten von uns war es so, daß der Gedanke an die ehrfurchtgebietende Absolutheit der Gesetze Gottes und an Seine Zucht die Glut sehr schnell wieder dämpfte. Ich kann mich noch daran erinnern, wie ich „heiß“ lief. Doch dann erinnerte Gott mich an Seine Gebote und kühlte mich in Seiner Gnade liebevoll wieder ab. Gottes Ruf nach Heiligkeit der körperlichen Liebe in der Ehe wurde immer lauter in mir und brachte mein Feuer schließlich zum Erlöschen. Es war wie eine automatische Feuerlöschanlage.

> „Wodurch hält ein Jüngling seinen Pfad rein? Indem er sich bewahrt nach deinem Wort ... In meinem Herzen habe ich dein Wort verwahrt, damit ich nicht gegen dich sündige“ (Ps. 119,9 und 11).

> „Denn Weisheit zieht ein in dein Herz, und Erkenntnis wird deiner Seele lieb. Besonnenheit wacht über dir, Verständnis wird dich behüten: um dich zu retten vom bösen Weg ...“ (Spr. 2,10-12a).

Heutzutage ist die Furcht Gottes ausgestorben! Unsere Jugend ist nicht mehr geschützt durch die heilige Furcht vor Gottes Strafe. Gottes Wort, das vor Bösem bewahren kann, erklingt nicht mehr in ihren Herzen. Mit ihrem Verstand kennen die Jugendlichen vielleicht noch Gottes Gebote, doch dadurch, daß es kaum noch Menschen gibt, die bereit sind, Opfer zu bringen, ist Gottes Wort nicht in ihr Herz geschrieben worden. Vielmehr sind die Kinder in einem

Zeitalter aufgewachsen, wo die Devise lautet: „Gib her, gib her", eine Haltung, die von selbstsüchtiger Befriedigung geprägt ist – und bei all zu vielen leider von der Überzeugung, Gott habe ihnen das Recht gegeben, alles zu bekommen, was ihnen im Moment Freude macht.

Der vierte gesellschaftliche Grund ist der Mangel an sinnvollen Pflichten in der Kindheit. Es gibt nur wenige, die befürworten würden, die vielen arbeitserleichternden Geräte wieder abzuschaffen. Gott sei es gedankt, daß Spülmaschinen, Waschmaschinen, Trockner, Mikrowellenherde und dergleichen viele Frauen von lebenslanger Sklavenarbeit befreit haben. Doch die Schattenseite dieses Segens ist, daß unsere Kinder mit dem Gefühl der Nutzlosigkeit aufwachsen!

In meiner Kindheit trugen die Arbeiten, die wir verrichten mußten, mit dazu bei, daß wir überleben konnten. Heute erscheinen Haushaltspflichten, wenn sie überhaupt auferlegt werden, reine Beschäftigungsarbeit zu sein. Wenn ich die Kühe nicht melkte, dann wurde die Familie und die ganze Nachbarschaft von dem Muhen geweckt. Wenn ich die Hühner nicht versorgte und im Garten nicht Unkraut jätete, hatten wir nichts zu essen! An einem frostigen Morgen aufzustehen, zu melken und andere Pflichten zu erledigen, war qualvoll. Im Sommer lernte ich den Wert und die Tugend des Opfers dadurch, daß ich mich zwang, Unkraut zu jäten, auch wenn der Schweiß mir in kleinen Bächen über mein staubiges Gesicht floß. Ich lernte, gern für andere Menschen zu arbeiten. Und, was unser Thema noch konkreter betrifft, ich lernte, mich um das Eigentum anderer Menschen zu kümmern. Ich wußte aus eigener Erfahrung, welche Opfer alle in den 30er Jahren, in den Tagen der Depression, gebracht hatten, um ihren Besitz zu erhalten.

Die meisten unserer Kinder haben nie die Tugend der aufopfernden Arbeit für andere Menschen gelernt. Sie haben vieles in so reichlichem Maß bekommen, daß sie wenig oder gar kein Gefühl für den Wert von Dingen haben, die anderen gehören. Die meisten Filme, die für Teenager gemacht sind, zeigen Szenen, wo Menschen den Besitz anderer zerstören; es wird völlig respektloses Verhalten dargestellt, und „Helden" können straflos bestimmte Dinge tun, für die sie im echten Leben ins Gefängnis kommen würden. Ist es da verwunderlich, wenn sich solche Haltungen auf das übertragen, was junge Menschen über ihren eigenen Körper und über den Körper anderer denken?! Es braucht eine enorme, die eigenen

Wünsche opfernde Entschlossenheit, um den Angriff der zunehmenden sexuellen Leidenschaften abzuwehren. Die meisten Kinder in unserer Zeit sind niemals dazu herausgefordert worden, sich selbst für andere Menschen hinzugeben, wodurch die lebenswichtige Fähigkeit des Selbstopfers in ihnen verankert worden wäre. Vielmehr hat man sie gelehrt, daß sie erwarten können, alles zu bekommen, wie immer ihre Wünsche auch aussehen – und wenn sie es nicht bekommen, dann ist bei ihren Eltern irgendetwas nicht in Ordnung!

Bevor ich Paula kennenlernte, gab es zwei junge Frauen, für die ich mich ernstlich interessierte. Mit beiden erlebte ich Abende, wo ich mein sexuelles Verlangen fast nicht mehr in den Griff bekommen konnte. Es gab Zeiten, wo die Begeisterung die Ermahnungen des Geistes Gottes in meinem Geist übertönte. Was mich unbescholten hielt, war allein das Wissen darum, daß dieses herrliche Geschöpf, dessen Küsse für mich „süßer als Wein" waren, vielleicht nicht meine Frau werden würde, und daß ich nicht das Recht hatte, meinen Bruder seiner Herrlichkeit zu berauben (1. Thess. 4,6). Noch stärker war der Gedanke in meinem Gewissen, daß ich kein Recht hatte, etwas zu besitzen, was mir von Gott noch nicht gegeben worden war. Diese Weisheit war mir durch jene Stunden der aufopfernden Arbeit für meine Familie ins Herz gelegt worden. Ich wußte im Innersten, welchen Wert etwas hat, was einem anderen gehört, und welche Achtung ich davor haben mußte. Wenn ich heute vor jungen Menschen von meiner Erfahrung erzähle, wie die Achtung vor fremdem Besitz ein sexuelles Abschreckungmittel war, dann lächeln die meisten nur höflich – und einige können ein Kichern nicht unterdrücken! Für sie sind meine Gedanken zu diesem Thema hoffnungslos altmodisch, bedeutungslos, ja sogar naiv! Diese Denkweise ist für sie so absolut abwegig, daß sie meinen, ich würde mich damit nur selbst zum Narren halten!

Meine Kindheit war kein Einzelfall. Wir kennen eine Familie, die sieben Kinder hat und die seit Jahren um ihr Überleben auf einer Farm kämpft. Alle Kinder müssen mitarbeiten, viele Stunden schwerer Arbeit. Der Beitrag jedes einzelnen ist für alle notwendig. Der Bruder des Vaters hat einen Beruf mit einem festen, hohen Einkommen, so daß er seiner Frau jede nur erdenkliche Erleichterung und den Kinder alles, was sie sich nur wünschen, finanzieren kann. Sie sind mit ihren Kindern schon nach Hawai und zu vielen anderen Urlaubsorten auf der Welt geflogen. Der Farmer hat zusammen mit seiner Frau seine Kinder zu Hause unterrichtet, um Geld zu sparen. Er hat mit den Kinder noch nie ein Reise unternommen.

Kürzlich besuchte der Bruder mit seiner Familie die Verwandten auf der Farm. Als sie wieder nach Hause fuhren, trauten die Eltern ihren eigenen Ohren nicht. Die Kinder beklagten sich: „Ich wünschte, wir würden auch so leben wie die auf der Farm. Unser Leben ist so LANGWEILIG!" Wie typisch ist diese Äußerung! Junge Menschen möchten gerne eine Beitrag leisten – sie möchten, daß ihr Leben einen Sinn hat. Sie reagieren mit großer Bereitwilligkeit auf die Herausforderung von „Jugend mit einer Mission" oder von „Peace Corps". Sie möchten ein Opfer bringen, sie möchten anderen Menschen etwas geben. Wenn sie diese Gelegenheit nicht haben, zerstören sie sich selbst oder andere, indem sie sinnlos immer noch mehr Dinge für sich haben wollen, besonders sexuell.

Der fünfte Grund für Unzucht, den ich unter Christen in unserer heutigen Zeit sehe, ist die Fülle an Gelegenheiten. Als ich noch jung war, durften wir mit Personen des anderen Geschlechts nicht allein sein, außer in sehr geschützten Umgebungen. Außer am Tag der Offenen Tür durfte kein männlicher Student jemals die Gebäude betreten, in denen die Studentinnen wohnten. Für die Frauen galten klare Regeln, bis wann sie Ausgeherlaubnis hatten. Wenn diese übertreten wurden, gab es harte Strafen. Zuhause befanden sich die Eltern ein Stockwerk höher, in Hörweite, und wenn das Ende der Ausgeherlaubnis gekommen war, riefen sie: „Gute Nacht, junger Mann!" oder knipsten das Licht an und aus.

Kaum einer von uns besaß ein eigenes Auto. Und wenn wir den Wagen unseres Vaters einmal für einen Abend ausleihen durften, irgendwo an eine ruhige Stelle fuhren und dort parkten, dann kam regelmäßig die Polizei vorbei, leuchtete mit der Taschenlampe ins Auto und forderte uns auf, weiterzufahren. Wir lebten mit der Angst, entdeckt zu werden – selbst wenn wir allein waren. Wer konnte schon wissen, ob nicht doch jemand auftauchen würde?! Heute gibt es auf den Geländen der Colleges kaum noch irgendeine Aufsicht. An vielen Universitäten sind gemischte Studentenwohnheime die Norm, und die Männer dürfen sich zu jeder Tages- und Nachtzeit in den Zimmern der Frauen aufhalten.

Selbst nachdem Paula und ich geheiratet hatten, war es gar nicht so einfach, Motelbesitzer davon zu überzeugen, uns ein Doppelzimmer zu geben – wir mußten unsere Personalausweise vorzeigen, um zu beweisen, daß wir verheiratet waren! Heute können die jungen Leute sehr leicht an irgendwelche verborgenen Orte entkommen – einen abgelegenen Platz im Wald (wo keine Polizei vorbeikommt, um sie zu überwachen), die Wohnung eines Freundes und praktisch jedes Motel.

Die Eltern in meiner Jugendzeit sahen es als ihre Pflicht an, die jungen Leute vor sich selbst zu schützen, viel mehr als die meisten Eltern heute. Unmoralische junge Männer hatten Angst davor, mit Mädchen zu flirten, deren Väter Christen waren und ihre Töchter streng bewachten. Selbst nicht-christliche Eltern hielten meistens ein wachsames Auge auf ihre Kinder. Ausgerechnet heute, in einer Zeit, wo die Gelegenheiten des Zusammenseins fast uneingeschränkt sind, ist das Gefühl dieser Pflicht verschwunden. Viele Eltern lassen ihre Kinder manchmal tagelang allein zu Hause.

Der sechste Grund ist das Vorhandensein und die Verläßlichkeit von Verhütungsmitteln. Als wir jung waren, gab es die Pille noch nicht. Das Diaphragma war gerade erst erfunden worden, und für eine unverheiratete Frau gab es keine Möglichkeit, eins zu bekommen (es mußte vom Arzt angepaßt werden, und keiner hätte es getan). Kondome waren dafür berüchtigt, zu zerreißen und abzurutschen.

Wir konnten der quälenden Furcht vor einer Schwangerschaft nicht entweichen. (Abtreibung stand völlig außer Frage, selbst wenn sie legal gewesen wäre.) Schwanger zu werden bedeutete, für sein Leben lang „gefangen“ zu sein, und die Väter bestanden auf der Heirat – wenn nötig, mit vorgehaltenem Gewehr! Da man zu jener Zeit noch keine Mittel hatte, um eine Vaterschaft nachzuweisen, gab es Männer, die keine Skrupel hatten und ihr Mädchen einfach „im Regen stehen ließen“. Sie mußte Scham und Schande leiden. Doch dies stärkte wiederum die Entschlossenheit der jungen Frauen, „Nein!“ zu sagen. Heute jedoch gibt es sogar christliche Eltern, die meinen, es sei ihre Pflicht, ihre Kinder mit Kondomen und der Pille zu versorgen!

Die jungen Leute sind heute besser über Hygiene informiert, als dies früher der Fall war. Sie wissen – oder sie meinen zu wissen –, wie sie vermeiden können, sich Krankheiten zuzuziehen. In meiner Jugendzeit führte die Furcht vor Geschlechtskrankheiten dazu, daß viele junge Leute, die unmoralische Triebe hatten, trotzdem in Enthaltsamkeit lebten. Heute werden die meisten nicht einmal von der Verbreitung des fürchterlichen Killers AIDS zurückgehalten.

Viele törichte Eltern meinen, daß sie ihre Kinder vor Gonorrhöe, Syphilis, Herpes und AIDS schützen, wenn sie sie über Kondome unterrichten. In Wirklichkeit sieht es jedoch oft so aus, daß sie ihre Kinder dadurch zur Unmoral ermutigen.

Dies führt uns zu dem siebten Grund: Es ist dokumentarisch nachgewiesen, daß dort, wo die Gruppe „Planned Parenthood" (Familienplanung) aktiv ist und wo Sexualunterricht an den Schulen gegeben wird, Unzucht und ungewollte Schwangerschaften dramatisch zugenommen haben! „Planned Parenthood" teilt inzwischen an Gymnasien Grußkarten aus, an denen auf der Innenseite Kondome befestigt sind! Sie bieten Kondome in verschiedenen Modellen und Farben an – umsonst! (Diese Information ist einem offenen Brief entnommen, den Alana Myers an Beverly La Haye geschrieben und im Sommer 1988 an die Kirchen geschickt hat. Beverly La Haye, Concerned Women for America, 122 „C" Street, NW, Suite 800, Washington, DC 20001).

Menschen, die von einer liberalen Mentalität geprägt sind, erkennen oft bestimmte Probleme, doch in törichtem Eifer liefern sie die absolut falschen Lösungen dafür! Nehmen wir zum Beispiel das Problem der Frauen, die vor einer ungewollten Schwangerschaft stehen. Anstatt nun für Keuschheit unter Unverheirateten und bessere Unterweisung über Verhütungsmittel unter Verheirateten einzutreten, setzen sich die Liberalen dafür ein, daß Gesetze verändert und große Gelder zu Verfügung gestellt werden, damit Frauen das ungewollte Leben, das sie in sich tragen, töten können – bis zum gegenwärtigen Zeitpunkt sind (allein in Amerika) mehr als 16 000 000 Abtreibungen vorgenommen worden! Oder nehmen wir das Problem, daß immer mehr junge Menschen „sexuell aktiv" werden. Anstatt nun für Gelder einzutreten, mit denen man Pornographie abschaffen könnte, anstatt den Wert und den Lohn von moralischem Verhalten zu lehren und vor den zerstörerischen Folgen sexueller Unmoral zu warnen, haben die Liberalen 30 000 000 $ von der amerikanischen Regierung gebilligt bekommen, um Kondome zu verteilen und junge Leute zu unterrichten, wie sie GEFAHRLOS ein unmoralisches Leben führen können! (La Haye, s.o.) Dies ist so, als würde man einen Wald brennen sehen. Doch anstatt Leute zusammenzurufen und sie dafür auszurüsten, das Feuer zu bekämpfen, wird jedem eine Fackel und ein Benzinkanister in die Hand gedrückt, damit jeder GEFAHRLOS ein Feuer anzünden kann!

Der achte Grund, der für sich selbst spricht und sehr grausam ist, liegt in sexuellem Mißbrauch oder Beteiligung an sexueller Stimulation in einem viel zu früher Alter. Paulas Buch OPFER DES SEXUALMISSBRAUCHS liefert eine traurige Chronik über die Folgen von sexuellem Mißbrauch, besonders in dem Kapitel „Die Tiefe der Zerstörung". Ich will diese Information hier nicht wiederholen, sondern nur hervorheben, daß Paula immer wieder davon berichtet, wieviele Mädchen, die sexuell mißbraucht wurden, später ein Leben der Promiskuität führen.

(Obwohl sexueller Mißbrauch und zu frühe Stimulation ohne Frage eine sehr persönliche Angelegenheit sind, führe ich dies unter den gesellschaftlichen Gründen auf. Ich will damit folgendes deutlich machen: die Familienstrukturen in unserer Zeit sind so sehr zerstört, daß die daraus folgenden Probleme nicht nur vereinzelt zu sehen sind, sondern sich seuchenartig über die ganze Gesellschaft verbreiten.)

Wir haben festgestellt, daß dann, wenn Eltern ihre Kinder zu lange bei sich im Bett oder im selben Raum lassen, wo die Geräusche und Gerüche des Geschlechtsverkehrs die Kinder sexuell stimulieren können, die Kinder negativ beeinflußt werden. Sie werden sexuell erregt, bevor sie das Verständnis, die Reife oder die sozialen Fähigkeiten haben, um richtig mit ihren Gefühlen umzugehen. „Ich beschwöre euch, Töchter Jerusalems, bei den Gazellen oder bei den Hirschkühen des Feldes: Weckt nicht, stört nicht auf die Liebe, bevor es ihr selber gefällt" (Hl. 2,7). Wie immer auch die richtige Auslegung dieser Verse lautet, sie sind bestimmt ein wertvolles RHEMA, das allen Eltern sagen will: „Setzt eure kleinen Kinder keinen sexuell erregenden Erfahrungen aus." Kindern sollte nicht erlaubt werden, eindeutig sexuelle Szenen zu beobachten, weder bei ihren Eltern noch in Filmen oder im Fernsehen oder an anderer Stelle. Wir haben Kinder in der Seelsorge gehabt, bei denen die zu frühe Konfrontation mit diesen Dingen dazu führte, daß sie versuchten, mit Spielkameraden Geschlechtsverkehr nachzuspielen, daß sie ihre eigenen Geschlechtsorgane oder die von Freunden streichelten, daß sie eine vulgäre und aggressive Sprache entwickelten und an Pornographie und Voyeurismus gebunden waren. Weitere Folgen sind natürlich Promiskuität im Teenageralter und Untreue in der Ehe. Die Liste der sexuellen Probleme und Anomalien, die von einer zu frühen Begegnung mit sexuellen Dingen herrührt, ist fast endlos.

Kinder sollten so oft wie nur möglich sehen, daß ihre Eltern zärtlich miteinander sind. Doch sexuelle Erregung sollte sich bei Mann und Frau nur hinter verschlossenen Türen abspielen. Man sollte Kindern auch nicht erlauben, andere Menschen, besonders Personen des anderen Geschlechts, nackt zu sehen, oder sie Unanständigkeiten aussetzen. Meine Mutter unterwies mich sorgfältig darin, daß das Geschlechtsleben in den Privatbereich gehört, weil es heilig ist und allein verheirateten Paaren vorbehalten. Ich sah und hörte Zuhause nichts, was den Anstand verletzt hätte, obwohl meine Eltern, gerade in meiner Kindheit, sehr romantisch und verliebt waren.

Mein Vater war in unserer Anwesenheit sehr zärtlich zu meiner Mutter, doch sah ich nie eine sexuelle Berührung oder hörte irgendwelche anzüglichen Bemerkungen oder zweideutigen Witze. Die Geschlechtlichkeit wurde in unserer Familie immer als privat und sehr heilig und gut angesehen. FÜR JUNGE MENSCHEN GIBT ES KEIN BESSERES VORBEUGENDES MITTEL GEGEN SEXUELLE VERSUCHUNGEN ALS DAS BEISPIEL DER ELTERN. Es liegt auf der Hand, daß nichts einen so negativen Einfluß auf einen Menschen hat, wie die Sünden und Unanständigkeiten, die die eigenen Eltern begehen. Viel zu wenig Eltern sind sich dessen heute bewußt, und leider hat dies schreckliche Folgen. Sie denken nicht daran, ihre eigenen selbstsüchtigen Wünsche aufzugeben, was der Erziehung ihrer Kinder zugute kommen und in den Kindern eine gesunde sexuelle Haltung wecken würde.

Der moralische Standard und die Sicherheit, von denen wir, die wir älter als 50 sind, geleitet und geschützt wurden, sind inzwischen fast völlig verschwunden, nur ein unbedeutender Rest an Beschränkung ist geblieben – etwa so wirksam, als wolle man einen Löwen mit einem Papierzaun einsperren! Unsere Gesellschaft war früher von den moralischen Werten der jüdisch-christlichen Tradition geprägt. Selbst ungläubige Menschen merkten, daß sie dadurch eingeschränkt und auf einen bestimmten Weg gewiesen waren. Seit dem Zweiten Weltkrieg erleben wir, wie sich alle diese Werte mit zunehmender Geschwindigkeit auflösen.

Filme, die in den 50er Jahren verboten worden wären, sind heute für Kinder erlaubt, solange sie von Erwachsenen begleitet werden. Wir haben zugesehen, wie Fluchwörter und Nacktheit gesellschaftliche Anerkennung gefunden haben. Heute stehen Filme mit ausdrücklichen sexuellen Szenen nicht einmal mehr unter Jugendverbot, geschweige denn sind sie ganz verboten.

Romane, in denen Geschlechtsverkehr beschrieben wurde, waren früher verboten. Heute denken die meisten Schriftsteller, daß ihre Werke keine Chance haben, verkauft zu werden, wenn sie nicht lebhafte Schilderungen von sexuellen Begegnungen mit einschließen – und sie mögen mit ihrer Vermutung durchaus Recht haben! Dies gilt für jeden Bereich – Zeitschriften, Kurzgeschichten, Fernsehshows, Mode, Stripteaselokale. Anerkennung von Liebesaffären im Büro, Herrenparties, die sich zu Orgien entwickeln und Frauentausch, gar nicht zu sprechen von zweifelhaften Taktiken in der Industrie und der moralischen Verderbtheit auf allen Ebenen der Regierung – all dies bestärkt junge Leute in dem Denken, sie könnten tun, was sie wollen, ohne daß dies negative Folgen hätte!

Unsere heutige Gesellschaft ist entschieden antichristlich geworden. Keine christliche Familie kann mehr davon ausgehen, daß die Nachbarn oder die staatlichen Einrichtungen sie darin unterstützen werden, den Kindern bei der Erziehung moralische Werte weiterzugeben. Wir müssen erkennen, daß unsere Gesellschaft darauf angelegt ist, alles zu zerstören, wofür wir als Christen eintreten. Wenn unsere Kinder sicher durch den Dschungel der Unmoral geführt werden sollen, in dem wir heutzutage leben, so gibt es keinen Ersatz für Wachsamkeit, für heilige, entschlossene Unterweisung und ein vorbildliches Leben in den christlichen Tugenden.

Das bedeutet nicht, daß wir „eng“ werden und unsere Kinder in einem elterlichen Polizeistaat einsperren sollten. Das wäre der schnellste Weg, um die Kinder in Rebellion und Unmoral hineinzuführen. Vielmehr sollte unser eigenes Leben als Eltern sexuell makellos sein. „Penthouse“ und „Playboy“ gehören nicht in ein christliches Haus. Filme mit sexuellen Szenen sollten weder von Erwachsenen noch von Kindern gesehen werden. Jugendfreie Filme sollten Kindern vor dem Teenageralter nur ab und zu erlaubt werden, und dann als Mittel der Unterweisung, damit unsere Kinder nicht zu jungen Erwachsenen werden, die zu naiv sind, um fest zu bleiben, denen die Ausrüstung fehlt, um mit den Schocks und der Sündhaftigkeit der Welt richtig umzugehen.

Die Beteiligung am Gemeindeleben sollte ein fester Bestandteil sein, jedoch nur in solchen Gemeinden, die glauben, daß Gott wirklich das meint, was Sein Wort sagt. Diejenigen, die ihre Kinder in Gemeinden großziehen, die nur ein Lippenbekenntnis ablegen und meinen, Gottes Gebote wären für unsere Zeit ohne Bedeutung, brauchen sich in Zeiten, wo Probleme kommen, nicht zu beklagen, sie hätten alles für ihre Kinder getan! Kinder, die in Familien und Gemeinden aufwachsen, wo nur religiöse Gesetzlichkeit gelehrt wird, werden meistens in die Rebellion getrieben. Wir müssen durch die Qualität unseres Lebens vermitteln, daß wir eine Beziehung haben, die unserem Leben Freude und Sinn gibt, eine Beziehung zu einem lebendigen Herrn, der in uns wohnt, der mit uns geht, dem gegenüber wir Rechenschaft ablegen müssen, der uns jedoch gleichzeitig bedingungslos liebt. Ein solches Vorbild bereitet die jungen Menschen darauf vor, inmitten unserer perversen Generation an einem moralischen Leben festzuhalten.

Vor allem aber müssen Eltern ihren Kindern herzliche menschliche Zuneigung geben. Wahre Liebe schützt vor falscher Liebe. Ehrliche Zuneigung schirmt die jungen Menschen ab von dem Verlangen nach unangemessenen Berührungen. Es entsteht kein Vakuum, das durch Lust gefüllt werden müßte.

Liebevolle Erziehung und Kommunikation mit den Eltern gürtet die jungen Menschen mit Weisheit. „Kommunikation" bedeutet einen Austausch von Person zu Person, in einer Atmosphäre der Güte. Es bedeutet nicht, daß ein Vater mit versteinertem Gesicht einem heulenden Teenager „Gebote" weitergibt. Liebevolle Erziehung bedeutet, ZEIT MITEINANDER zu verbringen. Zwei Zitate aus Marshall Hamiltons Buch „FATHER'S INFLUENCE ON CHILDREN" (Nelson Hall, Chicago, 1977) machen diesen Punkt deutlich:

> „Bei Studien über die Gründe von Jugendkriminalität wird der Einfluß des Vaters häufig als Faktor miteinbezogen. In einer Untersuchung von 44 448 Fällen in Philadelphia bemerkt Monahan (1957): 'Die Prozentzahl der Rückfälligkeit bei weißen Jungen steigt von 32% in Fällen, wo die Eltern verheiratet sind und zusammenleben, auf 38% in Fällen, wo der Vater tot ist und der Junge bei seiner Mutter lebt, auf 42% in Fällen, wo beide Eltern tot sind und das Kind in einer Ersatzfamilie lebt, auf 46% bei Fällen, wo die Eltern getrennt leben und das Kind bei der Mutter ist, auf 49% in Fällen, wo die Eltern geschieden sind, auf 55% in Fällen, wo der Junge bei seiner unverheirateten Mutter lebt' (S.257). Er berichtet

von ähnlichen Prozentzahlen bei weißen Mädchen und bei farbigen Kindern beiderlei Geschlechts.“ (Seite 22).

„Hoffman (1971) untersuchte bei 497 weißen Schülern der siebten Klasse, welche Folgen das Fehlen eines Vaters auf die Gewissensbildung hat; ... Die Jungen, die ohne Väter aufwuchsen, hatten eine geringere Punktzahl bei Schuldgefühlen, innerem moralischem Urteil, Akzeptieren der Schuld, moralischen Werten, Anpassung an Regeln. Höhere Punktzahl hatten sie bei offener Aggression. Bei Mädchen gab es keine nennenswerten Unterschiede. Hoffman folgerte, daß der nachteilige Einfluß, den das Fehlen eines Vaters ausübt, auf den Mangel eines elterlichen Vorbildes zurückzuführen sei.“ (Seite 27)

Das beste vorbeugende Mittel gegen den gesellschaftlichen Einfluß waren schon immer Eltern, die sich Zeit nehmen, um MIT ihren Kindern ZUSAMMEN zu sein und die ihren Kindern die christliche Lehre vorleben. Dies wird auch immer so bleiben.

PERSÖNLICHE GRÜNDE FÜR UNZUCHT

DER WICHTIGSTE PERSÖNLICHE GRUND FÜR UNZUCHT IST VERSAGEN DER ELTERN. Jean Piaget, ein französischer Ethiker und Soziologe, legte ein Gesetz dar, das nach unseren Erfahrungen absolut wahr ist: „Wenn ein junger Mensch sich rein hält, dann liebt und ehrt er Vater und/oder Mutter.“ Die umgekehrte Aussage ist gleichermaßen wahr: „Wenn ein junger Mensch Unzucht begeht, dann haßt oder verachtet er Vater und/oder Mutter.“

(Ich spreche hier nicht von allgemeinen, gesellschaftlichen Mängeln und Störungen, sondern dem ganz persönlichen Versagen vieler Eltern. Ich will damit jedoch nicht sagen, daß jene Eltern an allem schuld sind. Sowohl junge Menschen als auch Erwachsene müssen die Verantwortung für ihre Entscheidungen selbst tragen.)

Jedes heranwachsende Mädchen „weiß“, daß es eine Gabe Gottes ist und daß es das Herz seines Papas erobern soll. Wenn er sich ihr in liebevoller Aufmerksamkeit zuwendet und sich oft mit ihr unterhält, dann wird sie später wissen, welchen Wert sie als Frau hat. Dadurch, daß sie an dem „sicheren Ort“ des Herzens ihres Vaters die erste Beziehung von Mann zu Frau erlebt, entdeckt sie, was es heißt, Frau zu sein. Die Aufmerksamkeit des Vaters ihr gegenüber errichtet in ihrem Herzen einen heilen „Raum", in dem später ihr Ehemann „wohnen" kann.

Ich hatte Frauen in der Seelsorge, die Schönheitswettbewerbe gewonnen hatten. Doch als ich sie fragte, ob sie sich schön fänden, war ihre unmittelbare Antwort: „Nein!" Im Gegensatz dazu antworteten einige Frauen, die wirklich unattraktiv waren, ohne Zögern: „Ja, ich glaube, daß ich schön bin!" Der Unterschied lag darin, ob ihre Väter ihnen Komplimente gemacht und sie bestätigt hatten oder nicht.

Wenn der Vater unaufmerksam ist oder seine Tochter mißhandelt (körperlich oder seelisch), lähmt er dadurch ihre Fähigkeit, sich selbst als wertvollen Menschen zu betrachten. Wenn er sie erniedrigt oder sexuell mißbraucht, dann ist ihr Selbstwertgefühl vollkommen zerstört. Mädchen, die sexuellen Annäherungsversuchen nicht widerstehen können, haben fast immer Väter, die im besten Fall nicht wußten, wie sie sie liebevoll erziehen sollten. Im schlimmsten Fall haben sie etwas getan, was in dem Kind die Fähigkeit zerstört hat, die eigene Keuschheit wertzuschätzen und zu schützen. Bei den meisten, die gefallen sind, bringt die Seelsorge ans Licht, daß die betreffende Frau von einem starken Verlangen erfüllt ist, den Vater zu bestrafen oder die eigene Ehre in den Dreck zu ziehen.

Wenn ein Mädchen nicht genügend liebevolle Berührungen und Bestätigung empfängt, dann entsteht in ihrem Herzen eine große Leere, die gefüllt werden muß. Wenn später ein junger Mann sie liebkost und in den Arm nimmt, hat sie vielleicht ein unersättliches Verlangen nach mehr. Dies muß durchaus nicht der Wunsch nach Geschlechtsverkehr sein. Vielmehr wünscht sie sich, geehrt zu werden und das Gefühl zu haben, erwählt und kostbar zu sein. Doch weiß sie vielleicht nicht, daß die meisten jungen Männer kein Mädchen umarmen können, ohne dabei so erregt zu werden, daß sie immer mehr fordern. Es dauert nicht lange, dann hat die Erregung des jungen Mannes eine solche Stärke erreicht und er ist so beharrlich, daß sie weder die moralische noch die körperliche Kraft hat, ihn zurückzuweisen.

Wenn eine Frau sich erst einmal einem Mann gegeben hat, dann kann selbst eine entschlossene Christin in ein Leben der Promiskuität hineingezogen werden, und zwar durch mehrere Dinge: Erstens ist sie ihrer Ehre und ihrer Wertschätzung beraubt worden.

Sie denkt vielleicht: „Warum sollte ich mir von Männern und Sex nicht alles holen, was ich bekommen kann?“ Zweitens ist ihre Sexualität geweckt und erregt worden. Ihr Körper und ihr Herz haben das entdeckt, was Gott als den Höhepunkt der Intimität gedacht hat (doch nur innerhalb der Grenzen der Ehe), und selbst wenn ihr Gewissen sie warnt, wird sie nun wie nie zuvor von der Macht des Sexualtriebes angezogen.

Drittens wird es nicht lange dauern, bis ihr Ruf ihr vorausgeht. Der männliche Nachrichtendienst gibt normalerweise schnell Informationen darüber weiter, wer „leicht“ zu bekommen ist. Viertens, ihre Entschlossenheit in Christus verebbt immer mehr. Abscheu, Scham, die Angst vor Krankheiten und Schwangerschaft geben ihr von Zeit zu Zeit die Kraft zu widerstehen, doch jedesmal, wenn sie sich wieder versuchen läßt, gerät sie tiefer in die Haltung hinein: „Was soll's! Ich kann es ebensogut tun.“ Schließlich gibt sie vielleicht einfach auf und läßt sich vollkommen gehen.

Einige junge, gläubige Frauen tun durch Gottes Gnade Buße und kehren um. Ekel und Scham bestärken vielleicht endlich die Entschlossenheit, sich gegen die Angriffe zu wehren. Oder die Liebe zum Herrn erneuert und reinigt das Herz einer Frau auf so schmerzliche Weise, daß sie sich selbst nicht noch einmal gehen läßt. Doch selbst wenn sie eine barmherzige und demütige Magd des Herrn wird, so waren die Wege, die sie gegangen ist, den Preis nicht wert, den sie dafür bezahlt hat. Die Freude, für nur einen einzigen Mann eine ganz besondere und einzigartige Frau zu sein, ist für immer hin. JUNGFRÄULICHKEIT GIBT ES NUR EINMAL. SIE KANN NICHT MEHR ZURÜCKGEWONNEN WERDEN. Die Liebe kann niemals wieder die Frische, die Freude und die Herrlichkeit besitzen, die in der gegenseitigen Entdeckung liegt und die allein in die Zeit der Hochzeitsreise gehört.

Mädchen lernen ihr Frausein auch durch das Beispiel ihrer Mutter. Wenn das Leben der Mutter der Nacheiferung wert ist, wird die Tochter in doppelter Weise gesegnet: Erstens erfährt sie Bestätigung und spürt, daß es richtig war, daß sie als weibliche Person geschaffen wurde. Zweitens hat sie ein Rollenvorbild, dem sie folgen kann und das ihr hilft, sich als Frau zu entfalten und sich in ihrem Frausein bestärkt zu fühlen. Dadurch wird ihre Weiblichkeit heilig, sie wird zu etwas, was wert ist, geschützt zu werden.

Ich habe mit vielen gläubigen jungen Frauen gesprochen, die entweder in Promiskuität lebten oder frigide waren. In beiden

Fällen war dies eine Reaktion auf das, was sie bei ihren Müttern erlebt hatten, und was in ihnen ein Gefühl der Abscheu hervorgerufen hatte. Promiskuität entsteht aus denselben Wurzeln wie Frigidität – die Unfähigkeit, sich für wahre Nähe und Gemeinsamkeit zu öffnen. Sowohl Promiskuität als auch Frigidität entstehen in Frauen dadurch, daß sie Angst davor haben, verletzbar zu sein – weil sie nicht glauben können, daß irgendjemand sie wirklich lieben würde, wenn er sähe, wer sie wirklich sind. Die Wahrheit ist, daß eine Frau ein lieblicher Hauch Gottes ist, der sich in einem begehrenswerten Körper und einer entsprechenden Persönlichkeit ausdrückt. Doch sie denkt, sie sei unmöglich, weil das Beispiel ihrer Mutter sie diese Lüge gelehrt hat.

Promiskuität bereitet eine junge Frau niemals darauf vor, eine bessere Geliebte für ihren Mann zu werden! Vielmehr ist sie dadurch schlechter auf die Ehe vorbereitet. Ich habe Hunderte von jungen Menschen in der Seelsorge gehabt, die auf Satans Lüge hereingefallen sind, voreheliche sexuelle Erfahrungen würden sie darauf vorbereiten, ihren Ehepartner später besser lieben zu können. Geschlechtsverkehr vor der Ehe, ob nun mit dem zukünftigen Ehepartner oder mit jemand anderem, hat immer zur Folge, daß die Fähigkeit, einander in Heiligkeit zu ehren, beeinträchtigt wird! Wenn Ehepaare mit der Not zu mir kommen, daß sie keine Freude am ehelichen Geschlechtsverkehr haben, dann frage ich routinemäßig, ob einer von beiden oder beide vorher in Promiskuität gelebt haben. Fast immer stellt sich heraus, daß dies der Fall war.

Die meisten Feministinnen, die Paula und ich kennen, sind im Innersten gebunden durch die Unfähigkeit, sich als Frau anzunehmen. Sie übertragen ihren inneren Kampf auf äußere Feldzüge, in denen sie für die Rechte von Frauen eintreten. (Es gibt jedoch auch einige Frauen, denen es wirklich darum geht, die Anliegen von Frauen zu vertreten, und zwar sowohl um der Männer als auch um der Frauen willen.)

Ein Junge lernt zuallererst durch die Beziehung zu seinem Vater, was es heißt, ein Mann zu sein. Das Wort „Gentleman" bedeutet für mich „mein Vater, George", der ein wahrer GENTLEman war (gentle = sanft). Ich habe meinen Vater niemals ein Wort der mangelnden Achtung gegenüber meiner Mutter oder über meine Mutter sagen hören. Ich habe niemals gehört, daß er mit ihr geschimpft oder seine Stimme gegen sie erhoben hätte. Erst als ich zehn war, erfuhr ich, daß meine Mutter auch noch einen anderen

Namen als „Mama“ oder „Schatz“ hatte. Ich sah, wie mein Vater ihr zu allen Zeiten Zuneigung und große Achtung erwies. Sein Beispiel hat auf meinem Herzen eine Inschrift hinterlassen: „So möchte ich auch sein.“ Es lehrte mich, was es heißt, ein Mann zu sein. Weil mir mein Vater das Wesen eines Mannes vorgelebt hatte, wuchs ich mit dem Wunsch auf, eine Frau als Frau zu achten und zu ehren.

Außerdem war er meiner Mutter treu, er nahm das Ehegelübde ernst. Ich hörte niemals dreckige Witze aus seinem Mund, noch fand ich irgendeine Art von Pornographie unter seinen Sachen. Auch wußten mein Bruder und ich, daß eine unmittelbare Strafe erfolgte, wenn wir auch nur den leisesten Ton von Respektlosigkeit meiner Mutter gegenüber äußerten! Wir durften ihr niemals freche Antworten geben oder uns anders verhalten als in einer Art, die äußerste Achtung zeigte. Wenn wir uns nicht daran hielten, wurde mein Vater sofort zornig – und das mit Recht. Meine Kinder sind in der gleichen Weise erzogen worden.

Meine Mutter unterwies mich sorgsam: „Jackie (so nannte sie mich), ein Mann flucht niemals in Anwesenheit einer Frau. Ein Mann, der eine Frau schlägt, ist kein Mann. Ein Mann bringt seiner Frau zu allen Zeiten Achtung entgegen, er behandelt sie wie eine Dame.“ Ich konnte diese Lehre in meinem Herzen bewahren, weil meine Eltern sie mir vorlebten. All dies bedeutet, daß es in mir Schranken gibt, die ich nicht überschreiten kann. Die Achtung vor Frauen um ihrer selbst willen ist tief in mich eingegraben. Ich kann mich nicht selbst dafür rühmen. Ich kann nur Gott preisen und Ihm für die Eltern danken, die Er mir gegeben hat.

Meine Mutter hatte auch Fehler. Ihre kritisierende Zunge war wie ein Dolch, der oft tiefe Wunden in meiner Seele hinterließ. Wenn Jungen so etwas erleben, kann dadurch in ihnen das Verlangen entstehen, Frauen zu verunreinigen. Groll gegenüber der eigenen Mutter ist einer der Hauptgründe dafür, warum junge Männer Unzucht begehen. Doch das Vorbild meiner Eltern baute einen Zaun um mich herum, den mein Groll nicht niederreißen konnte.

Die zweite Quelle, aus der ein Junge lernt, was es heißt, ein Mann zu sein, ist seine Beziehung zu seiner Mutter. Wenn ihr Vorbild gut ist, dann gewinnt er Achtung vor allen Frauen und möchte ihnen in Aufrichtigkeit begegnen. Wenn in Zeiten des Kummers die Hand seiner Mutter tröstet, ihre Worte beruhigen und aufrichten, ihr Herz ein sicherer Ort ist, wo man bedrückte oder erhabene Gefühle hinbringen kann (Spr. 31,11-12), dann lernt sein Herz zu vertrauen, so wie es auch der Fürsorge einer Ehefrau vertrauen soll. Er versteht seine Rolle als Mann gegenüber einer Frau, indem er beobachtet, welchen Platz seine Mutter dem Vater gibt. Wenn sie ihm Achtung und Ehrerbietung erweist, in ihm edle Züge weckt, dann wird ihr Sohn den Wunsch haben, seine spätere Frau zu beschützen und zu versorgen und sein Leben für ihr Wohlergehen hinzugeben.

Wenn er andererseits erlebt, wie seine Mutter seinen Vater seelisch kastriert, so schaudert etwas in ihm zurück. Er lernt, sich in sich selbst zu verschließen und anzugreifen, bevor er selbst angegriffen werden kann. Wenn die Mutter mit ihrer Zunge Zerstörung anrichtet und seinem Vater gegenüber Mißachtung und Mißbilligung äußert, dann entsteht in ihm Groll gegenüber der Mutter, ob er dies weiß oder nicht. Sein Urteil, das in der Bitterkeit verwurzelt ist, erwartet, daß seine Frau ihn genauso behandeln und verwunden wird, wie er es bei seiner Mutter gegenüber dem Vater erlebt hat. Er geht schon im voraus in die Verteidigungshaltung. Er will zwar eine Frau haben, aber nicht im Herzen mit ihr eins werden. Er kann sich nicht in dieser Tiefe binden.

Durch die mangelnde Achtung vor Frauen ist er daher nicht in der Lage, die hochheilige Natur der weiblichen Sexualität zu ehren. Frauen werden zum „Spielzeug“, zu Dingen, die man gebrauchen und wegwerfen kann. „Penthouse“ und „Playboy“ (und andere Pornozeitschriften) zielen auf Männer ab, die in ihrem Herzen Jungen geblieben und nicht fähig sind, die Gemeinsamkeit und tiefe Nähe in einer Ehe zu erleben. Tief aus dem Herzen kommende Achtung sollte in jungen und alten Männern das falsche Feuer sexuellen Verlangens zum Erlöschen bringen. Doch in Männern mit Müttern, die Mißachtung äußern, entsteht das Bedürfnis, Frauen zu bestrafen, zu gebrauchen und zu verderben. Sie suchen nach kurzzeitiger Erregung des Fleisches, anstatt nach gegenseitiger Achtung und Befriedigung über Jahre hinweg.

Christliche Teenager, die in einem guten, liebevollen Elternhaus aufgewachsen sind, haben die Ausrüstung bekommen, die sie brauchen, um dem heutigen gesellschaftlichen Druck zu widerstehen. Solche Teenager bleiben normalerweise unberührt. Wenn sie fallen, dann meistens, weil sie durch die Umstände überwältig wurden. Teenager, die Zuhause nicht viel Liebe erfahren haben, sind schlecht ausgerüstet und schlecht gewappnet. Wenn nicht Gott mit

Seiner Gnade eingreift, so werden sie ihre Unschuld verlieren und wahrscheinlich in Promiskuität landen.

Wenn wir von Versuchungen bedrängt werden, so ist ausschlaggebend, wie unser Herz von Kindheit an geprägt wurde (Spr. 22,6).

DER ZWEITE PERSÖNLICHE HAUPTGRUND FÜR UNZUCHT UNTER CHRISTEN LIEGT IN „FESTEN FREUNDSCHAFTEN". Einen Freund, eine Freundin zu haben ist an sich in Ordnung. Den allermeisten Heiratsanträgen geht eine solche Freundschaft voraus. Doch viele junge Leute wissen nicht, daß dann, wenn sich eine solche Beziehung vertieft, auch die Macht des sexuellen Triebes stärker wird. Durch Erzählen und Austausch wird ein Sprungbrett für Intimität geschaffen. Während das Gefühl der Zusammengehörigkeit wächst und gemeinsame Erfahrungen unser Herz immer mehr für einander öffnen, erwartet unser Körper, an diesem Einssein ebenso teilzuhaben. Zärtliche Gefühle möchten in körperlichen Berührungen ihren Ausdruck finden.

Als ich ein Junge war, hatten wir in den Flüssen im südlichen Kansas Lieblingsplätze, wo das Wasser besonders tief war. Doch schon bald merkten wir, daß die Flüsse, in die wir hineinsprangen, jedesmal anders waren. Wo der Fluß vorher tief war, konnte er beim nächsten Mal plötzlich flach sein, und umgekehrt. In Beziehungen ist es genauso. Man kann nie voraussagen, wann das Herz aufbricht und die Schranken des sexuellen Widerstandes fallen läßt. Ein junger Mann denkt vielleicht, er könne sich und seine Geliebte gut einschätzen – und so befindet er sich viele Tage lang in Sicherheit und wahrt Zurückhaltung. Doch schon am nächsten Tag kann die sexuelle Leidenschaft über jenes Maß hinaussteigen, das er bisher für „sicher" gehalten hat, und plötzlich ist er nicht mehr in der Lage, seine Gefühle oder Taten zu kontrollieren.

Freundespaare geraten meistens gerade dann in die Falle, wenn sie sich in größter Sicherheit wägen! Nach einem Streit zum Beispiel denkt er sich, daß sie sicherlich nichts mit ihm zu tun haben will. Sie ist jedoch vielleicht gerade durch den Schmerz und die Aussicht auf Einsamkeit in ihrem Herzen endlich zu der Überzeugung gekommen: „Ohne diesen Mann kann ich nicht mehr leben." Ihr Wunsch, ihn zu halten, ist vielleicht stärker als ihre Weisheit und Zurückhaltung. Oder nach einer Zeit der Trennung denken beide, sie müßten die Beziehung erst langsam wieder aufbauen und würden jetzt sicherlich noch nicht von dem Verlangen nach einander überwältig werden. Doch das alte Sprichwort stimmt immer noch: „In der Ferne wird das Herz sehnsüchtig." Oder wenn sie nach hartem Ringen gemeinsam zu dem Entschluß gekommen sind, sich körperlich zurückzuhalten, entspannen sie sich und denken, jetzt könnten sie einander vertrauen. Doch haben sie vielleicht nicht gemerkt, daß gerade dieses Ringen um einen gemeinsamen Entschluß ihre Herzen füreinander in einer solchen Tiefe geöffnet hat, daß ihre Leidenschaft nur darauf wartet, sexuelle Befriedigung zu erfahren.

DER DRITTE PERSÖNLICHE HAUPTGRUND FÜR UNZUCHT UNTER CHRISTEN LIEGT IN DER ANGST VOR ABLEHNUNG. Im Laufe der Jahre haben uns zahllose junge Frauen bekannt: „Ich wollte es gar nicht, aber ich hatte Angst, er würde mich sonst verlassen." Irgendwie haben sie der Lüge geglaubt, daß die Beziehung zu ihrem Freund durch die körperliche Hingabe gefestigt würde. Nach der Hochzeit verbindet die liebevolle Hingabe aneinander in der Tat die Herzen. Doch vor der Ehe empfindet der Mann in seinem Geist eine Enttäuschung, obwohl er vielleicht meint, erfreut zu sein. Die Achtung ist befleckt worden.

Sex nach der Heirat vermehrt die heilige Achtung voreinander. Sex vor der Ehe kann jedoch zerstören. Viele junge Männer, die kurz davor standen, einen Heiratsantrag zu machen, fühlten sich durch diese vorzeitige „Gabe" betrogen, und manche haben die Beziehung aufgelöst. Wenn die Freundschaft weiterbesteht, dann beginnt das Paar die Ehe mit ungeheilten Wunden im Herzen und unbeantworteten Fragen im Kopf. Sie hat vielleicht das Gefühl, auf unfaire Weise genommen und dadurch in ihrem Wert herabgesetzt worden zu sein. In beiden kann die Furcht zurückbleiben, daß der andere nicht die Kraft hat, Versuchungen zu widerstehen. Die Fähigkeit, einander voll zu vertrauen, ist daher vielleicht unwiderruflich zerschlagen. (Wir dürfen nicht vergessen, daß wir von ernstgesinnten Christen sprechen. Nicht-Christen sind möglicherweise so tot in ihrem Gewissen, daß sie dies alles für völlig bedeutungslos erachten.)

DER VIERTE PERSÖNLICHE HAUPTGRUND FÜR UNZUCHT UNTER CHRISTEN, DIE NICHT WACHSAM SIND, IST EINE PLÖTZLICHE BOTSCHAFT DES HERZENS UND DES GEISTES: „DAS IST DER (DIE) RICHTIGE!" Gegen Ende meines vorletzten Jahres am College, nachdem Paula und ich etwa ein halbes Jahr miteinander befreundet waren, mußten meine Eltern den Bankrott erklären. Am Tisch im Aufenthaltsraum erklärte ich eines Tages, daß es so aussähe, als könnte ich das letzte Jahr nicht mehr am College bleiben. Durch den Schmerz in ihrem Herzen wußte Paula, daß ich „der Richtige“ war, und von einer Sekunde zur anderen fielen alle Schutzmauern. Alles in ihr sagte: „Los, vorwärts, es ist in Ordnung.“ Ihr Gewissen machte einfach dicht. Vorher war es uns nicht schwer gefallen, Selbstbeherrschung zu wahren, doch jetzt mußten wir alle Kraft aufwenden, um uns zurückzuhalten.

DER FÜNFTE GRUND HÄNGT MIT DEM VIERTEN ZUSAMMEN – EINE LANGE VERLOBUNGSZEIT. Unser Sohn Tim lernte Victoria am Ende seines dritten Jahres an der Highschool kennen. In jenem Herbst wußten sie beide, daß sie füreinander bestimmt waren. Am Ende seines letzten und ihres ersten Jahres an der Highschool verlobten sie sich. Während des ersten Jahres am College fuhr Tim jedes Wochenende nach Hause, um mit Victoria zusammen zu sein. Tim besaß mehr Weisheit und Zurückhaltung, als ich aufgebracht hätte. Er wußte, daß Victoria noch ein Jahr lang aufs College gehen sollte, fort von Zuhause, aber noch nicht verheiratet. Darum warteten sie. Ihre Verlobungszeit dauerte zweieinhalb Jahre, eine normale Zeitspanne in der Generation unserer Großeltern, doch unmöglich lange für heutige Zeiten.

Vor kurzem erzählten sie uns, wie hart der Kampf für sie gewesen war. Sie suchten Zuflucht in Gruppenunternehmungen. Da an ihrer Universität zu jeder Tages- und Nachtzeit Männer- bzw. Frauenbesuch in den Zimmern erlaubt war, ließen sie die Tür immer weit offen. Andere Studenten, die vorbeikamen, machten „hilfreich“ die Tür zu, weil sie glaubten, die beiden wollten sicherlich ungestört sein. Doch Tim und Victoria waren beharrlich und öffneten die Tür immer wieder. Obwohl Victoria ein Fernsehen im Zimmer hatte, gingen sie in den Aufenthaltsraum, um dort Fernsehen zu gucken. Sie erzählten, trotzdem habe es sie ungeheure Kraft gekostet unschuldig in die Ehe zu gehen. Dabei waren sie beide als Christen fest dazu entschlossen und haben viel dafür gebetet. Sie sagten: „Wir würden keinem Paar in unserer Zeit empfehlen, eine so lange Verlobungszeit zu haben.“

Ein Teil des Problems bei langen Verlobungszeiten besteht darin, daß man sich einander über lange Zeit hinweg versagen muß. Wenn dies nun nicht mehr nötig ist, können sich manche Paare nicht so schnell umstellen und sich aneinander freuen. Zu viele „Nein“-

Botschaften sind in den Kontrollraum gesandt worden. Die Umprogrammierung kann eine Weile dauern.

WIE MAN UNZUCHT VERMEIDEN KANN

ERSTENS: SCHLIESSE DICH EINER CHRISTLICHEN JUGENDGRUPPE AN. Doch sei umsichtig bei der Wahl einer solchen Gruppe - leider sind einige sehr weltlich gesinnt. Während unser Sohn Mark am Seminar war, suchte er nach einer christlicher Gemeinschaft, in der an den moralischen Werten festgehalten wurde. Er besuchte eine Gruppe für unverheiratete junge Leute in einer Gemeinde in der Nähe. Doch war er schockiert und abgestoßen, als er feststellte, daß diese jungen Leute Gott am Wochenende laut priesen, während die meisten von ihnen die ganze Woche lang in Unzucht lebten! Wir hoffen, daß dies die Ausnahme ist und nicht die Regel. Besonders junge Freundespaare sollten ermutigt werden, sich guten Gruppenunternehmungen anzuschließen, wo weder Möglichkeiten für Abgeschiedenheit noch für Versuchungen gegeben sind.

ZWEITENS: VERBRINGE ZEIT MIT EINER DER BEIDEN ODER MIT BEIDEN FAMILIEN, BESONDERS DEN ELTERN. Dadurch stehen euch nicht nur bereitwillige Aufsichtspersonen zur Verfügung, sondern es werden auch Beziehungen der Ehrerbietung aufgebaut, die euch helfen, eure Leidenschaften zurückzuhalten.

DRITTENS: VERBRINGT NUR BEGRENZTE ZEIT MITEINANDER. Weise Freundespaare beschränken sich darauf, sich nur ein- oder zweimal pro Woche zu verabreden. Sie geben dem Wunsch, Tag und Nacht ununterbrochen zusammen zu sein, nicht nach. „Vertrautheit läßt Mißachtung entstehen" - Verachtung der Heiligkeit des Geschlechtsverkehrs und des Körpers.

VIERTENS: LEST GEMEINSAM IN DER BIBEL UND BETET ZUSAMMEN. Wenn es um das Auslöschen von Leidenschaften geht, so bewirkt es Wunder, wenn man den Herrn als Gast auf das Sofa mit einlädt!

FÜNFTENS: VERMEIDET SITUATIONEN, IN DENEN IHR ZU KOMPROMISSEN VERLEITET WERDEN ODER VERSUCHUNGEN ERLIEGEN KÖNNTET. Paula und ich sind entsetzt, daß wir von jungen gläubigen Leuten hören, die munter ein Wochenende allein in der Hütte eines Freundes planen! Selbst getrennte Hotelzimmer auf langen Reisen verschmelzen gegen Ende der Reise leicht zu einem. Für junge Freundespaare, die versuchen, an ihren moralischen Werten festzuhalten, ist Abgeschiedenheit ein äußerst gefährlicher Kamerad.

SECHSTENS: HALTET EUCH VON PARTIES FERN, VON DENEN IHR WISST, DASS ES DORT ALKOHOL ODER DROGEN GIBT. Paare, die sich von Alkohol und Drogen fern halten, sollten wissen, daß sie durch Leute mit niedrigeren moralischen Maßstäben beeinflußt und ihres guten Urteilvermögens beraubt werden können, und zwar durch Verunreinigung aufgrund von Gefühlsübertragung. Außerdem bereitet es manchen Leuten Freude zu sehen, wie ein christliches Freundespaar in Sünde verfällt. Manche gehen sogar so weit, daß sie Alkohol und Drogen in harmlos aussehendes Essen oder Getränke hineinmischen. Wir wissen von einem aufrichtigen jungen Mann, der anfing herumzutoben, nachdem ihm jemand heimlich LSD in sein alkoholfreies Getränk hineingetan hatte. Wir wissen auch von einer jungen Frau, die bis dahin noch ihre Unschuld bewahrt hatte. Sie wurde zu einem Opfer von „Gruppensex", während sie unter der Wirkung eines scheinbar harmlosen Getränks stand.

SIEBTENS: GEHT IN DEN GOTTESDIENST UND DIENT CHRISTUS GEMEINSAM. Christen sollten sich jedoch auch in acht nehmen. Wenn man in einer intensiven gemeinsamen Arbeit steht, wächst dadurch die Tiefe der Beziehung, so daß man noch glühender nach einer Ausdrucksmöglichkeit für die Liebe sucht. Viele werden davon überrascht, wenn in ihnen nach einer herrlichen Zeit der Anbetung vor dem Herrn plötzlich sexuelle Leidenschaften erwachen. Unser Glaube ist in unserem Fleisch verankert. Es gibt keine Möglichkeit, die verschiedenen Teile unseres Menschen zu trennen. Wir können nicht in unserem Geist Erregung empfinden, ohne zugleich auch seelisch und körperlich erregt zu sein.

Viele Christen haben geglaubt, sie seien vor Versuchungen geschützt, weil sie gerade ein geistliches Hoch erlebten. Sie dachten: „Satan kann mich bestimmt nicht in Versuchung führen, wenn ich so mit Gottes Geist erfüllt bin." Doch Satan kam WÄHREND der 40tägigen Fastenzeit unseres Herrn, um Ihn zu prüfen, während einer Zeit, wo Er Gott sicherlich am nächsten war (Mt. 4,1-11). Geistlich zu sein ist kein Schutz. Eine solche Zeit macht unsere Gefühle und Sinne empfindsamer als sonst, so daß sie für sexuelle und andere Versuchungen so offen sind wie zu keiner anderen Zeit. Viele mächtige Männer Gottes sind gefallen, weil sie diese einfache Tatsache unseres Seins nicht verstanden haben. Die Heiligkeit unseres Dienstes und die vielen Stunden, die wir damit verbringen, anderen zu helfen, können in der Tat unsere Entschlossenheit verstärken, moralisch einwandfrei zu leben. Doch dürfen wir dabei nicht unsere Wachsamkeit sinken lassen und denken, daß wir durch die Gegenwart des Herrn vor allen Versuchungen geschützt seien.

An früherer Stelle habe ich gesagt, daß die Gegenwart des Herrn uns hilft, von Verunreinigung frei zu werden. Diese Aussage gilt nach wie vor, doch sind wir durch Seine Gegenwart nicht frei von Versuchungen. Verunreinigung dringt von außen auf uns ein. Doch Versuchung entsteht von innen her. Das Erleben eines geistlichen Hochs bringt uns in Erregung, wodurch alle Arten von Leidenschaften freigesetzt werden können.

WIE MAN HEILEN KANN, WENN UNZUCHT GESCHEHEN IST

Zunächst geht es immer um ein Schuldbekenntnis, und zwar je früher, desto besser. Es liegt auf der Hand, daß man dafür am besten zu Geistlichen und Priestern geht. Ein junger Mensch kann jedoch auch zu reifen Christen gehen, die ein gut fundiertes Wissen haben, und wird dort große Hilfe erfahren. (Mitglieder der katholischen und episkopalen Kirche oder anderer sakramentaler Denominationen sollten daran denken, daß diese Kirchen normalerweise verlangen, daß Schuldbekenntnisse vor den zuständigen geistlichen Leitern gemacht werden müssen.)

Derjenige, der seine Schuld bekennt, sollte darauf achten, ob ihm die folgenden Hilfen angeboten werden. Wenn dies nicht der Fall ist, sollte er so lange nach einem Menschen suchen, der ihm in dieser Weise helfen kann, bis er einen gefunden hat:

ERSTENS - DER, DER DIE BEICHTE HÖRT, MUSS WISSEN, DASS ER VOLLMACHT HAT, SÜNDEN ZU VERGEBEN, UND MUSS DIES KLAR AUSSPRECHEN (Johannes 20,23 und Jakobus 5,16).

ZWEITENS - DER, DER DIE BEICHTE HÖRT, MUSS HERAUSFINDEN, WELCHE WURZELN ZU DER UNZUCHT GEFÜHRT HABEN. Wenn der „Beichtvater“ dem reuigen Sünder nicht dazu verhilft, dem eigenen Vater zu vergeben (oder anderen Menschen, durch die die Wurzel in ihm gewachsen ist), wenn er nicht die Versöhnung bewirkt, dann wird der hilfesuchende Mensch sehr wahrscheinlich erneut in Unzucht verfallen (Mt. 3,10 und Hebr. 12,15).

DRITTENS - DERJENIGE, DER DIE BEICHTE HÖRT, MUSS DEN GEIST DERER, DIE IN WILDER EHE MITEINANDER GELEBT HABEN, TRENNEN (1. Kor. 6,15-16 und Hebr. 4,12).

VIERTENS - DERJENIGE, DER DIE BEICHTE HÖRT, SOLLTE UM TIEFGEHENDE REINIGUNG BETEN, BIS DER BETREFFENDE MENSCH SICH FREI UND HEIL FÜHLT - AUF DIESE WEISE WIRD DER REUMÜTIGE SÜNDER FÜR SEINEN SPÄTEREN EHEPARTNER WIEDER ZU EINER KOSTBAREN GABE (1. Kor. 6,11 und 2. Kor. 5,17). Das Selbstwertgefühl muß wiederhergestellt werden.

FÜNFTENS - ZUNÄCHST SOLLTE EINE UNTERWEISUNG AUS DEM WORT GOTTES ÜBER DIE HEILIGKEIT DES GESCHLECHTSVERKEHRS ERFOLGEN; DANACH DIE ERMAHNUNG, NICHT WIEDER ZU SÜNDIGEN (1. Kor. 6,8-20 und Joh. 8,3-11).

SECHSTENS - MAN SOLLTE AUCH EINIGE RATSCHLÄGE UND ANWEISUNGEN GEBEN IM BLICK AUF DIE ANDERE PERSON, DIE AN DER UNZUCHT BETEILIGT WAR. Wenn den beiden, die gesündigt haben, erlaubt wird, ihre frühere Beziehung wieder aufzunehmen, so besteht die Wahrscheinlichkeit erneuter Unzucht. Sie sollten sich voneinander fernhalten, ansonsten müssen klare Sicherheitsmaßnahmen in die Beziehung eingebaut werden, bis durch die Zeit Abstand entsteht oder eine Heirat die Vereinigung erlaubt.

SIEBTENS - WENN DIE UNZUCHT BEKANNT GEWORDEN IST, SOLLTE DAS BESTREBEN DA SEIN, SICH MIT DEN ELTERN UND ANDEREN FAMILIENANGEHÖRIGEN (ODER SONSTIGEN BETROFFENEN PERSONEN) ZU VERSÖHNEN UND ANNAHME BEI IHNEN ZU SUCHEN. Die Weisheit gebietet, daß alle in bezug auf diese Sache Verschwiegenheit wahren. Wenn die Eltern NICHTS davon wissen, so sind die Wunden, die ein Bekanntmachen der Sünde bewirken würde, größer als die mögliche Hilfe, die man sich davon verspricht. Auch Freunde müssen nicht unbedingt davon erfahren. Nach Heilung sollte überall dort gesucht werden, wo man von Brüchen und Wunden weiß. Doch eine erlöschende Glut sollte nicht unbedingt wieder entfacht werden.

Einige Menschen haben uns die Frage gestellt, ob sie ihre Vergangenheit ihrem Verlobten/ihrer Verlobten ganz offen darlegen sollen. Es handelte sich um Menschen, die Unzucht begangen hatten, dann jedoch um Vergebung baten und diese auch empfingen. Wir glauben, daß Ehrlichkeit die beste Vorgehensweise ist. Es ist niemals gut, bei der Eheschließung noch Geheimnisse voreinander zu haben. Wenn einer von beiden nicht ertragen kann, die ganze Wahrheit über den anderen zu erfahren, dann ist die Beziehung nicht stark genug, den Belastungen der Ehe standzuhalten. Eine solche Beziehung sollte nicht fortgesetzt werden dürfen. Liebende, die weise sind, werden jedoch mit Feingefühl herausfinden, wann, wo, auf welche Weise und wie viel sie erzählen. Bitte den Herrn, dir die beste Gelegenheit dafür zu geben.

Feinfühlige Ehrlichkeit bricht nicht das Vertrauen. Vielmehr baut es dieses auf. Lügen und Geheimnisse werden zu einem Minenfeld, das bereitliegt, bis jemand irgendwann einmal darüber geht. Es ist besser, Versagen und Verfehlungen jetzt zuzugeben, als später von Offenbarungen verletzt zu werden.

Unser Geist spürt unausgesprochene Dinge. Die Täuschung bringt unseren Geist dazu, unserem Verstand keine Ruhe zu lassen und ihm immer wieder anzuzeigen, daß etwas nicht in Ordnung ist. Dadurch wird die Beziehung angespannt. Laßt uns den Herrn gemeinsam bitten, die ganze Vergangenheit zu heilen. Laßt uns das gemeinsame Leben rein und frei beginnen.

Manche junge Menschen, deren Sünde bekannt geworden ist, erfahren von den eigenen Eltern vernichtende Reaktionen. Sie schreien ihr Kind mit „Du Hure!" an und verwirken ihr von Gott gegebenes Recht, zu trösten und wiederherzustellen. In Christus gibt es keine Verdammung (Röm. 8,1). Die Vergebung muß begleitet werden von Erbarmen, wiederholt ausgesprochener Annahme und der Buße der Eltern. Denn auch sie müssen um Vergebung bitten für die Fehler, durch die sie ihr Kind gefährdet haben (normalerweise sind immer einige vorhanden).

Im Falle einer Schwangerschaft sollte nicht einmal in Gedanken eine Abtreibung erwogen werden. Die junge Frau braucht die Zusicherung, daß sie immer noch zur Familie gehört und ebenso das Kind, das sie in ihrem Leib trägt. Es ist nicht weise, eine Tochter zu ZWINGEN, ihr Kind zur Adoption frei zu geben. Ausführliche Gespräche sollten den Weg zu einer Entscheidung ebnen, die mit Gebet getroffen wird. Die Wünsche beider Elternteile sowie der zukünftigen Großeltern sollten dabei voll berücksichtigt werden. Wenn irgend möglich sollte das Kind in der Familie großgezogen werden, am besten bei der Mutter. Wenn sie zu jung ist oder aus irgendeinem anderen Grund Hilfe braucht bei der Fürsorge für das Baby, dann können sich die Großeltern oder eine Verwandte um das Kind kümmern, bis die Mutter in der Lage ist, ihre mütterlichen Pflichten selbst zu übernehmen. Bei allen Regelungen, die man trifft, kann und sollte dieser Schlüssel als Maßstab benutzt werden: Wir sind von Gott dazu berufen, INNERHALB DER FAMILIE die beste Fürsorge für das Leben des Ungeborenen zu treffen. Bei allen Überlegungen hat diese Verpflichtung oberste Priorität.

Obwohl der Verlust der Jungfräulichkeit und eine folgende Schwangerschaft eine sehr ernsthafte Angelegenheit sind, bedeuten sie doch nicht den Weltuntergang und sollten auch nicht so behandelt werden. Der Leib Christi ist dazu berufen, ein heilender Leib der Liebe zu sein. Eine junge Frau in unserer Gemeinde brachte ein Kind zur Welt, das aus einer unehelichen Beziehung heraus entstanden war. Als das Kind Gott geweiht wurde, sagte unser Sohn Loren, der der Pastor war, der Gemeinde: „Ihr wißt alle, unter welchen Umständen diese Kind geboren wurde. Wir wissen nicht, wie lange es dauern wird, bevor es einen Papa hat. Wenn es in der Gemeinde einen Mann gibt, der sich jetzt neben die Mutter stellen und mit ihr zusammen Gott versprechen will, diesen Jungen christlich zu erziehen, der soll nach vorne kommen."

Alle Männer in der Gemeinde standen auf und kamen nach vorne, um dieses Versprechen abzulegen! Einige konnten nicht mehr als dieses tun. Andere nahmen den Jungen manchmal nach der Sonntagsschule auf den Arm und lobten ihn für seine Fortschritte. Wieder andere luden ihn zum Picknick oder zu Ballspielen ein. Vier Jahre später verliebte sich einer der jungen Männer, die sich an jenem Tag neben die Mutter gestellt hatten, in die junge Frau und heiratete sie. Heute hat dieser Junge mit einhundert Ersatzvätern einen richtigen Stiefvater, der ihn liebt. Und seine Mutter hat in der ganzen Zeit keine Verdammung oder Ablehnung erfahren. Sie weiß, daß sie ein kostbares, geliebtes und geehrtes Glied einer Gemeinde ist, die sich in der Zeit ihrer Not an ihre Seite gestellt hat.

Kapitel 5

PORNOGRAPHIE, VOYEURISMUS, PHANTASIEN UND MASTURBATION

DEFINITIONEN

Ich definiere PORNOGRAPHIE als das Anschauen von anzüglichem Material wie zum Beispiel Fotos, Zeitschriften, Romanen und Filmen mit Sexszenen, die unter Jugendverbot stehen (es heißt, sie sind für Erwachsene, in Wirklichkeit sind sie jedoch kindisch). VOYEURISMUS definiere ich als zwanghaftes Anschauen lebender Personen, die unbekleidet sind, sich nackt in bestimmter Weise bewegen oder sexuell betätigen. Pornographie ist also das Anschauen von leblosen Objekten, die auf lustvolle Weise Körper oder Sex darstellen. Voyeurismus dagegen ist das lüsterne Anschauen von lebenden Personen.

Pornographie und Voyeurismus führen manchmal zu Unzucht, Ehebruch und Vergewaltigung. Doch dies ist nicht das Thema, mit dem ich mich hier befasse. Die Frage lautet vielmehr: „WARUM VERFALLEN CHRISTEN IN DIESE SÜNDEN?" Das Problem besteht nicht einfach nur darin, daß einige Christen mit Pornographie, Voyeurismus, Phantasien und Masturbation zu tun haben. Die Frage ist, warum manche vollkommen süchtig danach werden und zwanghaft handeln. Die Gemeinde Jesu steht vor dem Rätsel, wie es dazu kommt, daß so viele ernstgesinnte Christen in diese Fallen des Fleisches verstrickt werden und dadurch in unserer Gesellschaft den Glauben in Verruf bringen.

Von dem Moment an, als Adam und Eva wußten, daß sie nackt waren, und sich mit Feigenblättern bedeckten (1. Mose 3,7), sind alle Menschen von sexuellen Regungen heimgesucht worden. Es ist normal, solche Regungen zu haben; es ist unnormal, wenn man sie nicht hat. „Normal" heißt nicht „in Ordnung", sondern nur „alle erfahren es". Die meisten kleinen Jungen und Mädchen spielen irgendwann einmal „Doktor". Manche Kinder spielen auch schon vor den Teenagerjahren, wenn Hormone ausgeschüttet werden und „der Verstand ausgeschaltet wird", mit ihren Geschlechtsorganen und erregen sich selbst.

Die meisten Jungen im Teenageralter und auch einige Mädchen besorgen sich Pornozeitschriften und fühlen sich herrlich sündig, wenn sie diese kichernd durchblättern. Solche Erlebnisse, die fast jedes Kind hat, kann man noch nicht als süchtig oder zwanghaft bezeichnen. Teenager lassen dieses Verhalten bald hinter sich und reifen heran. Neugeborene Christen lernen, die „Lust der Augen" durch Gebet zu überwinden und unangemessene sexuelle Regungen zu beherrschen. Durch die sündigen Erfahrungen in der Kindheit und die erfolgte Buße ist ihr Verstand mit einem Warnsystem und mit Weisheit ausgerüstet, so daß sie sich zurückhalten können. Wir brauchen die normalen sündigen Spielereien der Kindheit nicht zu fürchten. Diese Dinge führen nicht zu Sucht oder zwanghaftem Verhalten.

Unsere Frage ist, warum manche Christen diese Phasen nicht durchschreiten, warum sie nicht so, wie andere, aus jenen Erfahrungen lernen und sie dann hinter sich lassen können. Warum bei einigen die sexuelle Faszination zu einer Sucht und zu einem Zwang wird, so daß zum Beispiel Fernsehevangelisten mit internationaler Bekanntheit für ein paar Stunden der Sünde einen weltweiten Multimillionen-Dollar-Dienst gefährden können, und, was noch schlimmer ist, den Leib Christi in Verruf bringen! Man fragt sich, wie eine derartige Blindheit und Sucht möglich ist.

> „Denn als wir im Fleisch waren, wirkten die Leidenschaften der Sünden, die durch das Gesetz erregt wurden, in unseren Gliedern, um dem Tod Frucht zu bringen." (Röm. 7,5)

> „Die Sünde aber ergriff durch das Gebot die Gelegenheit und bewirkte jede Begierde in mir; denn ohne Gesetz ist die Sünde tot. Ich aber lebte einst ohne Gesetz; als aber das Gebot kam, lebte die Sünde auf; ich aber starb. Und das Gebot, das zum Leben gegeben, gerade das erwies sich mir zum Tod. Denn die Sünde ergriff durch das Gebot die Gelegenheit, täuschte mich und tötete mich durch dasselbe." (Verse 8-11)

Die Gesetze Gottes sind heilig und gut. Ihr Zweck ist jedoch NICHT, uns dazu zu befähigen, Gutes zu tun, sondern uns von Sünde zu überführen (Röm. 3,19-20). Nur die Gnade unseres Herrn Jesus Christus bewahrt uns vor Sünde.

Doch diese Verse deuten an, daß das Gesetz uns dazu bringt, zu sündigen! Wie geschieht das?

Wir haben alle von Geburt an in uns Wünsche, die nicht heilig sind. Sie gehören zu unserem Erbe, da wir als Menschen nach dem Bilde von Adam und Eva geboren sind. „Torheit steckt dem Knaben im Herzen, aber die Rute der Zucht treibt sie ihm aus“ (Spr. 22,15). Da wir alle eine sündige Natur geerbt haben, können in dem Moment, wo uns ein „Nein!“ entgegengestellt wird (und dies muß geschehen), zwei ungute Dinge auftreten: Erstens kann Rebellion entstehen, durch die wir in Versuchung geführt und dahin getrieben werden, genau das zu tun, was uns das Gesetz verbietet! Christen können solche rebellischen Wünsche normalerweise durch das Gebet leicht in den Griff bekommen. Die meisten Christen leben fast automatisch in Freiheit.

Zweitens setzt ein dynamischer Prozess von Unterdrückung und Äußerung ein. Eine umfassende Behandlung dieses Themas kann in unserem Buch WIEDERHERSTELLUNG DER CHRISTLICHEN FAMILIE, Kapitel 16 „Tod unter dem Gesetz, aber Leben im Geist“ gefunden werden. (Ich denke, der Leser gewinnt am meisten Verständnis, wenn er zunächst jenes Kapitel studiert, bevor er weiterliest. Ohne ein richtiges Verständnis der Dynamik von Unterdrückung und Äußerung besteht die Gefahr, das vieles von dem, was ich hier sage, nicht verstanden oder mißverstanden wird.) An dieser Stelle will ich nur erklären, daß wir dann, wenn wir versuchen, aus eigener Kraft gerecht zu sein, anstatt aus Gnade, alle unguten Impulse unterdrücken müssen.

Wenn wir in uns zum Beispiel einen unangemessenen sexuellen Impuls verspüren und nicht wissen, wie wir ihn im Gebet dem Herrn übergeben können, dann bleibt uns nur eine Möglichkeit: wir müssen diesem Verlangen in uns verbieten, sich in irgendeiner Form zu äußern. Wir drängen es nach unten und weigern uns, auf diese Regung hin zu handeln. Doch damit ist die Regung nicht tot. Vielmehr nimmt sie jetzt eine andere Richtung. Wenn Impulse keinen gesunden Ausdruck finden können, äußern sie sich auf pervertierte Weise. Weitere Unterdrückung vermehrt nur das Verlagen nach Äußerung! Es ist so, als würde man einen Tennisball unter Wasser halten: je tiefer man ihn hinunterdrückt, desto mehr Kraft gewinnt er, um nach oben und sogar über die Wasseroberfläche hinaus zu schießen! Sobald ein Christ der Lüge glaubt, er müsse die Schlacht gewinnen (im Fleisch) – in dem Moment, wo er seine falschen Wünsche nicht in ruhigem Gebet dem Herrn bringen kann, damit dieser sie kreuzigt –, verfällt er in eine immer schneller werdende Dynamik des inneren Kampfes. Je mehr er entschlossen ist, dem Gesetz zu gehorchen, desto mehr verbinden sich das Gesetz und seine sündige Natur und drängen ihn zu zwanghaftem Verhalten, über das er keine Herrschaft mehr hat. Aus diesem Grunde verfallen religiöse Leute in grobe sexuelle Sünden!

Das meinte Paulus mit seiner Erklärung, die ich oben zitiert habe. Wir wollen sie uns erneut ansehen, doch diesmal die Betonungen beachten:

> „Die Sünde aber ergriff durch das Gebot die Gelegenheit und bewirkte jede Begierde in mir; denn ohne Gesetz ist die Sünde tot. Ich aber lebte einst ohne Gesetz; als aber das Gebot kam, lebte die Sünde auf; ich aber starb. Und das Gebot, das zum Leben gegeben, gerade das erwies sich mir zum Tod. Denn die Sünde ergriff durch das Gebot die Gelegenheit, täuschte mich und tötete mich durch dasselbe." (Röm. 7,8-11)

Adam und Eva hatten zu Gott gesagt: „Wir werden nicht zulassen, daß Du uns erziehst. Wir werden es selbst tun." Unser weiser Vater wußte, daß die Menschen versuchen würden, nach Seinen Geboten zu leben (notwendigerweise aus eigener Kraft, da der Heilige Geist noch nicht gekommen war). Diese Bemühung würde zu der Erkenntnis führen, daß sie nicht dazu in der Lage sind, Gottes Gebote zu erfüllen. Auf diese Weise würden sie begreifen, daß sie sich in äußerster Not befinden und einen Heiland brauchen.

Jedesmal, wenn ein Mensch beschließt, auf einen Impuls hin nicht zu handeln, weil er sonst Gottes Gesetz verletzen würde, hat er keine andere Möglichkeit, als dieser Regung zu verbieten, sich in irgendeiner Weise auszudrücken. Das wußte Gott. Diese Unterdrückung würde jedoch das Verlangen nach einer Äußerungsform nur noch verstärken:

> „Ich finde also das Gesetz, daß bei mir, der ich das Gute tun will, nur das Böse vorhanden ist. Denn ich habe nach dem inneren Menschen Wohlgefallen am Gesetz Gottes. Aber ich sehe ein anderes Gesetz in meinen Gliedern, das dem Gesetz meines Sinnes widerstreitet und mich in Gefangenschaft

bringt unter das Gesetz der Sünde, das in meinen Gliedern ist." (Röm. 7,21-23)

Je entschlossener wir versuchen, aus eigener Kraft nach Gottes Geboten zu leben, desto schneller merken wir, daß dies ohne Ihn unmöglich ist. Er gab uns das Gesetz, damit unser Ich DURCH dieses Gesetz zum Tod an Seinem Kreuz gebracht wird.-

Tragischerweise versuchen immer noch viele Christen, aus sich selbst heraus so wie Christus zu leben, anstatt daß sie den Heiligen Geist, der in ihnen wohnt, dieses Werk vollbringen lassen. Je mehr sich Christen unter dem Gesetz anstrengen, religiös zu sein, desto eher und desto krasser können sie plötzlich in Sünde verfallen! Christen, die wirklich den Herrn lieben und Ihm in Gerechtigkeit dienen möchten, lassen sich plötzlich zu den greulichsten Dingen verleiten, die kaum vorstellbar sind: Paula und ich haben uns um Frauen gekümmert, die bei bekannten „christlichen" Seelsorgern waren. Nachdem diese erfahren hatten, daß ihre Klientinnen in der Kindheit sexuell mißbraucht worden waren, bewegten sie sie dazu, sich vor ihnen auszuziehen, und mißbrauchten sie dann erneut! Dies sollte dazu dienen, die Frauen an das zu erinnern, was früher geschehen war, und sie in gewisser Weise von der Last der damaligen Ereignisse befreien.

Wir kamen in eine Stadt, wo ein international bekannter Evangelist ein junges Mädchen verführt hatte und diese nun schwanger war. Er wollte jedoch nicht einmal zugeben, daß er sie kannte. Wir wurden gebeten, mit den Eltern des Mädchens zu sprechen. Wir versuchten, ihnen zu erklären, wie es zu einem solchen Verhalten überhaupt kommen kann.

Ein Pastor, von dem wir hörten, lechzte förmlich danach, immer dann, wenn er die Gelegenheit dazu hatte (und wenn seine Frau nicht da war), in eine Videothek zu schlüpfen und sich mit Sexfilmen einzudecken. Ein anderer Pastor hatte immer wieder Phasen, wo er sich beim Masturbieren wilden Phantasien hingab (obwohl er mit seiner Frau sehr glücklich war). Es mag uns schwerfallen, zu glauben, daß die Christen in den genannten Beispielen wirklich ein Leben der Gerechtigkeit führen wollten. Es ist tatsächlich wahr. Christen, die nichts von der Dynamik von Unterdrückung und Äußerung wissen, können durch innere Faktoren dazu getrieben werden, Dinge zu tun, die sie nie für möglich gehalten hätten. Der Druck in ihnen kann so stark werden, daß schließlich der Verstand und das Unterscheidungsvermögen ausgeschaltet und die Gebote Gottes vergessen oder mit Argumenten entkräftet werden.

Ein anderer „christlicher" Seelsorger hatte es zu seiner „Haupttherapie"-Methode entwickelt, immer dann, wenn eine Frau sich selbst für frigide hielt, mit ihr ins Bett zu gehen und sie so lange zu lieben, bis sie zur vollen Erregung kam – dann sandte er sie schnellsten nach Hause zu ihrem Ehemann, so daß sie ihn lieben konnte, bevor ihre Empfindungen wieder abgekühlt waren! Der Seelsorger einer anderen Frau verführte diese nicht nur regelmäßig, sondern nach einer Weile brachte er noch einen anderen Mann mit. Er selbst beobachtete nun die beiden, wie sie Geschlechtsverkehr miteinander hatten! Und so weiter – ich halte es nicht für angebracht, von noch krasseren Dingen zu sprechen, die uns von Opfern „christlicher" Leiter anvertraut wurden (siehe Eph. 5,12).

Wann immer Christen in fleischliches, religiöses Streben nach Gerechtigkeit verfallen, setzen sie eine schreckliche Dynamik in Gang, die in plötzliche, unvorstellbare Formen der Sünde ausbrechen kann. Sobald man merkt, daß eine bestimmte Form der sexuellen Sünde die Möglichkeit bietet, Befriedigung für die inneren Kräfte der Triebe zu erfahren, verstärkt sich unvermeidbar sowohl die Häufigkeit als auch das Maß dieser Sünde, das nötig ist, um „Befriedigung" zu erfahren. Dies liegt darin begründet, daß jene Sünde mehr Hunger schafft als Befriedigung bringt. Ich sage „ausbrechen kann", weil dies nicht immer der Fall ist. Manchmal greift Gott in Seiner Gnade ein und kühlt die Leidenschaften ab. Oder der Sünder erkennt Satans Spiel der Täuschung und gebietet ihm Einhalt. Oder Abscheu bewirkt eine göttliche Traurigkeit, so daß der Betreffende zu wahrer Buße gelangt (2. Kor. 7,9-10). Leider geraten jedoch allzu viele Menschen, die entschlossen waren, für Christus ein Leben der Gerechtigkeit zu führen, durch ihre Bemühungen in die Falle und tun gerade die Sünden, die sie verabscheuen.

Einige sehr bekannte Fernsehevangelisten unserer Zeit sind auf diese Weise gefallen und haben den Leib Christi schwer verwundet. Diese Männer brauchen unsere Vergebung und unsere Gebete. Wenn wir in angemessener Weise für sie beten wollen, müssen wir die Kräfte verstehen, von denen sie und andere christliche Leiter getrieben wurden.

Die Frage ist, warum die Gebete solcher Männer und Frauen nicht helfen. Warum sind sie nicht in der Lage, ohne große Schwierigkeiten Befreiung von sexuellen Trieben zu erfahren, indem sie diese Dinge mit Gott besprechen? Was bringt sie (und so oft auch einige von uns) dahin, unter das Gesetz zurückzufallen? Wenn mißgebildete Wurzeln aus der Kindheit geheilt worden sind, ist ein Christ in der Regel dazu in der Lage, unangemessene Wünsche und Impulse in aller Ruhe ans Kreuz zu bringen. Wir alle stehen von Zeit zu Zeit sündigen Regungen in uns gegenüber. Normalerweise können wir solche Dinge ohne Schwierigkeiten für tot „erachten" (Röm. 6,11). Doch gibt es noch eine zusätzliche Regel. Diese tritt immer dann in Kraft, wenn unter der Oberfläche noch ungeheilte, stark verdorbene Wurzeln liegen. In solchen Fällen reichen flüchtige, normale Gebete und das „Für-tot-Erachten" nicht aus, um sündige sexuelle Triebe erfolgreich in den Tod ans Kreuz zu bringen.

Ungeheilte Faktoren im Herzen erwecken ständig und beharrlich sündige Leidenschaften wieder zum Leben, die dann nach einer Äußerungsform suchen. Der Christ betet noch mehr und versucht, seine sexuellen Triebe, die auf unerklärliche Weise immer wieder auftauchen, unter Kontrolle zu bringen. Doch das ist so, als wolle man während eines Regengusses einen Fluß mit einem Teelöffel trocken legen! Die Gebete werden die Leidenschaften nicht auslöschen.

Der Christ scheint in seinem Kampf ganz allein zu stehen, ohne die Hilfe des Heiligen Geistes. Satan macht sich diese Situation zu nutze und verstärkt noch den Kampf. Immer häufiger werdendes Versagen und die daraus folgenden Belastungen bringen den Betreffenden fast zur Raserei, er strengt sich mit ganzer Kraft an, um die Herrschaft über sich zu gewinnen. Die Gnade ist da, doch ihm erscheint es so, als sei sie fern. Er ist in der immer schneller werdenden Dynamik von Unterdrückung und Äußerung gefangen – bis es schließlich zu einem explosionsartigen Ausbruch kommt!

Wir wollen einen Blick in die Geschichte tun. Als die Amerikaner im 19. Jahrhundert in großen Scharen westwärts zogen, mußte der Heilige Geist sich eine Methode ausdenken, um diese, sich in ständiger Bewegung befindliche Gesellschaft zu erreichen. Die Antwort war Evangelisation, die zu Erweckungen in „Sägemehl und Tränen" führte. Die Prediger verkürzten das Evangelium auf die einfachsten, wichtigsten Fragen, die zur Bekehrung notwendig sind – „Schlagt sie mit einem gerechten und zornigen Gott, und treibt sie in die Arme eines liebenden Jesus" – predigt Schuld und Buße und ruft sie zum Altar, um dort Vergebung und die neue

Geburt zu erfahren. Das ist nicht falsch. Durch diese Predigt bekehrte Gott eine ganze Nation! Heute brauchen wir noch viel mehr Erweckungspredigten, da unser Land in einer antichristlichen Kultur immer tiefer in die Sünde hineingerät.

Dieses „verkürzte Evangelium“ sollte und konnte nicht die ganze Geschichte erzählen. Es sagte wenig oder gar nichts über den anhaltenden Kampf der Heiligung des Herzens. Im 16. Jahrhundert gründete Ignatius von Loyola den Jesuitenorden, der die größten missionarischen Bestrebungen der gesamten Kirchengeschichte auslöste und durchführte. Loyola lehrte strenge Zucht zur Heiligung nach der Bekehrung und wandte diese auch an. Von dem heiligen Francis Xavier sagte er zum Beispiel: „Der klumpigste Klumpen Ton, den ich jemals geknetet habe.“

Auch die Benediktiner stellten eine „Lebensregel“ auf, die zur Heiligung nach der Bekehrung dienen sollte, und folgten ihr. (Einige Protestanten müssen hier aufpassen, daß sie nicht verurteilen. Lest über diese Männer nach! Ihr werdet feststellen, daß sie wirklich von neuem geboren waren!) John Wesley gründete die Methodistenkirche, die so genannt wurde, weil die Anhänger Wesleys auf einer „Methode“ der Heiligung nach der Bekehrung bestanden. Wesleys Nachfolger zählten im 18. Jahrhundert zu den Leitern des „Großen Erwachens“ in Amerika. Alle diese Männer Gottes kannten die Fülle des Evangeliums. Sie wußten, daß es nach unserer Bekehrung zu Jesus als dem Herrn und Heiland notwendig ist, die Wurzeln hartnäckiger Sündhaftigkeit in den Tod ans Kreuz zu bringen.

Doch während des zweiten großen Erwachens in Amerika im 19. Jahrhundert empfingen Generationen von Christen nichts anderes als das „verkürzte Evangelium“. Sonntag um Sonntag hörten sie nichts anderes als evangelistische Predigten. Viele Männer antworteten auf den Ruf Gottes, nahmen ihre Bibel und zogen los, um zu predigen – ohne den Segen einer Ausbildung. Es ist nicht unsere Absicht, hier zu richten. Der Herr gebrauchte sie und berief sie. Doch die meisten kannten kaum etwas anderes oder gar nichts anderes als das „verkürzte Evangelium“! Sie kannten nicht den Reichtum an Erkenntnissen und Weisheiten der Kirche zu der Frage, wie man mit den elenden Praktiken des alten Menschen nach der Bekehrung umzugehen hat.

Da sie meinten, sie selbst seien völlig neue Geschöpfe und ihre neugeborenen Gemeindemitglieder sollten in gleicher Weise in der

Lage sein, rechtschaffen in Christus zu leben, äußerten sie harte Ermahnungen: „Ihr seid doch neue Geschöpfe! Jetzt lebt auch so! Ihr müßt euch nur mehr anstrengen!“ Obwohl die Gemeindeglieder ihrer Stellung nach neue Geschöpfe waren, wurden sie nach wie vor von unheiligen Leidenschaften geplagt, die aus noch nicht getöteten Wurzeln hervorsprangen! Sie KONNTEN nicht so leben.

Die Ermahnungen trieben sie nur in Anstrengungen aus eigener Kraft. In der Entschlossenheit, heilig zu sein, verfielen viele in die oben beschriebene Dynamik, bis der Teufelskreis von Unterdrükkung und Äußerung sie entweder zur Sünde zwang oder sie in ein Leben tiefer Verzweiflung führte. (Einige, die weiser und demütiger waren, sind aus diesem Kreis ausgebrochen und haben wahren Frieden in Christus gefunden. Doch ich wünschte, der Leser könnte in meinem Seelsorgezimmer sitzen und sich die Geschichten der Niederlage und der Verwirrung anhören, die mir zu Ohren kommen, nur weil so viele Christen nie das Evangelium von der Heiligung gehört haben, die nach der Bekehrung folgt!)

Viele erleben das, was wir den „Wipp-Effekt“ nennen. Am Sonntag feiern sie, daß sie in Christus eine neue Schöpfung sind. Sie singen Dankeslieder, daß der alte Mensch tot ist und der neue geboren wurde. Doch spätestens bis Mittwoch ist über vielen eine Flut von Niederlagen hereingebrochen. Innere Wurzeln haben neu ausgeschlagen und sie in Sünde getrieben – Kindesmißhandlung, Pornographie, Voyeurismus, sexueller Mißbrauch, Inzest, Lügen, Betrügen, Stehlen und so weiter. Andere sind zwar nicht gestrauchelt, mußten jedoch ununterbrochen kämpfen und fragen sich, wo die Freude und Ruhe des Herzens, die sie anfänglich in Christus erlebten, geblieben sind. Am Donnerstag sinken viele in Depressionen.

Der nächste Sonntag muß ein „höheres Hoch“ bringen, damit sie sich wieder gut fühlen. Und so geht es weiter. Die Kämpfe und Niederlagen während der Woche verlangen, daß die Befreiung am nächsten Sonntag noch ekstatischer ist. Schließlich geben einige Christen den Versuch auf, ein Leben als Christ zu führen, oder sie fallen vollkommen in Sünde zurück oder hören auf, in die Kirche zu gehen, weil sie sich als Heuchler vorkommen. Für allzu viele hat die tägliche Lebensführung nichts mit dem zu tun, was sie am Sonntag feiern. Das Christentum ist zu einer religiösen Sache geworden, die sich am Sonntag abspielt, doch keiner sollte erwarten, daß man es LEBEN kann! Nur die Naiven glauben das noch.

In einer Talkshow im Fernsehen, die kürzlich übertragen wurde, nahmen mehrere Männer und Frauen teil, die schon häufig Ehebruch begangen hatten und dies öffentlich zugaben. Sie sagten von sich selbst, sie seien „... gute Christen, die Jesus lieben und jeden Sonntag in die Kirche gehen!" Das waren neugeborene Menschen, von denen einige sogar behaupteten, sie hätten den Heiligen Geist! Doch in dem, was sie taten, sahen sie keinen Widerspruch zu ihrem Bekenntnis zu Christus! Da sie nicht wußten, wie sie die bitteren Wurzeln besiegen konnten, die zur Sünde führen (Hebr. 12,15), da sie durch unzureichende Theologie davon überzeugt waren, daß dies auch nicht von ihnen erwartet wurde, waren sie inzwischen so oft in Sünde gefallen, daß sie die Schlußfolgerung gezogen hatten, der Glaube habe mit der täglichen Lebensführung nichts zu tun!

Während des zweiten „Großen Erwachens" haben viele Evangelisten der Bekehrung mehr Gewicht beigelegt, als die Bibel es tut. Die Bekehrung hat ohne Frage eine ungeheure Auswirkung: unser Weg führt jetzt nicht mehr in Richtung Hölle, sondern in Richtung Himmel. Durch die Bekehrung werden alle unsere Sünden im Blut Jesu abgewaschen. Durch die Bekehrung wird unserer alten sündigen Natur ein tödlicher Schlag versetzt. Sie bewirkt viele unmittelbare und drastische Veränderungen in unserer Persönlichkeit und unserem Charakter (was leider in uns die Überzeugung stärkt, daß wir vollkommen und dauerhaft verändert sind). Durch die Bekehrung werden wir mit dem Heiligen Geist erfüllt, und unser eigener Geist wird erneuert. Durch die Bekehrung wird die Kindschaft wiederhergestellt, und wir haben durch das Gebet Zugang zum Herzen Gottes. Von nun an umgeben uns nicht mehr die Engel Satans, sondern Gottes Engel (Hebr. 1,14; Ps. 91,11). Wir werden zu neuen Geschöpfen in Christus (2. Kor. 5,17). Doch die Bekehrung ist nicht das Ende des Prozesses der Heiligung und der Verwandlung. Vielmehr ist sie der Anfang! (Siehe die ersten sieben Kapitel unseres Buches UMGESTALTUNG DES INNEREN MENSCHEN.)

Wenn wir von neuem geboren werden, wird uns die Aufgabe übertragen, das zu tun, was der Heilige Geist uns zeigt. Er ruft uns täglich dazu, allen Wurzeln und Praktiken abzusterben, die sich nach wie vor dem Einfluß des Blutes Jesu und des Kreuzes widersetzen. Nachdem die Jünger schon eine Zeitlang Jesus gefolgt waren, fragte Er sie: „Warum nennt ihr mich aber: Herr, Herr! und tut nicht, was ich sage?" (Lk. 6,46). Er beantwortete seine eigene

Frage, indem Er sie lehrte, daß sie „tief graben“ müßten (V. 48), bis auf den „Grund“. Nur so könnten sie sicher sein, daß die Fundamente auf den Felsen Seines Charakters gebaut wären. Wenn sie dies nicht täten, würden sie in Zeiten der Prüfung (dem Strom großer Wasser) nicht stehen bleiben können. Das Gebot an uns lautet, NACH unserer Bekehrung tief zu graben.

Prediger und Lehrer gaben der Erfahrung der Bekehrung ein so großes Gewicht, als sei damit ein für allemal alles erledigt. „Komm nach vorne zum Altar, dann wirst du für immer eine vollkommen neue Schöpfung sein!“ In gewisser Hinsicht stimmt dieser Aufruf. Tragischerweise wird aber nicht erwähnt, daß danach täglich die Aufgabe besteht, den alten Mensch zu kreuzigen.

> „Brüder, das Wohlgefallen meines Herzens und mein Flehen für sie zu Gott ist, daß sie errettet werden. Denn ich gebe ihnen Zeugnis, daß sie Eifer für Gott haben, aber nicht mit rechter Erkenntnis. Denn da sie Gottes Gerechtigkeit nicht erkannten und ihre eigene aufzurichten trachteten, haben sie sich der Gerechtigkeit Gottes nicht unterworfen. Denn Christus ist des Gesetzes Ende, jedem Glaubenden zur Gerechtigkeit.“ (Röm. 10,1-4)

Wir erleben hier eine grausame Ironie. Viele Christen gebrauchen diese Verse, um Ungläubige zur Bekehrung zu führen. Doch erkennen sie nicht, daß diese Sätze gleichermaßen für bereits neugeborene Christen gelten. Sie sind der irrigen Vorstellung verfallen, sie seien, auch ohne die Disziplin der täglichen Kreuzigung, „für immer vollkommen neue Geschöpfe“, und versuchen daher, aus eigener Kraft ein Leben der Gerechtigkeit zu führen. Doch reicht die eigene Kraft dazu nicht aus! Wenn wir der falschen Theologie glauben, daß mit unserer Bekehrung alles endgültig „erledigt“ sei, nehmen wir nicht mehr Zuflucht zum Gebet, um dadurch täglich den wiederauferstandenen alten Menschen zu kreuzigen – wir müssen nun ohne die Gnade des Kreuzes versuchen, wie Christus zu leben! „... Denn wenn ihr nach dem Fleisch lebt, so werdet ihr sterben, wenn ihr aber durch den Geist die Handlungen des Leibes tötet, so werdet ihr leben“ (Röm. 8,13).

Ich bin sicher, daß die meisten gefallenen Leiter, von denen ich weiß, davon überzeugt waren, ihre Bekehrung hätte sie zu vollkommen neuen Geschöpfen gemacht. Was ihre Stellung in Christus angeht, ist dies wahr: „Denn mit EINEM Opfer hat er die, die geheiligt werden, für immer vollkommen gemacht“ (Hebr. 10,14), und „Es ist vollbracht!“ (Joh. 19,30). Doch Paulus war weise genug, um zu wissen, daß unser alter Mensch zwar geschlagen ist, jedoch wieder lebendig werden kann: „Und achtet darauf, ... daß nicht irgendeine Wurzel der Bitterkeit aufsprosse und euch beunruhige und die vielen durch diese verunreinigt werden“ (Hebr. 12,15).

Die meisten dieser Leiter, die bei uns in der Seelsorge waren, begannen als ganz normale Leute, die weder von sexuellen Zwängen noch von anderen Süchten geplagt wurden. Doch wie bei den meisten Menschen gab es auch in ihren Herzen noch viele ungeheilte, zerbrochene Bereiche aus der Kindheit. Ihre Theologie besagte, sie seien vollkommen veränderte Menschen. Darum lehnten sie seelsorgerliche Hilfe ab, obwohl sie dadurch die inneren Faktoren, durch die sie in sexuelle Probleme getrieben wurden, hätten erkennen und erfolgreich töten können. Aufgrund ihrer unzulänglichen Theologie flohen einige vor der Seelsorge und verurteilten diese als unnötig, ja sogar schädlich für neugeborene Christen. Darum wußten sie nicht, wie sie mit den inneren Trieben umgehen sollten, die unter dem ständigen Druck und der Belastung eines intensiven öffentlichen Dienstes zum Leben erweckt werden.

Da sie glaubten, ihre Verletzungen und Sünden seien durch ihre Bekehrung ein für allemal von ihnen genommen, verloren sie die Ermahnung aus dem Blick: „MÜHT EUCH UM EUER HEIL mit Furcht und Zittern“ (Phil. 2,12). Sie wußten nicht, wie sie nach ihrer Bekehrung zu Jesus erfolgreich die bösen Taten des alten Menschen ablegen konnten (Kol. 3,9). Der wahre biblische Weg besteht darin, zunächst zu erkennen, wann sich Bereiche des alten Menschen, die noch nicht tot sind, wieder regen. Dann müssen wir die Wurzel aufspüren (Mt. 3,10) und sie töten, und zwar durch Buße, Bekenntnis, Vergebung und „Für-tot-Erachten“ am Kreuz (Gal. 2,20 und 5,24). Diese Leiter kannten die Bedeutung von Bekenntnis, Buße und Vergebung. Die meisten von ihnen lehrten andere Menschen die Wichtigkeit dieser Schritte. Aber sie wußten wenig bis gar nichts darüber, daß man nach den Wurzeln suchen muß, oder wie man sündiges Verlangen erneut kreuzigen kann, sobald es zum Leben erwacht. Diese nach wie vor lebendigen Wurzeln sind der Grund dafür, warum jene Leiter ihre sündigen sexuellen Triebe durch Gebet nicht unter Kontrolle bringen konnten. Ihr Versagen warf sie in die Bemühungen unter dem Gesetz zurück. Sie konnten sich nicht selbst Einhalt gebieten. Ihre Theologie war unvollständig. Es fehlte die Dimension der fortwährenden Heiligung des Herzens nach der Bekehrung.

Zum Beispiel: Ben wuchs in einer religiösen Familie auf. Als er sechs Jahre alt war und seine beiden Kusinen sechs und sieben, spielten die Kinder „Doktor" miteinander. Bens Mutter kam hinzu, als sie gerade dabei waren, gegenseitig ihre Geschlechtsorgane zu betrachten. Entsetzt schrie sie Ben an, er sei ein ungezogener kleiner Junge, und gab ihm eine harte Strafe. Dadurch entstand in Bens Gedanken die Vorstellung, der Körper sei auf geheimnisvolle Weise sündig, und es sei verboten, mit ihm zu spielen oder heimliche Blicke darauf werfen, was nun um so verlockender erschien. Bald danach entdeckte er in einer Werkzeugkiste Pornozeitschriften, die sein Vater dort versteckt hatte. Er schwelgte darin, bis seine Mutter ihn dabei ertappte und weitere Schimpftiraden auf ihn herabließ. Von da an hielt sie ihm seine Sünden immer wieder vor. Dadurch wuchs in ihm die Entschlossenheit, sich mit den raffiniertesten Mitteln an ihr zu rächen! Gegen Ende seiner Teenagerjahre war er süchtig nach Pornographie, je aufreizender desto besser.

Anfang Zwanzig erlebte er eine dramatische Bekehrung und empfing schon bald danach die Berufung in den vollzeitlichen Dienst. Mehrere Jahre lang war die Sucht einfach verschwunden. Er hatte keinerlei Verlangen danach, irgendetwas Verbotenes zu betrachten. Auf dem Seminar hatte er eine liebenswerte Frau kennengelernt und sie geheiratet. Auch im sexuellen Bereich war sie eine bereitwillige Partnerin, die ihn voll befriedigte. Es sah so aus, als lägen alle Kämpfe hinter ihm. Doch dann begannen Erfolg, Druck und auch Verfolgung seine Kräfte aufzuzehren. Seine Mutter war leistungsorientiert gewesen, sie hatte ihm keine bedingungslose Liebe geben können. Diese Ausrichtung auf Leistung war in ihn eingebaut.

Er wurde zunehmend von einem nicht greifbaren Gefühl des Zorns und der Rebellion geplagt, er verstand selbst nicht, warum er sich nicht geliebt und wertgeschätzt fühlte, obwohl doch seine Frau so zärtlich und liebevoll zu ihm war. Einer Laune folgend hielt er eines Tages an einem Kiosk und kaufte sich eine Pornozeitschrift. Während er den Inhalt verschlang, fühlte er sich herrlich rebellisch und auf geheimnisvolle Weise erleichtert und befriedigt. (Siehe Kapitel 3 „Leistungsorientierte Haltung" in UMGESTALTUNG DES INNEREN MENSCHEN.) Er war zu seiner früheren Praktik zurückgekehrt, heimlich seine religiöse Mutter zu besiegen, nur daß er jetzt dieses Verhaltensmuster auf „Mutter Kirche“ übertrug. Es dauerte nicht lange, so war er der alten Sucht wieder vollkommen erlegen.

Seine Theologie lehrte ihn, daß er eine neue Schöpfung war. Seine Ausbildung hatte ihn an keiner Stelle dafür ausgerüstet, in sein Leben zu schauen, schlechte Wurzeln zu erkennen und diese zu kreuzigen. Er wußte nicht, daß bittere Wurzeln wieder „aufsprossen“ und viele verunreinigen können (Hebr. 12,15). Er wußte auch nicht, daß Süchte wie diese auch den nächsten Vers zur Wirklichkeit machen können: „daß nicht jemand ein Unzüchtiger und gemeiner Mensch sei wie Esau, der um einer Speise willen sein Erstgeburtsrecht verkaufte“ (Schlachter). Ben kämpfte gegen die Dämonen der Lust. Besorgte Freunde, die von seinem Kampf wußten, trieben einen Dämon nach dem anderen aus – jedoch ohne bleibenden Erfolg. Sie konnten immer wiederkehren, da die Wurzeln unverändert blieben. Als seine Sucht öffentlich bekannt wurde und er seine Stelle als Pastor verlor, erkannte er, daß er in der Tat sein Erstgeburtsrecht für ein paar verbotene „Mahlzeiten“ verkauft hatte. Aber er hatte nicht die leiseste Ahnung, was ihn dazu getrieben hatte.

Die Buße ging tief. Die Vergebung berührte sein Herz umfassender als je zuvor. In seiner neuen Gemeinde war er als Prediger noch erfolgreicher, und er war davon überzeugt, daß er „seine Lektion gelernt“ hatte, er glaubte fest, daß er nun geheilt und frei war. Doch dies stimmte nicht. Es dauerte nur wenige Jahre, da geriet er erneut in die Falle und unterlag! Tragischerweise wußte niemand in seiner Denomination, wie man solche Wurzeln und Gewohnheiten erfolgreich am Kreuz töten kann. Niemand verstand die innere Dynamik des Herzens, die ihn ständig in jene Sünde verstrickte, die er inzwischen so entschieden haßte. Er war das Opfer von noch nicht getöteten Gewohnheiten und von einer unvollständigen Theologie.

Ein anderer Mann, der bei Paula und mir in der Seelsorge war, wurde innerlich immer wieder dazu getrieben, sich sowohl auf homosexuelle und heterosexuelle Affären einzulassen, als auch auf Pornographie, Voyeurismus und Masturbation. Seine Eltern waren selbstlose Diener des Herrn gewesen, und er verehrte sie sehr. Es ist normalerweise leichter, jemandem, der eindeutig schlechte Eltern hatte, seelsorgerlich zu helfen, als jemandem, dessen Eltern heilig, aber unvollkommen waren. Dies ist ein paradoxes Phänomen der Seelsorge. Der Grund dafür ist, daß Groll gegenüber eindeutig schlechten Eltern leichter erkannt werden kann. Treue hingegen macht blind gegenüber den Unvollkommenheiten von guten Eltern. Darum ist der Hilfesuchende ratlos, wieso er so schlecht ist, wo doch seine Eltern offenbar so gute Menschen waren. Dies löst eine starke Dynamik aus, die wahren Gefühle den Eltern gegenüber werden unterdrückt. Dadurch entstehen Schmerz und Ärger, die auf andere Menschen gerichtet werden.

Es dauerte eine Weile, bis die Wahrheit ans Licht kam. Da er als kleiner Junge Angst vor der Dunkelheit hatte, kroch er nachts häufig zu seinen Eltern ins Bett. Oft kam er gerade dann, wenn sie kurz vor dem Orgasmus standen. Obwohl der Junge schon fast vier Jahre alt war, erlaubten sie ihm, bei ihnen zu bleiben, während sie sich weiter liebten! Doch damit war es noch nicht genug. Direkt nach dem Orgasmus, wenn sich der Vater aus dem Bett rollte und ins Badezimmer ging, nahm ihn die Mutter, zog ihn an die Brust und umarmte ihn, während sie selbst noch die letzten Wellen der Erregung auskostete! Dies ging mehrere Jahre lang so fort, bis sie ihm schließlich nicht mehr erlaubten, in ihr Bett zu kommen!

Die Bibel warnt uns ausdrücklich davor, die Liebe nicht zu wecken oder zu erregen, bevor die richtige Zeit dafür gekommen ist (Hld. 2,7 und 3,5).

Jene Serie von Erfahrungen weckte in dem Jungen verschiedene Arten von sexuellen Bedürfnissen, bevor er die Weisheit hatte, richtig damit umzugehen. Er konnte unmöglich wissen, daß ein solches Verhalten nicht normal war. Und da seine Eltern so heilig waren und ihr Leben im Dienst für den Herrn hingaben, konnte er sich unmöglich erklären, warum er innerlich zu sexuellen Zwangshandlungen getrieben wurde. Er mußte mehrfach die Schule wechseln, weil entdeckt wurde, daß er ein Voyeur war. Im Teenageralter ergriffen verschiedene sexuelle Süchte von ihm Besitz.

Dann bekehrte er sich. Eine Zeitlang war er frei. Doch schon bald forderten die Belastungen des Lebens ihren Preis, die sexuellen Zwänge kehrten zurück. Freunde trieben mehrere sexuelle Dämonen aus. Doch da die Wurzel der eigentlichen Ursache unberührt blieb, kamen sie immer zurück, und zwar schlimmer als zuvor.

Seine Theologie sagte ihm, daß er ein völlig neues Geschöpf sei. Er beschloß, nun mit aller Kraft zu glauben, daß er frei war. Doch das half auch nicht mehr als die Dämonenaustreibung.

Er verbrachte viele Stunden in Zimmern von Psychiatern und ließ dort viel Geld. Ein wenig Hilfe machte sich bemerkbar. Doch es blieb ein ungelüftetes Geheimnis, wo die Zwänge ihren Anfang genommen hatten und warum er überhaupt von ihnen geplagt wurde, da er doch offenbar Eltern gehabt hatte, die liebevoll und in jeder Hinsicht rechtschaffen gewesen waren. Während wir uns unterhielten, begann er sich, durch die Gnade des Herrn und ein wenig Hilfe durch die Gabe der Erkenntnis, an das zu erinnern, was seine Eltern in seiner Kindheit zugelassen hatten.

Obwohl in ihm im Laufe der Zeit die Ahnung wachgeworden war, daß seine Eltern irgendetwas mit seinem Problem zu tun haben mußten, war die Erinnerung an jene unweise frühe Stimulation durch seine Loyalität den Eltern gegenüber und seine Unwissenheit unterdrückt gewesen. Als diese Erinnerung ans Licht kam, wurden ihm plötzlich noch andere törichte Verhaltensweisen in der Familie wieder bewußt. Seine Eltern hatten offensichtlich keine rechte Vorstellung davon gehabt, was es heißt, den Kindern gegenüber ein Schamgefühl zu entwickeln. Sie wußten wenig oder gar nicht, welche Auswirkungen dies auf die Kinder haben könnte! Die Theologie unseres Klienten war nicht nur unzulänglich, als es darum ging, die inneren Zwänge in den Griff zu bekommen. Sie machte ihn regelrecht wehrlos, weil er mit ganzer Kraft versuchte, das zu beherrschen, was nach Aussagen seiner Theologie bereits tot war.

Eine weltliche Seelsorgerin, die ich kenne, sagt, immer, wenn ein Christ zu ihr in die Seelsorge kommt, wüßte sie, daß sie es mit jemandem zu tun hätte, der sich seiner wahren sexuellen Gefühle kaum bewußt wäre, oder noch schlimmer, dem beigebracht worden sei, diese zu unterdrücken, weil sie unheilig oder vom Teufel seien. Sie sagt, dies sei der Grund dafür, warum die meisten Christen, mit denen sie Gespräche führt, kaum oder gar nicht in der Lage seien, mit ihren sexuellen Gefühlen umzugehen. Ihr Urteil trifft natürlich nicht auf alle Christen zu, vielleicht nicht einmal auf die Mehrheit. Doch muß ich leider zugeben, daß meine Erfahrung in der Seelsorge bei gläubigen Christen in vielen Fällen sehr ähnlich ist.

Die übermäßige Hervorhebung der Bekehrung, über das hinaus, was die Bibel lehrt, und die daraus folgende Blindheit gegenüber der Notwendigkeit, den wieder zum Leben erweckten Wurzeln unserer mißgebildeten Charakterzüge täglich abzusterben, gehören zu den Hauptgründen, warum Christen in alle möglichen sexuellen

Sünden verfallen. VOYEURISMUS, PORNOGRAPHIE, PHANTASIEN UND MASTURBATION SCHEINEN BESONDERS UNTER JENEN GLÄUBIGEN VERBREITET ZU SEIN, DIE NIE ÜBER JENES BESCHNITTENE EVANGELIUM HINAUSGEKOMMEN SIND.

Voyeurismus, Pornographie, Phantasien und Masturbation können sich in einem Christen nur dann zu zwanghaftem Verhalten entwickeln, wenn ungeheilte Verletzungen die Möglichkeit dazu bieten. Hinter allen sexuellen Sünden liegen ähnliche Verletzungen. EIN HEILER MENSCH VERFÄLLT NIEMALS IN ZWANGHAFTE SEXUELLE SÜNDEN. Die Tür für suchtartige sexuelle Probleme im Erwachsenenalter ist immer durch Verwundungen, normalerweise aus der Kindheit, geöffnet worden. Unzulängliche Theologie ist ein Teilverursacher, doch dies allein reicht nicht aus, um einen Christen zu suchtartigem, zwanghaftem Verhalten zu verleiten. Fehlerhafte Theologie kann jedoch bewirken, daß Christen nicht in der Lage sind, mit Verwundungen aus der Kindheit und den daraus folgenden Fehlentwicklungen des Charakters richtig umzugehen. Das gibt dem Teufel die Möglichkeit zu wirken. Schließlich landet der Betreffende in Sucht und Zerstörung.

WUNDEN UND VERLETZUNGEN, DIE SICH HINTER ALLEN SEXUELLEN SÜNDEN UND STÖRUNGEN BEFINDEN

1) MANGEL AN LIEBEVOLLER ZUWENDUNG UND DISZIPLIN VON SEITEN DER ELTERN

A) Liebevolle Zuwendung gibt dem Geist des Menschen Kraft, es werden gesunde, normale Formen der Intimität aufgebaut. Wege für eine gesunde Form der körperlichen Berührung werden gebahnt. Solche angemessenen Praktiken wehren meistens alles ab, was nicht angemessen ist, und lassen es dem Betreffenden widerwärtig erscheinen. Beständige liebevolle Zuwendung der Eltern stärkt die Gewissensbildung, so daß das Gewissen die betreffende Person davon abhält, eine Sünde zu begehen, und sie nicht nur nach einer begangenen Tat von der Sünde überführt.

Durch Mangel an Liebe werden diese notwendigen guten Praktiken nicht in den Charakter eingebaut. Der Mensch wird von einem inneren Hunger getrieben und weiß nicht, wo und wie er eine wahre Stillung dieses Verlangens finden kann. Mangel an Liebe in der Kindheit zerstört die Wirkungskraft des Gewissens (siehe Kapitel

5 „Der schlafende Geist“ in HEILUNG DES VERWUNDETEN GEISTES).

B) Zucht baut Grenzlinien in den Menschen ein. Herz und Verstand wird eine Struktur gegeben, so daß das Gesetz von Säen und Ernten verstanden wird. Zucht bringt heilige Gottesfurcht und Achtung vor anderen Menschen hervor. Durch Strafe wird die Fähigkeit geweckt, sich selbst zu verleugnen, und der Wunsch, erst an das Wohlergehen des anderen zu denken. Strafe vertreibt die Angst vor sich selbst. Kinder, die nicht bestraft werden, haben Angst vor der Möglichkeit, Amok zu laufen. Papa und Mama haben ihnen kein Grenzen errichtet, durch die sie Frieden und Sicherheit erfahren würden. Strafe verleiht ein gesundes Selbstvertrauen (weil elterliche Zucht dem Kind dazu verhilft, sich selbst zu beherrschen; dadurch entsteht in ihm das Zutrauen, daß es mit allem umgehen kann, was auf es zu kommt, und daß es die richtige Entscheidung treffen wird).

Mangel an Zucht bewirkt vor allem, daß die Leidenschaften den Menschen beherrschen und nicht umgekehrt (Spr. 25,28). Mangel an Strafe zerstört die Fähigkeit des Menschen, andere Menschen wertzuschätzen und zu achten, und darum zerstört es die Fähigkeit, zuerst an die Sicherheit und das Wohlergehen des anderen zu denken. „Kümmer dich zuerst um dich“ ist das Schlagwort der „Ich-Generation“. Die unglückselige Folge davon ist: „Tu das, was dir angenehm ist!“

(Es sollte hinzugefügt werden, daß angemessene Zucht immer in Liebe ausgeteilt wird, zum Wohl des Kindes. Wenn es auch manchmal nötig ist, ein Kind zu schlagen – Spr. 13,24; 23,13 –, so darf dies niemals mit Prügeln verwechselt werden, was nichts anderes als eine Form der Gewalt auf Kosten des Kindes ist. Eine gute Strafe schreibt dem Kind das Gesetz von Säen und Ernten ins Herz. Der zugefügte Schmerz sollte nur so groß sein, daß das Kind die Lektion in seinem Herzen registriert. Prügel verursacht nur Schmerzen, die Eltern suchen ein Ventil für ihre Gefühle. Dabei handelt es sich nicht um das Strafen in Liebe, von dem in Hebräer 12,5-11 die Rede ist, sondern Prügel geschehen gegen das Kind, die Eltern tun es zu ihrem eigenen Wohl.)

Die wichtigsten Faktoren, die uns in unserem ganzen Leben am meisten formen, sind die Liebe und die Zucht unserer Eltern (Eph. 6,4). (Ich kann mich nicht erinnern, daß irgendjemand, der zu mir in die Seelsorge kam und in sexuelle Sünde verwickelt war, ins besondere in Voyeurismus, Pornographie, Phantasien und Masturbation, genügend Liebe und Zucht erfahren hatte!) Wer anderen helfen will, die Wurzeln von sexuellen Sünden und Störungen zu beseitigen, muß immer nach den Erfahrungen in der Kindheit forschen, besonders was Liebe und Zucht angeht, und diese heilen.

2) MANGEL AN NACHAHMENSWERTER UNTERWEISUNG UND VORBILD DER ELTERN.

A) Kinder werden das sein und tun, was ihre Eltern SIND, nicht was sie SAGEN. Eltern müssen den Kindern vorleben, was es heißt, einander zu lieben und zu achten. Die Haltung der Eltern gegenüber Sex wird von den Kindern übernommen. Ein gutes Vorbild schreibt den Wunsch ins Herz: „So will ich auch sein."

Es ist so wichtig. Ich möchte noch einmal das wiederholen, was ich in den vorausgegangenen Kapiteln gesagt habe:

Ich hörte meinen Vater niemals respektlose oder beleidigende Worte gegenüber meiner Mutter äußern. Ich habe niemals gesehen, daß er ärgerlich auf sie war, sie anschrie oder nur im entferntesten gewalttätig gegen sie wurde. Jegliche Art von mangelndem Respekt oder Widerworten, die wir gegen unsere Mutter richteten, wurden von ihm sofort hart bestraft. Er berührte ihre Geschlechtsteile niemals in unserer Anwesenheit, obwohl er sie oft umarmte und ihr Küsse gab. Er hielt treu zu ihr, erzählte niemals dreckige Witze, und es kam kein Pornoheft ins Haus. Er fluchte niemals vor ihren Ohren – auch nicht vor unseren. Er behandelte sie allezeit wie eine Dame.

Meine Mutter verhielt sich entsprechend. Sie kleidete sich mit Anstand und erwies ihm während der prägenden Jahre unserer Kindheit dieselbe Achtung, die sie von ihm erfuhr.

B) Unterweisung. Meine Mutter lehrte mich nachdrücklich: „Jackie, ein Mann, der eine Frau schlägt, ist kein Mann. Ein Gentleman behandelt jede Frau wie eine Dame. Ein Gentleman bringt seiner Frau allezeit Achtung entgegen. Er beleidigt sie niemals, er schreit sie nie an. Er flucht niemals in Hörweite einer Frau. Geschlechtsverkehr außerhalb der Ehe ist verboten, nicht weil Sex etwas Schlechtes ist. Da der Geschlechtsverkehr heilig, rein und gut ist, hat Gott ihn als eine besondere Gabe allein für Ehemann und Ehefrau aufbewahrt. Jack, verunreinige eine Frau niemals sexuell. Gott hat den Männern die Verantwortung übertragen, die Tugend aller Frauen zu beschützen." Mein Vater lebte, was meine Mutter lehrte, und dadurch wurde es in mein Herz geschrieben. Ihre Unterweisung und ihr Vorbild haben Grenzen in mir errichtet, die ich bis zum heutigen Tag nicht überschreiten kann (lies unter diesem Aspekt die ersten vier Kapitel der Sprüche).

Schlechtes Vorbild und schlechte Unterweisung zerstören alle diese positiven Merkmale. Gewalt und Verachtung zwischen den Eltern führt dazu, daß die Kinder nicht in der Lage sind, die Persönlichkeit eines anderen Menschen zu achten. Schamloses Verhalten (zum Beispiel das Zeigen der Geschlechtsorgane vor einer Person des anderen Geschlechts) macht es unmöglich, die Heiligkeit des eigenen Körpers und des Körpers anderer zu ehren. Unerlaubter Sex, den man miterlebt oder von dem man weiß, schwächt, in unterschiedlichem Maße, die Fähigkeit, das Ehegelübde heilig zu halten. Sexueller Mißbrauch zerstört die Achtung vor sich selbst und der Heiligkeit der eigenen Sexualität.

Fast hinter jedem Fall sexueller Sünde oder Störung liegt als Wurzel schlechtes Vorbild und/oder schlechte Unterweisung. In vielen Fällen sind auch Wurzeln des sexuellen Mißbrauchs vorhanden. Weise Seelsorger werden alle schlechten Wurzeln aufdecken und heilen, alle Wurzeln, die etwas damit zu haben, wie die Beziehung der Eltern zueinander aussah und was die Eltern ihre Kinder gelehrt oder nicht gelehrt haben.

3) FRÜHE SEXUELLE ERFAHRUNGEN, MIT DENEN DIE ELTERN UND/ODER DIE FAMILIE NICHT GUT UMGEGANGEN SIND.

A) „Doktor" spielen. Wenn Vater oder Mutter ihre Kinder dabei ertappen, daß sie die Unterwäsche ausziehen und einander untersuchen, so können sie dieses Vorkommnis entweder dahin wenden, daß das Kind etwas daraus lernt, oder sie können es zu einer Wurzel für Probleme machen! Eltern tun gut daran, wenn sie in einem solchen Fall nicht emotional werden und vor allem das Kind nicht schlecht machen. Kinder sind von Natur aus neugierig und zunächst relativ frei von Hemmungen. Wenn die Eltern beim ersten Vorkommnis das Kind einfach beiseite nehmen, es darüber belehren, daß der Körper heilig und etwas sehr Persönliches ist, und ihm gebieten, so etwas nicht noch einmal zu tun, dann hat die Unterweisung sehr viel mehr beinhaltet als nur Worte. Gesunde Einstellungen werden durch das ERLEBEN erworben, nicht durch LEHRE. Wenn die Sache ein zweites oder drittes Mal vorkommt, sollte die Unterweisung wiederholt und von einer liebevollen und angemessenen Strafe begleitet werden, mit der wir auch auf jede andere Form von Ungehorsam reagieren würden.

Eltern ergreifen dann falsche Maßnahmen, wenn sie sich in ihren Erziehungsbemühungen bedroht fühlen oder von einem religiösen Geist getrieben werden, anstatt eines christlichen. Wenn sie die Kinder anschreien oder ihnen Beschuldigungen an den Kopf werfen: „Du bist ein ungezogener kleiner Junge/ungezogenes kleines Mädchen!“ oder „Pfui! Pfui! Pfui! Das ist böse!“, so können die Kinder diese Anklagen nicht auf ihr unangemessenes Verhalten beschränken. Sie beziehen „ungezogen“ und „böse“ auf ihren eigenen Körper und auf die Sexualität schlechthin. Von da an wird allen natürlichen, gesunden sexuellen Empfindungen eine Spur von Ungehorsam und Sündhaftigkeit anhaften. Dies bringt später die Dynamik von Unterdrückung und Äußerung hervor, die bei wiedergeborenen Erwachsenen zu zwanghaftem sexuellem Verhalten führt.

B) Spielen mit den Geschlechtsorganen. Alle Kinder müssen ihre persönlichen Geschlechtsteile und die damit verbundenen Empfindungen erforschen. Es ist ganz normal für ein Kind, verschiedene Phasen und Stufen der Entdeckung zu erleben. Wenn die Unterweisung, das Vorbild und die Zucht schlecht sind (wie unter Punkt A geschildert), dann bleiben Kinder bei einem suchtartigen, zwanghaften Spielen mit ihren eigenen Geschlechtsorganen oder denen anderer Menschen stehen.

C) Zufälliges Erblicken eines nackten Körpers. Es passiert, daß ein Kind zufällig ins Schlafzimmer kommt, wenn die Eltern nackt sind oder sich körperlich lieben, oder daß ein Kind zufällig den Elternteil des anderen Geschlechts nackt unter der Dusche sieht. Auch hier gilt, daß weises Verhalten und weise Unterweisung solche Erfahrungen zum Segen wenden kann. Prüderie hingegen, die auf einer negativen Einstellung zum Körper und schlechter Lehre und schlechtem Vorbild gegründet ist, weckt in dem Kind das unterdrückte Verlangen, noch weitere unerlaubte Blicke zu erhaschen.

D) Elterliche Sauberkeitserziehung und Belehrung über Hygiene. Meine Mutter lehrte mich in aller Offenheit und mit Feingefühl, daß ich meinen Penis und meine Hoden sauber und trocken halten müsse, wie ich mich abzuputzen hätte usw. Als meine kleine Schwester geboren wurde und ich sah, daß sie auf andere Weise Wasser ließ, erklärte mir meine Mutter, wie und warum kleine Mädchen „anders als kleine Jungen aufs Töpfchen gehen“. Mit den körperlichen Funktionen waren keinerlei Tabus oder Anstößigkeit verbunden. Im „Elijah House“ sind viele Menschen bei uns in der

Seelsorge gewesen, deren negative Erfahrungen in der Kindheit sowohl zwanghafte Anziehungskraft als auch Abneigung hervorgerufen haben.

SEXUELLER MISSBRAUCH, INZEST UND VERGEWALTIGUNG

Paulas Buch OPFER DES SEXUALMISSBRAUCHS (besonders das zweite Kapitel „Die Tiefe der Zerstörung“) dokumentiert umfassend, wie zerstörerisch sich sexueller Mißbrauch, Inzest und Vergewaltigung auf den Charakter und die Persönlichkeit eines Menschen auswirken. Nichts kann einem Menschen größeren Schaden zufügen. Solche Verwundungen führen jedoch häufiger zu Promiskuität und Störungen des ehelichen Geschlechtsverkehrs, als zu Voyeurismus, Pornographie, Phantasien und Masturbation. Für sexuell mißbrauchte Menschen ist Sex nicht etwas, nach dem sie ein zwanghaftes Verlangen haben oder was in ihnen ein rebellisches Verlangen weckt, das Verbotene zu erforschen. Sie betrachten sich selbst oft als Dreck, weil ihr Selbstwertgefühl zerstört ist und ihr Hunger nach liebevoller Berührung nicht gestillt wird. Von lüsternen Wünschen werden sie jedoch normalerweise nicht getrieben.

4) SEXUELLE SÜNDEN UND STÖRUNGEN IN DEM ERBE DER VORVÄTER.

Bei vielen, die zu uns kamen und in suchtartigem und zwanghaftem sexuellen Verhalten gefangen waren, stellten wir fest, daß auch die Eltern und Großeltern unter sexuellen Störungen, sündhaftem Verhalten und schädlichen Haltungen und theologischen Meinungen gelitten hatten. Sexuelle Probleme werden, so wie andere Probleme auch, in dreierlei Weise ererbt: 1) durch die Gene; körperlich; durch die ererbte Neigung, in einer bestimmten Art zu denken, zu fühlen und zu handeln; 2) durch Vorbilder; und 3) durch das Gesetz von Säen und Ernten (Gal. 6,7; siehe Kapitel 13 „Sünde der Generationen“ in HEILUNG DES VERWUNDETEN GEISTES). Diese drei Faktoren werden normalerweise noch verschlimmert durch die Anwesenheit von „Familiengeistern“, Dämonen, die von Satan damit beauftragt wurden, über Familien zu wachen und sie, sooft sich die Möglichkeit dazu bietet, in Schwachheit hineinzutreiben. Wenn Seelsorger Menschen mit sexuellen Problemen helfen wollen, sollten sie routinemäßig die Familiengeschichte erfragen.

5) EINFLÜSSE UND ERFAHRUNGEN IN DER KINDHEIT DURCH NACHBARN ODER FAMILIENMITGLIEDER (NICHT DIE ELTERN).

Ich erinnere mich noch an einen Vorfall, den ich mit etwa vier Jahren erlebte. Ein älterer Cousin kam zu Besuch und nahm mich in einen leeren Hühnerstall mit. Ich verstand nicht, warum er meinen Penis küßte. Es erfüllte mich mit Widerwillen. Ich habe es nie vergessen. Doch Paula und ich haben Hunderte von Menschen in der Seelsorge gehabt, die von Verwandten oder Freunden in sehr viel krassere sexuelle Aktivitäten verwickelt wurden. Dies weckte in ihnen den unterschwelligen Trieb, als Teenager und Erwachsene jene Handlungen zu wiederholen. Cousins, Cousinen, Freunde und Freundinnen erfinden in der Kindheit oft verbotene Spiele. Sie suchen zum Beispiel nach Möglichkeiten, einen älteren Cousin unbekleidet zu sehen, oder sie betreiben gegenseitig Masturbation, Fellatio (oraler Sex, bei dem der Penis mit dem Mund gereizt wird), analen Geschlechtsverkehr oder, besonders auf Bauernhöfen, Sodomie. Kinder können Hunderte von Möglichkeiten erfinden, sexuell zu experimentieren. Wie bereits am Anfang gesagt, stellen bei den meisten jungen Leuten solche Erfahrungen einfach nur eine Phase dar, auf die sie als Erwachsene schmunzelnd zurückblicken. Solche Erfahrungen entwickeln sich nur dann zu suchtartigem und zwanghaftem Verhalten, wenn die Eltern bei der Entdeckung falsch reagieren, die Kinder falsch bestrafen oder sie so beschämen oder verletzen, daß sie die Erfahrung nicht hinter sich lassen und nicht zur gesunden Reife gelangen können. Seelsorger sollten die Erlebnisse aus der Kindheit des Betreffenden untersuchen und versuchen festzustellen, ob diese eine ursächliche Rolle oder nur eine Nebenrolle spielen. Sie sollten auf alle Fälle um Vergebung und Heilung beten.

6) EINFLUSS VON LEHRERN, PASTOREN UND LEITERN DES KINDERGOTTESDIENSTES.

In unseren dreißig Jahren Seelsorgepraxis sind Paula und ich Hunderten von erwachsenen, gläubigen Menschen begegnet, bei denen sexueller Mißbrauch in der Kindheit oder andere negative sexuelle Aktivitäten, in die sie von Lehrern und Pastoren hineingezogen wurden, sexuelle Störungen oder sündige, zwanghafte Triebe ausgelöst haben. Auch diese müssen durch Seelsorge und Gebet bewältigt werden.

VOYEURISMUS UND PORNOGRAPHIE

Die Neigung zu Voyeurismus und Pornographie ist in jedem Menschen vorhanden. Wir alle möchten gerne das sehen, was verboten ist. Die Frage, mit der wir uns hier befassen, lautet: „Wie können wir dies am besten heilen?"

EINFACHE SCHRITTE ZUR HEILUNG

1) GIB DAS PROBLEM ZU. Die meisten, bei denen Voyeurismus und Pornographie zu einer Sucht geworden sind, halten dies geheim – sogar vor sich selbst, so wie Alkoholiker. Sie weigern sich zu erkennen, daß sie keine Herrschaft mehr über die Sache haben, daß sie von etwas gefangen sind, das größer ist als ihre Kraft, dieser Sache zu widerstehen. So wie bei Alkoholikern der erste Schritt zur Heilung darin besteht, daß sie zugeben, Alkoholiker zu sein, so müssen auch Menschen, die an Voyeurismus und Pornographie gebunden sind, erkennen, daß sie aus sich selbst heraus keine Kraft haben, damit aufzuhören. (Siehe den Anhang mit der Liste von Organisationen, die Hilfe für Menschen anbieten, die in sexuellen Süchten gefangen sind.) Freunde und Seelsorger müssen sie ermutigen, den Tatsachen direkt ins Auge zu sehen. Das Problem besteht meistens darin, daß weder Freunde noch Verwandte davon wissen, bis es entdeckt wird und der Betroffene in Ungnade fällt. Selbst wenn sie etwas ahnen, wissen sie normalerweise nicht, welches Ausmaß diese Sucht hat und daß der andere tatsächlich darin gefangen ist. Darum sollte sich jeder Leser, der in Voyeurismus oder Pornographie verwickelt war, diesen Rat zu Herzen nehmen: Versuche nicht, allein damit fertig zu werden! Demütige dich und sprich mit Freunden oder einem Seelsorger. Vielleicht bist du nicht süchtig – doch stelle diese Diagnose nicht selbst. Sei demütig genug, um andere das Urteil fällen zu lassen und dir zu helfen – bevor es zu einer zwanghaften Sucht wird.

Ein Wort an Freunde und Seelsorger: Wenn du entdeckst, daß jemand, den du kennst, ab und zu der Versuchung des Voyeurismus oder der Pornographie erliegt, so schmälere nicht die Ernsthaftigkeit dieses Problems, und nimm es nicht zu leicht! Voyeurismus und Pornographie können schnell zu einer Sucht werden, besonders bei leistungsorientierten religiösen Menschen. Sprich den Betreffenden taktvoll, aber hartnäckig darauf an, bis dein Freund die Ursachen, die hinter seinem Verhalten liegen, aufspürt und sowohl von der Wurzel als auch von der Gewohnheit vollkommene Befreiung erfährt.

2) DURCHFORSCHE DIE KINDHEIT NACH WURZELN. Weise Menschen versuchen niemals, allein die Wurzeln herauszufinden (Spr. 11,14; 15,22). Seelsorger und Freunde sollten untersuchen, ob der Mensch durch eine leistungsorientierte Haltung verklemmt und übermäßig selbstbeherrscht ist. Man sollte vor allem herausfinden, ob es in der Kindheit religiöse Tabus gab, die mit Angst verbunden waren. (Religion kann als das Suchen des Menschen nach Gott definiert werden, als den Versuch, Gott zu gefallen. Glaube bedeutet, daß Gott die Menschheit findet, daß Er die Menschen rettet und tröstet. Religiosität ist von Anstrengung und Angst geprägt. Glaube ist von Ruhe und Freude erfüllt. Ein religiöser Geist wirkt sich tödlich auf unsere seelische Gesundheit aus.)

Hilf dem Betroffenen, zu vergeben. Die wichtigste Aufgabe ist, den Menschen dazu in die Lage zu versetzen, sich selbst zu vergeben. Seelsorger müssen Menschen mit sexuellen Süchten lehren, sich selbst mit Barmherzigkeit und Verständnis zu betrachten. Dies trägt mit dazu bei, das Selbstwertgefühl wiederherzustellen.

Der Hilfesuchende muß zu dem Verständnis kommen, daß er/sie eigentlich etwas anderes sucht, als sich nackte Menschen anzuschauen. Er muß erkennen, daß er geglaubt hat, er könne mit dieser unbefriedigenden Gewohnheit seinen inneren Hunger stillen. In Wirklichkeit wird der Betreffende jedoch von dem kindischen Bedürfnis getrieben, zu rebellieren, sich von dominierenden Eltern loszulösen oder auf Grund von unterdrücktem Haß das andere Geschlecht zu verunreinigen, und so weiter. (Auch vererbte Faktoren können ein Teil des Problems sein.) Sobald der Hilfesuchende den eigentlichen Grund seines Verhaltens sieht, verliert die Gewohnheit ihre zwanghafte Kraft. Jene Strukturen des alten Menschen, um was es sich auch handelt, müssen vollkommenen in den Tod ans Kreuz gegeben werden. Durch Lobpreis und Gebet, durch Bibellesen und Dienst an anderen Menschen sollten neue Gewohnheiten des Denkens und Fühlens in Christus aufgebaut werden.

3) MANCHMAL IST BEFREIUNG VON DÄMONEN NÖTIG.

Ziehe nicht zu schnell Schlußfolgerungen, bete nicht zu schnell um Befreiung, selbst wenn es sichere Anzeichen für eine Gebundenheit gibt oder sich dies bestätigt. Befreiung muß davon begleitet werden, daß der Betreffende die sündhafte Gewohnheit haßt, daß er Buße tut und daß die verursachende Wurzel ausgerissen wird, sonst wird der Zustand des Menschen hinterher siebenmal schlimmer sein als vorher (Lukas 11,24-26). Unreine Geister können verborgene Faktoren im Herzen und in den Gedanken dazu gebrauchen, eine Neigung in einen Zwang zu verwandeln. Es gibt Fälle, wo der Seelsorger (leise oder laut) dämonische Mächte binden muß, bevor er überhaupt irgendeinen Schritt vorwärts kommt. Weise Seelsorger lernen, wie sie die Wirksamkeit von Dämonen so lange unterbinden können, ohne sie vollkommen auszutreiben, bis der Mensch stark genug geworden ist und ausreichende Erkenntnis gewonnen hat. Dann kann er dem Versuch der Dämonen, erneut in ihn einzudringen, selbst widerstehen. Dann kann die Befreiung vollständig vollzogen werden und mit Freuden geschehen – ohne daß ein Rückfall geschieht.

4) LERNE, DEINE TRIEBE IN SINNVOLLE TÄTIGKEITEN UMZUSETZEN UND LEISTE ENTSCHÄDIGUNG.

Nachdem ein Mensch Heilung und Befreiung erfahren hat, wird er erneut versucht werden. Alte Gewohnheiten können nach wie vor auftreten, selbst wenn ihnen die Macht genommen ist. Wenn man ein Glockenseil, das man vorher gezogen hat, losläßt, dann schlägt die Glocke noch eine Weile an. Doch wenn man nicht noch einmal zieht, wird sie immer langsamer und hört von allein auf. Genauso ist es, wenn die Wurzeln ausgerissen sind, die Triebe sich jedoch einfach gewohnheitsmäßig noch rühren. Man sollte die Betroffenen lehren, die Impulse zu überprüfen, Lasten im Gebet an Jesus abzugeben und sich dann auf eine sinnvolle Tätigkeit zu konzentrieren, mit denen sie anderen helfen können. Wenn wir uns davon überzeugen lassen, daß eine alte Praktik erneut zum Leben erwacht ist, dann werden wir in die Dynamik der Unterdrückung und Äußerung zurückgeworfen, die die Macht jener Gewohnheit weiter belebt und verstärkt. Wir müssen sie für tot erachten und unsere Kraft auf etwas lenken, was lohnend und heilsam ist. Dann wird jene alte „Glocke“ bald nicht mehr schlagen.

Seelsorger können Menschen, die zu ihnen in die Seelsorge gekommen sind, zum Beispiel die Aufgabe übertragen, anderen Menschen zu helfen. Etwas für andere zu tun, richtet das Selbstwertgefühl auf und trägt mit dazu bei, einen Schadenersatz zu leisten für das, was durch jene Gewohnheit zerstört worden ist. Niemand kann sich seine eigene Erlösung verdienen. Doch wenn von uns verlangt wird, anderen zu helfen, erfahren wir selbst oft mehr Wiederherstellung und Heilung, als der, dem wir helfen. Das weiß der Herr. Die vielleicht beste Möglichkeit, Wiedergutmachung zu leisten, besteht darin, Menschen zu helfen, die in ähnlichen sündigen Gewohnheiten gefangen sind, und, wenn dies möglich ist, etwas für jene Menschen zu tun, die wir verletzt haben.

PHANTASIEN UND MASTURBATION

Masturbation kommt bei allen Menschen vor. Ich erinnere mich, wie ein bekannter Familienseelsorger sagte, daß 97% der Menschen zugeben, sie hätten schon einmal masturbiert – und die anderen 3% seien Lügner! Kinder vor dem Teenageralter untersuchen ihre Körperempfindungen und lernen schon bald die Erregung der Stimulation und das Gefühl der Befreiung kennen, die der Orgasmus mit sich bringt. Teenager brauchen einerseits diese Freisetzung der körperlichen Gefühle, andererseits verbietet das Gewissen eines Christen und die christliche Lehre den Geschlechtsverkehr. Dadurch steht der Körper unter einer Spannung – er ist dazu geschaffen, sich sexuell auszudrücken, doch wird ihm dies, manchmal jahrelang, nachdem er dazu bereit ist, verwehrt.

Masturbation ist in der Bibel nicht ausdrücklich verboten. Ich habe in Gottes Gesetz weder positive noch negative Äußerungen dazu gefunden. Noch hat dies sonst irgend jemand, den ich kenne, ohne Worte zu verdrehen oder etwas hineinzulesen. Viele, die unsere Aussagen über Masturbation in dem Abschnitt über sexuelle Sünden in UMGESTALTUNG DES INNEREN MENSCHEN gelesen haben, schickten uns Briefe. Sie waren darüber verärgert, daß wir Masturbation nicht als Sünde verurteilt haben. Doch wahre Diener des Herrn können nur dann ein klares Nein sagen und etwas sicher behaupten, wenn die Bibel unmißverständliche Aussagen macht. Dort, wo die Bibel Fragen offen läßt, müssen wir schweigen, ganz gleich, wie unsere persönliche Meinung dazu lautet.

Masturbation wird dann sündhaft, wenn andere Faktoren, wie zum Beispiel Phantasien, hinzukommen. Die Phantasie an sich ist nichts Schlechtes. Sich etwas bildlich vorzustellen und Tagträume zu haben, ist eine der größten Gaben, die Gott der Menschheit gegeben hat. Durch diese Gabe sind viele erstaunliche Erfindungen und wissenschaftliche Wunderwerke entstanden. Doch alle Gaben Gottes können mißbraucht werden. Wenn die Kraft der Phantasie sich mit der Masturbation verbindet, dann geschieht die Sünde der Unzucht und des Ehebruchs. „Ihr habt gehört, daß gesagt ist: DU SOLLST NICHT EHEBRECHEN. Ich aber sage euch, daß jeder,

der eine Frau ANSIEHT, sie zu begehren, schon Ehebruch mit ihr begangen hat in seinem Herzen" (Mt. 5,27-28).

Wenn ans Licht kommt, daß ein Klient Masturbation betrieben hat, dann sollte der Seelsorger fragen, ob dabei Phantasien eine Rolle gespielt haben. Wenn dies der Fall ist, sollte Buße, Vergebung, Ermahnung und Unterweisung folgen. Die Gewohnheit des Phantasierens muß gebrochen werden. Oft muß man dem Betreffenden klar machen, daß dieses Phantasieren etwas anderes ist als Tagträumerei, die völlig harmlos sein kann und andere Menschen nicht berühren muß. Doch weil das, was wir tun, immer andere betrifft, werden durch sexuelle Phantasien andere Menschen verunreinigt, und darum sind diese Phantasien sündhaft.

Masturbation wird auch Sünde durch Götzendienst. Verheiratete Paare wissen, daß nach dem Orgasmus Frieden und Ruhe durch das ganze Nervensystem strömt. Bei jungen Leuten, die einen Lebensstil der ständigen Anspannung führen, dauert es nicht lange, bis sie entdecken, daß sie durch Masturbation und Orgasmus Befreiung und Entspannung finden können. Sie erfahren, daß jedesmal dann, wenn sie zum Orgasmus kommen, ihr Körper und ihre Gefühle in einen euphorischen Ruhezustand gelangen. Das Verlangen nach Befreiung und Ruhe und die Überzeugung, daß die Masturbation der Weg dorthin ist, können Sucht auslösen.

Eine Reihe von erfolgreichen Pastoren und Leitern, denen ich seelsorgerlich beigestanden habe, konnten nicht verstehen, warum sie nach wie vor von dem Zwang zu masturbieren verfolgt wurden. Die meisten sagten, ihre Ehepartner seien vollkommen zufriedenstellende Liebhaber. Das machte ihnen den Zwang, unter dem sie standen, noch rätselhafter. Sie haßten sich selbst deswegen, konnten aber nicht damit aufhören. Auch hier bewirkte die Macht der Dynamik von Unterdrückung und Äußerung, daß die Gewohnheit um so stärker wurde, je mehr sie dagegen ankämpften. Die eigentliche Sünde bestand in Götzendienst. Sie hatten sich daran gewöhnt, durch Masturbation das zu bekommen, was sie eigentlich durch Gebet und Anbetung hätten erlangen sollen. Die meisten dieser Leiter hatten im Erwachsenenalter erfahren und gelernt, welche tiefe Befriedigung sie durch Gebet und Lobpreis finden konnten. Trotzdem wurden sie ihre Sucht nicht los, weil das in früheren Jahren eingebaute „Gleis" der Gleichsetzung von Masturbation mit Befreiung und Ruhe als unbewußter Mechanismus weiterwirkte und noch nicht zum Tod ans Kreuz gebracht worden war.

Normalerweise entwickeln Menschen die Gewohnheit der Masturbation, lange bevor sie Jesus als ihren Herrn und Heiland annehmen. Normalerweise erfüllt nach der Bekehrung die Gegenwart des Herrn das Herz so sehr mit Frieden, daß der Mensch eine Zeitlang kein Bedürfnis nach irgendeiner anderen Art der Erleichterung verspürt. Doch nach jenen ersten euphorischen Monaten erleben die meisten Christen in ihrem Gebetsleben eine Wüstenzeit. Normalerweise verstärkt sich zur selben Zeit Druck und Anspannung. Das kann dazu führen, daß sich der Christ emotional zurückbewegt. Da er durch das Gebet keine Erleichterung mehr erfahren kann und der zunehmende Druck droht, sein Gleichgewicht ins Schwanken zu bringen, ist es ein Leichtes, zur Masturbation zurückzukehren und dort Entspannung zu suchen. Durch Abscheu, Angst und Schuld verfängt sich der Christ nun in der Dynamik der Unterdrückung und Äußerung, wodurch sich die neu zum Leben erwachte Gewohnheit mehr und mehr zum Zwang entwickelt – was den Betreffenden vor weitere Rätsel stellt und ihn noch mehr verwirrt.

Seelsorger müssen vermeiden, den Betreffenden mit Verurteilung zu überhäufen. Übermäßige Schuld wird in diesem Fall nicht helfen, den Weg zum Kreuz zu ebnen und Freiheit zu erfahren. Schuldgefühle werden wahrscheinlich eher dazu führen, daß der Ratsuchende den falschen Weg einschlägt, sich noch mehr anstrengt und so noch mehr Öl aufs Feuer gießt. Unterweisung und Erklärung kann dem Menschen zu dem Verständnis helfen, daß die eigentliche Sünde in Götzendienst besteht und daß Unterdrückung und Anstrengung aus eigener Kraft nur dazu beitragen, die Sucht zu verstärken. Vergebung für den Götzendienst sollte ausgesprochen werden. Doch dann sollte dem Ratsuchenden gesagt werden, daß er sich im Blick auf die Gewohnheit nicht mehr so unter Druck setzen soll. DAS BEDÜRFNIS NACH KÖRPERLICHER ENTSPANNUNG UNTERSCHEIDET SICH VON DEM BEDÜRFNIS NACH SEELISCHER ENTSPANNUNG UND RUHE. Der Ratsuchende muß zu der Erkenntnis geführt werden, daß sich diese beiden Bedürfnisse bei ihm auf falsche Weise verbunden haben und daß er seelische Erleichterung auf andere und bessere Weise erfahren kann.

Der Zwang zu masturbieren ist daher eine Bombe, die zunächst durch Erkenntnis entschärft werden muß. Unverheirateten Menschen sage ich, daß sie sich, wenn sie ab und zu einmal masturbieren, nicht mit Schuldgefühle belasten und sich dadurch knechten lassen sollten. Ihr Leib braucht diese rein körperliche Entspannung. Ich lehre sie, sich selbst zu vergeben, wenn dies nötig ist (besonders wenn Phantasien eine Rolle dabei gespielt haben), dann jedoch die Sache zu vergessen und weiterzuleben. Viele sind zu mir zurückgekommen und haben mir berichtet, daß dies hilft. Die Masturbation sei kein Zwang mehr, und sie hätten nicht mehr dagegen ankämpfen müssen. Die Macht der Gewohnheit sei gebrochen. Vielleicht tun sie es noch von Zeit zu Zeit, weil ihr Körper ab und zu diese Entspannung braucht, doch sie benutzen es nicht mehr, um seelische Entlastung von Problemen zu erlangen.

Verheiratete Leute, die immer noch masturbieren, brauchen Hilfe, um zu erkennen, daß sie Verhaltensmuster aus der Kindheit beibehalten haben, nämlich das Denken, durch Masturbation seelische Erleichterung zu erfahren. Diese Muster müssen zum Tod ans Kreuz gebracht werden. Die betreffenden Menschen müssen lernen, über ihre Probleme zu sprechen, mit ihrem Ehepartner zu beten und die Herrlichkeit des ehelichen Geschlechtsverkehrs noch mehr zu genießen. Doch wir müssen hier noch einen zusätzlichen Faktor ansprechen: Einige haben sich vielleicht daran gewöhnt, beim ehelichen Geschlechtsverkehr nicht nach Gemeinsamkeit zu trachten. Die Gewohnheit der Masturbation hat vielleicht zu der zusätzlichen Gewohnheit geführt, im Geschlechtsverkehr Selbstbefriedigung zu suchen. Das kann den Betreffenden dazu bringen, im Akt des Geschlechtsverkehrs nicht wirklich dem Ehepartner zu begegnen und nach Gemeinsamkeit zu suchen. Er hat sich so lange selbst befriedigt, daß er sogar während des Geschlechtsverkehrs Masturbation betreibt – er gebraucht den Ehepartner nur dazu, für sich selbst Entspannung zu finden. Er hat nie gelernt, wie er dem anderen im Liebesspiel begegnen und ihn erfrischen kann. Weise Seelsorger werden nachforschen, um herauszufinden, ob und inwieweit dies der Fall ist. Vergebung und Versöhnung zwischen den Ehepartnern ist nötig, außerdem sorgfältige Unterweisung darüber, wie man in der Ehe zu wahrer Gemeinsamkeit kommen und dadurch einander erfrischen und erfüllen kann.

Phantasien muß einfach Einhalt geboten werden. Selten ist jemand so sehr an Phantasien gebunden, daß er dieser Gewohnheit nicht durch Willenskraft und Gebet ein baldiges Ende setzen kann. Phantasien kommen als weiteres Element zu dem körperlichen Zwang der Masturbation hinzu. Sie gehören jedoch nicht zu den

Ursachen und sind normalerweise nicht mit der Dynamik der Unterdrückung und Äußerung verbunden. Wenn der Christ jedoch nicht erkennt, daß dies eine ernsthafte Sünde ist (da andere Menschen dadurch verunreinigt werden), wenn er nicht beschließt, aus diesem Grund die Phantasien zu verscheuchen und sich ihnen nicht mehr hinzugeben, dann wird er Schwierigkeiten haben, den alten Weg zu verlassen. Ein oder zwei Seelsorgesitzungen und Gebet reichen normalerweise aus, um bei zwanghafter Masturbation das Element der Phantasien zu beenden.

Bei manchen Menschen hat sich die Masturbation auch unbewußt mit anderen Faktoren verbunden, wie zu Beispiel Rebellion im Teenageralter, dem Bedürfnis, die Eltern durch schlechtes Verhalten zu bestrafen, oder Abhängigkeit von Pornographie und Voyeurismus. In solchen Fällen muß der Seelsorger die verschiedenen Elemente identifizieren, sie voneinander trennen und den Hilfesuchenden zu der Erkenntnis führen, wie die einzelnen Elemente begonnen haben und wie sie zusammenwirken. Auf diese Weise gewinnt der Betroffene langsam die Herrschaft über sich selbst zurück und lernt, seine Kämpfe dort auszufechten, wo sie in Wirklichkeit stattfinden, anstatt sich in nutzloser Selbstanklage zu verfangen.

Schließlich muß der Hilfesuchende darin unterwiesen werden, wie er wahre seelische Erleichterung finden kann, nämlich durch das Gebet und dadurch, daß er anderen Menschen sein Herz öffnet. Wenn die Fähigkeiten der Kommunikation und des Betens nicht erlernt werden, wird die Person zurückfallen und auf unangemessenen Wegen nach seelischer Erleichterung suchen, aller Wahrscheinlichkeit nach in jener Gewohnheit, die ihn vorher im Griff hatte.

TEIL 2

Historische, theologische und kulturelle Gründe

VORWORT ZU TEIL ZWEI

Einige der historischen, kulturellen und theologischen Gründe für sexuelle Sünden sind in vorausgegangenen Kapiteln bereits erwähnt worden. Ich wiederhole sie aus zwei Gründen: erstens, um ausführlicher und deutlicher darüber zu lehren; zweitens, um Lehrern (vielleicht auch Herausgebern von Zeitschriften) die Möglichkeit zu geben, einzelne Kapitel als abgeschlossene Abhandlung herauszunehmen. Aus diesem Grund ist jedes Kapitel in diesem Buch so geschrieben, daß es auch für sich stehen kann.

Es ist schwierig, historische Gründe von kulturellen und theologischen zu trennen. Sie sind ineinander verwoben. Historische Entwicklungen haben einen großen Einfluß auf Kultur und Theologie. Kulturelle und theologische Veränderungen wandeln den Lauf der Geschichte. In den folgenden Kapiteln führe ich unter historischen Gründen jene Ereignisse auf, die unsere westliche Kultur und Theologie am meisten beeinflußt haben und so auch das Verhalten der Christen. In gleicher Weise versuche ich, jene kulturellen und theologischen Trends zu beschreiben, die meiner Meinung nach den größten Einfluß auf historische Ereignisse und unsere Fähigkeit, wie Christus zu denken und zu handeln, gehabt haben.

Eine solche Abhandlung kann niemals erschöpfend in nur drei Kapiteln besprochen werden. Darum habe ich versucht, meine Bemerkungen auf solche Offenbarungen zu beschränken, die uns die Möglichkeit zu konkretem Handeln geben. Mein Ziel ist nicht rein wissenschaftlicher Natur, sondern mir geht es auch um praktische Verwandlung und Erlösung. Ich hoffe, daß das, was ich hier kurz darstelle, christliche Forscher und Gelehrte dazu anregen wird, die Kenntnis über diese Dinge weiter zu vertiefen. Unsere Kollegen und die Seminare brauchen dieses Wissen dringend, um die Gedanken und Herzen der zukünftigen Leiter zu schulen, damit sich die nächste Generation nicht durch dieselbe Flut von sexuellen Sünden hindurchkämpfen muß, die wir gesehen haben.

Kapitel 6

HISTORISCHE GRÜNDE FÜR SEXUELLE SÜNDEN

DER WICHTIGSTE HISTORISCHE GRUND FÜR SEXUELLE SÜNDEN, UNTER CHRISTEN UND NICHTCHRISTEN GLEICHERMASSEN, IST DIE ZERSTÖRUNG DER FAMILIENROLLEN UND -BEZIEHUNGEN, DIE MIT DEM AUFKOMMEN DER INDUSTRIELLEN REVOLUTION BEGANN. Davor lebten alle Menschen in einer Gesellschaft, die von Landwirtschaft und Handel geprägt war. Söhne und Töchter arbeiteten auf dem Bauernhof oder im Geschäft Seite an Seite mit ihren Vätern und Müttern. Handwerker, wie zum Beispiel Tischler, Uhrmacher, Töpfer, Schmiede und Wagenbauer, errichteten ihre Wohnungen hinter oder über ihren Werkstätten. Das gleiche galt für Geschäftsleute.

Die Frauen und Töchter waren nicht weit von Mann und Vater entfernt. Sie wußten, was die Männer taten und arbeiteten oft an ihrer Seite.

Die Arbeit und das Schicksal eines Mannes waren eng mit seinem Zuhause und seiner Familie verbunden. Tief verwurzelt in der Mentalität jedes Vaters war das Ziel, den Kindern durch Wort und Vorbild seine eigenen Fähigkeiten und Leitlinien weiterzugeben. Seine Lebensphilosophie war wichtig. Sein Glaube hatte Einfluß auf die ganze Familie und wurde auf sie übertragen. Es ging nicht nur um seine persönliche Erlösung, sondern die der ganzen Familie.

Der Vater war der General auf dem Feld. Seine Anwesenheit und Überwachung ließen wenig Raum für unmoralische Eskapaden – durch das Fehlen der heutigen Maschinen, die der Arbeitserleichterung dienen, waren außerdem wenig Kraft und Zeit für so etwas übrig. Die Kameradschaft des Vaters stärkte den Geist der Kindern, so daß sie in der Lage waren, auf moralischem Gebiet fest zu stehen. (Wir sprechen von christlichen Familien. Durch die Nähe in den Familien hatten unmoralische und heidnische Väter natürlich entsprechend die Möglichkeit, das Leben ihrer Kinder zu verunreinigen.)

Die Ehefrauen wußten, was das Herz ihres Mannes bewegte, und sie trugen alle Lasten gemeinsam. Sie arbeiteten als Team, sowohl beruflich als auch bei der Erziehung der Kinder. Im Herzen der Frau erlebte die Philosophie und der Glaube des Mannes einen Reinigungsprozeß, durch sie wurden die Anschauungen milder, und sie gab sie den Kindern weiter. Sie wußte, wo ihr Platz war (im besten Sinne des Wortes), sowohl als Ehefrau im Herzen ihres Mannes, als auch, was ihre Rolle als Mutter betraf.

Die Eltern zu ehren und ihnen zu gehorchen (5. Mose 5,16), war die Grundstruktur des Lebens. Ohne Gehorsam hätten die meisten Familien nicht überleben können. Da die Kinder Seite an Seite mit ihren Eltern arbeiteten, kannte sie das Herz der Eltern, und die Eltern kannten das Herz ihrer Kindern. ES GAB KEINE KLUFT ZWISCHEN DEN GENERATIONEN. Das Auseinanderklaffen der Generationen ist eine Folge der industriellen Revolution. Davor waren Eltern und Kinder unter ein gemeinsames Joch gespannt, sowohl bei der Arbeit als auch in ihrem Denken.

Auch wenn diese Beschreibung ein wenig idealistisch erscheinen mag (die sündige Natur des Menschen wandelt sich nicht), so bleibt doch unbestritten, daß durch die damaligen Familienstrukturen der Einfluß der Eltern sehr stark und klar war. Der Glaube war nicht nur eine rein private Angelegenheit. Die Nähe der Familie bedeutete, daß das, was das Herz der Eltern erfüllte, auch das Herz der Kinder ergriff. Der Verstand ist vielleicht anderer Meinung und bildet sich seine eigene Überzeugung. Doch dem Einfluß, den das Herz und der Lebensstil der anderen ausübte, konnte niemand entfliehen. Durch die Notwendigkeit, täglich gemeinsam überleben zu müssen, prägten die Eltern den Kindern ihr eigenes Wesen auf.

Heute hat sich alles verändert. Seit dem Aufkommen der industriellen Revolution arbeiten immer mehr Väter fort von Zuhause. Die Ehefrauen und Kinder arbeiten nur noch selten Seite an Seite mit den Männern. Nur wenige Väter sehen es heute noch als ihre Pflicht an, den eigenen Kindern ihre handwerklichen Fertigkeiten weiterzugeben. Die Kinder wissen oft so gut wie gar nichts über das, was ihre Väter tun. Sie sind nicht Teil dieser Arbeit. Die Väter sind lange Stunden von Zuhause fort. Die Kinder kennen nicht mehr das Herz ihrer Väter. Die Philosophie und der Glaube des Vaters sind an die zweite Stelle gerückt, der Glaube der Mutter nimmt die erste Stelle ein, ob der Glaube nun derselbe ist wie der des Vaters oder nicht. Lehrer und Sonntagsschulleiter nehmen in den Gedanken und im Herzen der Kinder den Platz ein, den früher der Vater innehatte. Die Väter neigen dazu, ihre Verantwortung der liebevollen Zuwendung und der Ermahnung den Müttern und Lehrern zu überlassen.

Ehemänner und Väter leben heute in zwei Welten. Die Welt des beruflichen Strebens und des handwerklichen Könnens ist nicht mehr mit der Familie verbunden, die Hilfe der Kinder wird nicht mehr gebraucht. Die Männer meinen normalerweise, sie müßten in der Öffentlichkeit Erfolg haben, und nicht so sehr zu Hause. Die Familie nimmt nach der Karriere meistens den zweiten Platz ein. Was seine Arbeit betrifft, so hat der Mann meistens viel Selbstvertrauen, er ist stolz auf seine Fähigkeiten. Er weiß, welche Knöpfe er zu drücken hat. Er weiß, wie er die Dinge anpacken muß, damit etwas dabei herauskommt. Doch wenn er nach Hause kommt, hat er meistens nicht genügend Informationen aus erster Hand, um die Entscheidungen zu treffen, die von ihm verlangt werden.

Die Beziehung zu seiner Frau und den Kindern erfordert ein völlig anderes Empfindungsvermögen und andere Fähigkeiten als die, die bei der Arbeit zum Erfolg verhelfen. Er fühlt sich manchmal wie ein Ausländer, der vorne am Bug eines fremden Schiffes steht, und die Mannschaft dieses Schiffes spricht eine fremde Sprache. Die Arbeitswelt taucht daher als eine große Versuchung auf, als ein Ort, wohin er fliehen kann, ein Ort, wo er sich den Anforderungen gewachsen fühlt, erfolgreich sein und sich beglückwünschen kann, daß er Herr der Lage ist. Das Leben in der Welt der Familie scheint oft mächtig außer Kontrolle geraten zu sein, und dieses Gefühl stellt eine Bedrohung für die Identität jedes Mannes dar. Wenn er sich überlegt, an welchem Ort er Wiederherstellung erfahren kann, steht im folglich die Welt der Arbeit vor Augen und nicht das Zuhause und die Familie. Allein schon diese Tatsache macht ihn empfänglich für Affären mit Menschen, die seine Zeit und Gefühle während der Arbeit teilen.

Seine Frau ist allzuoft die einzige Expertin zu Hause. Sie weiß über die Einzelheiten Bescheid, für die er keine Zeit hat. Sie kennt das Herz der Kinder, er nicht. Sie lebt in einer weiblichen Welt von Empfindsamkeit und Gefühlen, für die in der Arbeitswelt kein Platz ist. (Bei der Arbeit darf man das, was für alle sichtbar ist, nicht sagen, sonst steht man in den Augen der anderen als dumm oder langweilig dar. Das, was alle wissen und was schon einmal ausgesprochen wurde, darf man nicht noch einmal wiederholen.) Das

Leben zu Hause verläuft auf einer völlig entgegengesetzten Grundlage! Seine Frau weiß, daß sie ein leckeres Essen gemacht hat, aber trotzdem wünscht sie sich, daß er ihr Komplimente dafür macht. Er hat ihr hundert Mal gesagt, daß er sie liebt und daß sie schön aussieht. Wenn er es noch einmal sagen würde, würde er sich nur wiederholen, es erscheint ihm unnötig. Doch nichts könnte ihr unwichtiger sein als die Frage, ob er sich damit wiederholt oder ob es eine offensichtliche Tatsache ist. Für sie ist es wichtig, diese Worte zu hören.

Sie spricht ununterbrochen über triviale Angelegenheiten, die für sie durchaus nicht unwichtig sind und für ihn auch nicht, wenn er das nur begreifen würde. Doch er ist in seinen Gedanken bei den Multimillionen-Dollar-Entscheidungen, bei Projekten, technischen Fragen usw. Die kleinen emotionalen Angelegenheiten des Alltags erscheinen bei weitem nicht so packend und aufregend, sie sind längst nicht so entscheidend für die finanzielle Lage der Familie, wie die „wichtigen" Dinge, die er in seinem Herzen und seinem Verstand mit nach Hause bringt.

Auf diese Weise tritt er zurück von seiner Rolle als Priester, als Haupt und Vater, er kennt seine Frau und seine Familie nicht mehr richtig, umgekehrt gilt das gleiche. Er fühlt sich ständig zu dem vertrauten Schauplatz seines beruflichen Strebens hingezogen, er überläßt die Erziehung der Kinder seiner Frau, die auf diesem Gebiet scheinbar mehr Kompetenz und Interesse besitzt. Schließlich entsteht in ihm die Haltung, daß er zwar Frau und Kinder haben will, aber nicht nach wirklicher Nähe und Vertrautheit mit seiner Frau sucht, noch die gemeinsame Aufgabe der Erziehung und seine Rolle als Vater erfüllen will.

In letzter Zeit gibt es immer mehr Frauen, die der Familie entfliehen und Karriere machen wollen. Oder die versuchen, Karriere zu machen und gleichzeitig Mutter zu sein. Kinder aus solchen Familien werden oft in Kinderkrippen und/oder Internate abgeschoben, und so fehlen ihnen für lange Zeit beide Eltern – was zur Zerstörung des Charakters und der moralischen Stärke führt.

Wir sehen, daß das Aufkommen des industriellen Zeitalters zu mindestens zwei Hauptursachen der Unmoral in unserer Gesellschaft geführt hat, von denen leider auch die Christen nicht unbeeinflußt geblieben sind. Erstens: Der Rückzug der Väter aus ihrer gottgegebenen Rolle als Vater hat die Fähigkeit der Kinder, moralisch fest zu stehen, auf furchtbare Weise geschädigt:

„Siehe, ich sende euch den Propheten Elia, bevor der Tag des Herrn kommt, der große und furchtbare. Und er wird das Herz der Väter zu den Söhnen und das Herz der Söhne zu ihren Vätern umkehren lassen, damit ich nicht komme und das Land mit dem Bann schlage" (Mal. 3,23-24).

Der Bann, der Fluch, ist bereits da, durch die wachsende Rate von Kriminalität, Drogen, Trennungen und Scheidungen, Unzucht, Ehebruch usw. (Siehe HEILUNG DES VERWUNDETEN GEISTES, Kapitel 5 „Der schlafende Geist".) Der Fluch entsteht dadurch, das im Leben des Kindes in zwei Bereichen eine große Leere existiert: A) Der Mangel an angemessener väterlicher Zucht. Das Strafen der Mutter ist eine Hilfe, doch erst die väterliche Zucht gibt der Moral im Herzen des Kindes eine Struktur, sie lehrt Grenzen und baut die Fähigkeit auf, selbstsüchtige Wünsche zu verleugnen. Eine Generation nach der anderen leidet heute an unzulänglicher elterlicher Zucht, besonders der des Vaters.

B) Der Mangel an väterlicher Unterweisung und der Mangel an einem Vorbild für ein Lebens nach moralischen Prinzipien hat zu einer fast vollkommenen Zerstörung der Erkenntnis geführt, daß moralische Gesetze in Selbstlosigkeit begründet sind. Die Gesetze Gottes sind als Richtlinien gedacht, die zeigen sollen, wie Liebe in Beziehungen wirksam (oder nicht wirksam) wird. Doch für die unzählbare Menge derer, die nie gelernt haben, aus Liebe zu anderen etwas zu opfern, bedeuten Gesetze nur eine Durchkreuzung ihrer Wünsche und des egozentrischen Ausdrucks ihrer Selbst. Kinder, die niemals geduldig gelehrt wurden, die niemals Stunde um Stunde an der Seite des Vaters oder der Mutter zum Wohle anderer gearbeitet haben, besitzen praktisch kein Verständnis von dem Sinn und der Absicht ziviler oder biblischer Gesetze! Sie haben nie gelernt, das Gesetz um der Gerechtigkeit willen zu lieben. Sie haben wenig Achtung vor Gesetz und Ordnung, wenn es dabei um das Wohl anderer geht. Wenn sie moralischen Gesetzen gehorchen, zu welchem Grad auch immer, dann nur, weil sie Angst haben, erwischt zu werden. (Wenn sie sicher sind, ohne Strafe davonzukommen, tun sie, was sie wollen.) So fehlen selbst bei vielen von neuem geborenen Christen die Charakterstrukturen, die dem Heiligen Geist die Möglichkeit geben, uns auf dem Weg der Gerechtigkeit zu erhalten. Wenn der Druck zunimmt, dann übernimmt das, was von unseren Eltern an moralischen Strukturen in unseren

Charakter eingebaut wurde, die Führung und bestimmt darüber, ob wir als Christen am Ende stehen oder fallen.

Der Mangel an elterlicher Liebe, besonders des Vaters, hat dazu geführt, daß viele Christen und Nichtchristen einen schlafenden Geist haben. Liebevolle Zuneigung erweckt und leitet den persönlichen Geist der Kinder in der Kunst, Beziehung aufzubauen (siehe das bereits erwähnte Kapitel „Der schlafende Geist"). Erwachsene, die in der Kindheit Mangel an Liebe erfahren haben, können zu den Menschen, die ihnen am nächsten stehen, keine Nähe und Vertrautheit aufbauen. Ohne liebevolle Zuwendung in der Kindheit fehlt es den Erwachsenen an der Schärfe des Gewissens. Darum winkt die Unmoral, ohne das eine wirksame Prüfungsinstanz da wäre. Kinder, die nicht genug Zärtlichkeit empfangen, verdorren in ihrem persönlichen Geist (wie Pflanzen, die in heißer Sonne ohne Wasser bleiben) und werden zu Erwachsenen, die nicht in der Lage sind, tiefe Beziehung einzugehen. Dadurch entsteht ein mächtiger, ungestillter Hunger und Einsamkeit. Ungestillte Bedürfnisse, zusammen mit einem mangelhaft ausgebildeten Gewissen, führen zu Affären und Ehebruch, zumal Affären Nähe zu einem Menschen zu versprechen scheinen, ohne daß man dabei den Preis der Hingabe und Verbindlichkeit zu zahlen braucht.

Mangel an väterlicher Priesterschaft bedeutet, das Kinder aus solchen Familien zu Erwachsenen heranwachsen, die Probleme haben, in ihrem Alltag eine Beziehung zu Gott aufrecht zu erhalten. Wenn sie sich bekehren, lernen sie, in der Gemeinschaft mit anderen zu Gott zu beten – doch nur, indem sie nachmachen, was andere tun. Sie haben keine vorgebahnten Wege, um ein ganz persönliches Gebetsleben mit dem Herrn zu führen. Ihnen fehlt das praktische geistliche Vermögen, die alltäglichen kleinen Probleme des Lebens durch das Gebet zu bewältigen, ganz zu schweigen von großen Krisen. Vielleicht denken sie daran, ein Tischgebet zu sprechen, aber sie haben nicht die Fähigkeit erworben, durch Seelsorge und Gebet Vergebung unter den Familienmitgliedern auszubreiten. Sie wissen nicht, wie sie ihren Kindern die Hände auflegen und um Heilung für sie beten können. Es ist ihnen nicht bewußt, daß sie die Pflicht haben, täglich die Familienmitglieder im Gebet zu segnen. Und wenn es ihnen bewußt wird, wissen sie nicht, wie sie dies tun können. Sie schützen ihre Kinder nicht durch tägliche Fürbitte.

Folglich wachsen die Kinder zu Erwachsenen heran, ohne sich ihrer priesterlichen Berufung und Aufgabe als Eltern bewußt zu sein und ohne die Möglichkeit zu haben, diese auszuüben. Die Folge ist zweifach: Erwachsene Kinder aus solchen Familien besitzen praktische keine Fähigkeit, für sich persönlich Befreiung von Familienproblemen zu erfahren oder Erholung von den Anspannungen des täglichen Lebens zu finden. Das macht sie wehrlos gegenüber Menschen, die sie scheinbar verstehen und ihnen den Trost anbieten, den sie zu Hause nicht bekommen, was wiederum zu Affären und Ehebruch führt.

Ihr Glaube trennt sich immer mehr von der Wirklichkeit ihres eigenen Lebens und des Lebens ihrer Kinder. Keiner in der Familie weiß, wie er ganz praktisch Jesu Blut, das Kreuz und das Auferstehungsleben Jesu zu den Herzen der Familienmitglieder bringen kann. Die Folge ist, daß die Gerechtigkeit Gottes im Alltag der Familie – oder in anderen Bereichen – nur wenig Eingang findet. Die letzte Folge ist, daß sich Unmoral von Generation zu Generation immer weiter ausbreitet – bis jemand von neuem lernt, den Glauben in der Familie zu leben, an dem Ort, wo es zählt; bis jemand den Preis der Selbst-Zucht bezahlt, um den Teufelskreis der Degeneration zu unterbrechen, und in seiner Familie eine praktische christliche Lebensführung aufbaut.

DAS VORBEUGENDE MITTEL

ES GIBT KEIN ANDERES VORBEUGENDES MITTEL ALS DEN ENTSCHLUSS ZU FASSEN, UNBEUGSAME PRIORITÄTEN AUFZUSTELLEN. Wie bereits erwähnt, sprach der Herrn in gleicher Weise zu Paula und mir. Er hatte den Ruf in unser Leben gelegt, zusammen mit anderen dazu beizutragen, das Amt des Propheten wieder aufzurichten, die Familie wiederherzustellen, Pionierarbeit zu betreiben, was die Heilung des inneren Menschen betrifft, und einen gemeinschaftlichen Dienst in der Gemeinde Jesu zu fördern. Doch Gott sagte uns, daß die wichtigste Aufgabe darin bestand, wichtiger als alle anderen zusammen, unsere sechs Kinder zu erziehen! Er zeigte uns, daß man als Mensch großartige Bücher schreiben, ein einflußreicher Industrieller werden, entscheidende wissenschaftliche Entdeckungen oder Erfindungen machen kann, die der ganzen Menschheit helfen. Doch nichts ist so wichtig wie die Kinder, die Gott einem Menschen gesandt hat. Entdeckungen, Erfindungen, Bücher, Karrieren – alles wird einmal vergehen und vergessen sein. Doch die eigenen Kinder leben ewig!

Die Volksweisheit sagt: „Das letzte Hemd hat keine Taschen." Das ist nur teilweise wahr. All unseren Besitz müssen wir zurücklassen. Aber jedes Stückchen Charakter, das wir erworben, und jedes bißchen Wissen, das wir erlangt haben, wird uns in den Himmel begleiten! Entsprechend wird alles, wodurch Eltern den Charakter und die Persönlichkeit ihrer Kinder geformt haben, vom Feuer des Herrn und vom Leben geprüft werden, und alles, was auf den Felsen des Wesens Jesu gebaut wurde, wird bis in Ewigkeit Bestand haben!

> „Denn einen anderen Grund kann niemand legen, außer dem, der gelegt ist, welcher ist Jesus Christus. Wenn aber jemand auf den Grund Gold, Silber, kostbare Steine, Holz, Heu, Stroh baut, so wird das Werk eines jeden offenbar werden, denn der Tag wird es klarmachen, weil er in Feuer geoffenbart wird. Und wie das Werk eines jeden beschaffen ist, wird das Feuer erweisen. Wenn jemandes Werk bleiben wird, das er darauf gebaut hat, so wird er Lohn empfangen; wenn jemandes Werk verbrennen wird, so wird er Schaden leiden, er selbst aber wird gerettet werden, doch so wie durchs Feuer" (1. Kor. 3,11-15).

Wird nicht in den Scheidungsziffern das Feuer des Lebens deutlich, das durch schmerzlichen Verlust die falschen Lektionen verbrennt, die einige Eltern ihren Kindern ins Herz geschrieben haben? Wenn Väter dies wirklich verstünden, welcher Mann würde dann zulassen, das sein ewiges Werk verbrennt? (Durch die Gnade Christi würde er in den Himmel kommen, aber er würde keinen Lohn empfangen.) Und welcher Mann könnte es ertragen, wenn er erleben müßte, wie das Wohlergehen seiner Kinder zerstört wird, bevor er in den Himmel kommt? Dasselbe gilt für Mütter. (Nicht jede Niederlage ist auf ein schlechtes Elternhaus zurückzuführen. Manchmal heiratet ein gut erzogenes Kind einen „verkorksten" Menschen und erleidet das Feuer, das die Schwiegerkinder ernten.) Wenn doch nur mehr Eltern verstehen würden, wer sie für ihre Kinder sind, und wenn sie doch nur ihre Berufung verstehen würden, im Leben ihrer Kinder mit Gold zu bauen (die Natur Gottes und Weisheit), mit Silber (biblisches, himmlisches Wissen) und mit kostbaren Steinen (Edelsteine eines Charakters, der Christus ähnlich ist)! Welch eine große Auswirkung würde dies auf die Gemeinde Jesu und auf die Welt haben!

Gott hat uns Eltern damit beauftragt, im Charakter unserer Kinder diese ewige Anlage zu machen. Das Kind, das Gott einem Mann und einer Frau anvertraut, wird es niemals noch einmal geben. Im ganzen Universum, in alle Ewigkeit wird es nicht noch einmal dieselbe Stimme, denselben Fingerabdruck, dieselbe Persönlichkeit und denselben Charakter geben, wie es dieses kleine Wesen besitzt! Unsere Kinder zur Welt zu bringen und zu erziehen, ist vielleicht die einzige ewige Arbeit, die wir jemals tun! Es mag sein, daß wir andere Menschen beeinflussen und ihr Leben mit guten und bleibenden Werten präge. Doch für keinen Menschen werden wir jemals diese klare und besondere Stellung innehaben, wie für unsere Kinder: für sie sind wir die wichtigsten Werkzeuge, die ihre Seelen für die Ewigkeit formen! Lohnt es sich da nicht, alle anderen Hoffnungen und alles andere Streben zu opfern?

Durch die Gnade Gottes und vielleicht vor allem durch jene frühe Unterweisung vom Herrn sind alle unsere sechs Kinder samt ihren Ehepartnern von neuem geborene Christen. Unser ältester Sohn Loren und seine Frau Beth dienen unserer ganzen Familie als Pastor und Pastorenfrau, außerdem lehren sie zusammen mit uns im „Elijah House“. Ami und ihr Mann Tony sind Mitarbeiter in der Sonntagsschule in Lorens Gemeinde. Tony überarbeitet dieses Buch für mich. Mark und Maureen sind kürzlich von Florida hierher gezogen. Mark diente vorher mehrere Jahre lang als christlicher Seelsorger. Maureen hat einen wichtigen Anteil an diesem Dienst gehabt. Mark ist jetzt einer unserer Seelsorger im „Elijah House“ und wird in der Gemeinde seines Bruders ordiniert werden. John und Marty gehören zur selben Gemeinde und dienen als vollmächtige Zeugen, wo immer sich ihnen die Gelegenheit dazu bietet. Tim ist Musiklehrer an der Highschool und leitet zusammen mit seiner Frau Victoria die Anbetung in einer Gemeinde in Montana. Sie vermitteln Leiter für christliche Jugendfreizeiten und -tagungen. In Kürze werden sie eine weitere Ausbildung machen, um dadurch noch besser für den Dienst ausgerüstet zu sein. Andrea hat Randy geheiratet, den Leiter einer baptistischen Studentengruppe einer Universität, sie begleitet sein Team auf den Reisen und singt für die Gruppe. Alle unsere Kinder und ihre Ehepartner stehen auf eigenen Füßen vor dem Herrn, sie wissen, wie sie ihre priesterlichen Aufgaben erfüllen können, durch die die Beziehungen in einer Familie geheilt und aufrechterhalten werden.

All dies verdanken wir der Beharrlichkeit des Herrn, der uns gezeigt hat, daß die Kinder absolute Priorität in unserem Leben einnehmen! Durch die Gnade Gottes sind sie, was sie sind, doch die Gnade muß Gefäße finden, in denen sie wirken kann. Wir bitten den Leib Christi: Setzt eure Zeit und Kraft an der Stelle ein, wo es zählt, an dem Platz, wo ihr, und niemand anders, berufen seid - im Leben eurer Kinder. Setzt alle Zeit und Kraft ein, die nötig sind, um die Fertigkeiten zu erlernen, die keine Schule unterrichtet - wie man die Gnade unseres Herrn Jesus Christus im täglichen Familienleben weitergeben kann. NICHTS IST SO WICHTIG WIE DIESE AUFGABE, MIT DER GOTT DICH BEAUFTRAGT HAT, ALS ER DIR DIE KINDER GAB!

DER ZWEITE HISTORISCHE GRUND

DER ZWEITWICHTIGSTE HISTORISCHE GRUND FÜR SEXUELLE SÜNDEN UNTER CHRISTEN IN UNSERER ZEIT IST DAS AUFKOMMEN DER TECHNOLOGIE, durch die seit dem 19. Jahrhundert unsere Kultur drastisch verändert wurde. Wissenschaftlicher Fortschritt hat uns von stumpfsinniger Plackerei befreit und uns ein Maß an Komfort und Erleichterung verschafft, das in früheren Generationen undenkbar gewesen wäre. Medizinische Entdeckungen haben uns von Krankheiten befreit, an denen bis dahin Millionen von Menschen starben und durch sie entstellt wurden. Doch die Frucht der Wissenschaft ist nicht nur zum Segen geworden. Die Technologie hat bewirkt, daß bereits zwei Generationen unter der Bedrohung einer sofortigen Vernichtung der Erde leben.

Durch die Flut der wissenschaftlichen Entdeckungen und Erfolge seit dem 19. Jahrhundert versuchte Satan, die Christen dahin zu bringen, daß sie sich schämten, wenn sie sich auf Gottes Wort stellten. Gelehrte fingen an, nach einer empirischen, wissenschaftlichen Grundlage für Erkenntnis zu suchen, anstatt bei dem einfachen Glauben zu bleiben, daß Gott ein für alle Mal gesprochen hat. Wissenschaftliche Erkenntnisse über Archäologie und die Sprachen der Bibel waren und sind ungeheuer wertvoll. Doch historisch gesehen fiel das Aufkommen der modernen Gelehrsamkeit mit der Geburt des technologischen Liberalismus zusammen. Einige fingen an, mit Hilfe der Wissenschaft die Bibel zu untergraben, anstatt den Glauben an die Wahrheit ihrer Aussagen zu stärken. Als Folge davon haben Tausende von Predigern und Lehrern ihren Abschluß an Seminaren gemacht, auf denen sie gelehrt wurden, ihre Gemeinden zu verwirren und den Glauben zunichte zu machen. Viele Christen glauben inzwischen nicht mehr, daß Gottes Wort und Seine Gebote absolut sind und für das Leben in der heutigen Zeit noch Bedeutung haben.

Doch der Schaden ist noch viel tiefer und weitaus bedrohlicher. Als Menschen anfingen, die Wahrheit der Bibel in Frage zu stellen und damit auch die Weisheit des allmächtigen Gottes und Seiner ewigen Gesetze, gab es keine Grenzen mehr für das zweifelnde Fragen des Menschen. Der Verstand erhob sich aus der Haltung der Demut. „Wenn Gott nicht gesprochen hat, dann bin ich mein eigener Gott. Ich mache mir selbst meine Gesetze." „Ich glaube nicht, daß alle Gebote Gottes ewig und unveränderbar sind. Auch erkenne ich nicht, daß jedes einzelne Seiner Gebote eine Liebesgabe von Ihm ist, durch die Er uns führen will." „Wenn ich nicht verstehe, warum Gott ein bestimmtes Gebot gegeben hat, dann brauche ich es auch nicht, weil ich besser als Gott weiß, was gut ist für mich - und für alle anderen Menschen!"

Eine Freundin von uns, zu der wir viele Menschen in die Seelsorge geschickt haben, kam zu dem Entschluß, sie brauchte eine weiterführende offizielle Schulung, und besuchte daher eine weltliche Schule für Seelsorge. (Solange wir unbeirrt an unserem Glauben festhalten, ist es nicht verkehrt, unsere Fähigkeiten durch weltliche Schulung zu vervollkommnen.) Doch unsere Freundin verlor auf ihrem Weg ihre Überzeugungen, die aus dem Wort Gottes stammten. Sie meinte, die humanistische Philosophie würde eine Weisheit bieten, die freundlicher sei als die der Bibel.

Da wir nicht gemerkt hatten, was aus ihrem Glauben geworden war, schickten wir einen Homosexuellen zu ihr, der sich nach Heilung sehnte. Voll Kummer schrieb er uns, sie habe ihm gesagt, Homosexualität sei eine völlig annehmbare Lebensweise, und habe ihn an eine „Schwulen"-Gruppe verwiesen, wo er Gemeinschaft finden könnte! Er war völlig zerstört, als sie ihm sagte, er brauche keine Heilung und er solle sich darauf einstellen, daß er nun einmal so sei, wie er sei! Sie glaubte, sie wäre freundlich zu ihm! „All jene Schriftstellen, die Homosexualität verbieten, sind nur alttestamentliche Gedanken sterblicher Menschen. Jetzt, im Zeitalter der Aufklärung, sind wir viel weiser und freundlicher geworden!"

So sieht die verführerische Arroganz Satans aus. So lautet seine pervertierte „Weisheit".

Wir sehen diese Arroganz und „Weisheit" auch in den mehr als 16 Millionen Morden durch Abtreibung (allein in Amerika). Gott hat deutlich gesagt: „Du sollst nicht töten" (5. Mose 5,17). Doch es ist offensichtlich „freundlicher und weiser", Frauen zu erlauben, selbst zu entscheiden, was für ihren Körper gut ist (obwohl keiner von uns die Weisheit besitzt, eine solche Entscheidung zu treffen). Wenn das bedeutet, einfach ein „Stück unwichtiges Gewebe" aus dem Mutterleib fortzuspülen, wen kümmert das schon?! Satan hat neue Wege gefunden, um die Gedanken vieler Menschen zu vernebeln. Und immer wieder stellt er dabei die Frage: „Sollte Gott wirklich gesagt haben, ihr sollt nicht ...?"

Die Denomination, in der ich aufwuchs, gründete einen Ausschuß (entsprechend wie in vielen anderen liberalen großen Denominationen), der untersuchen sollte, was die Gemeindemitglieder von der sexuellen Revolution halten und welche sexuellen Normen für moderne Christen gelten sollten. Allein schon der Gedanken, daß diese Frage ein Diskussionsgegenstand sein könnte, zeigt ihr krankhaftes Denken!! Da gibt es nichts zu diskutieren. Man muß nur Gottes Wort lesen. Seine Gebote gelten absolut, in jedem Zeitalter. Sie lassen keine Anpassung zu. Sie werden bis in alle Ewigkeit bestehen bleiben, selbst wenn die Erde zerstört werden wird:

> „Meint nicht, daß ich gekommen sei, das Gesetz oder die Propheten aufzulösen; ich bin nicht gekommen, aufzulösen, sondern zu erfüllen. Denn wahrlich, ich sage euch: Bis der Himmel und die Erde vergehen, soll auch nicht ein Jota oder ein Strichlein von dem Gesetz vergehen, bis alles geschehen ist. Wer nun eins dieser geringsten Gebote auflöst und so die Menschen lehrt, wird der Geringste heißen im Reich der Himmel" (Mt. 5,17-19).

Tragischerweise gibt es viele von neuem geborene Christen, die dem, was wir gesagt haben, vollkommen zustimmen, die jedoch nicht merken, wie ihre eigenen Gedanken und ihr Herz von Modernismus, Liberalismus und New-Age-Denken verunreinigt sind: mit ihrem VERSTAND glauben sie vielleicht an die Wahrheit der Gebote Gottes, aber ihr HERZ ist genauso unfähig, auf reinen

Wegen zu gehen, wie das Herz eines Ungläubigen. Ich erlebe dies in der Seelsorge immer wieder, wenn Christen zu mir kommen, die in sexuelle Sünde verwickelt sind. Mit den Lippen bekennen sie ständig die Wahrheit der Bibel, doch an den Punkten, wo Entscheidungen getroffen werden müssen, wenn es um Ehrlichkeit im Geschäft und Moralität beim Sex geht, ist ihr Herz nicht im entferntesten von Gottes Wort beeinflußt!

Die Absolutheit des Gesetzes, die Furcht Gottes und die Zurückhaltung der Gedanken, die sich willig Gottes Geboten unterwerfen, waren in der Praxis nicht vorhanden!! Wir ahnen noch immer nicht, in welcher Tiefe unser Denken durch Modernismus, Liberalismus und die New-Age-Mentalität verunreinigt ist.

DER DRITTE HISTORISCHE GRUND

Dies führt uns zu dem dritten historischen Hauptgrund für sexuelle - und andere - Sünden unter neu geborenen Christen in unserer Zeit: MODERNISMUS, LIBERALISMUS UND DIE NEW-AGE-MENTALITÄT HABEN DAS AMERIKANISCHE RECHTSSYSTEM FAST VOLLKOMMEN ZERSTÖRT. Als sich die Menschen von den klaren Richtlinien der ewigen Gesetze Gottes abwandten und meinten, sie seien freundlicher und weiser als Gott, blieb als Grundlage unseres Rechtssystems nur noch die Torheit des Menschen übrig.

Kürzlich berichtete mir ein Freund von dem folgenden Fall: Ein Mann rief bei einer Polizeistation an und bekannte, er sei der Mann, der mehrere Vergewaltigungen verübt hätte und nach dem gefahndet würde. Die Polizei brachte ihn zur Polizeistation, wo er ein volles Geständnis seiner Verbrechen niederschrieb. Es gab keine Zweifel an seiner Schuld. Der Richter sprach ihn frei, mit der Begründung, er sei in irgendeiner Weise seiner Rechte beraubt worden, als die Polizei ihn mit dem Streifenwagen abgeholt hätte!

Ein anderer Fall: Ein Motorradfahrer, der unter Drogeneinfluß stand, fuhr über den Mittelstreifen der Fahrbahn und prallte frontal auf einen Lieferwagen, der von einer Frau gesteuert wurde. Durch den Zusammenstoß brach er sich das Bein. Der Anwalt, der die Untersuchung leitete, lud ihn mehrfach vor und entlastete die Frau vollkommen. Sie hätte nichts tun können, um den Zusammenstoß zu vermeiden. Es gab keinen Zweifel an seiner Schuld. Jetzt verfolgt er die Frau gerichtlich, weil ihr Lieferwagen daran schuld ist, daß er mehrere Wochen lang nicht arbeiten kann! Der Anwalt, der die Frau verteidigt, rechnet damit, daß der Motorradfahrer vor dem Gericht gewinnen wird! Der wahre Grund für das Verfahren ist, daß der Mann sonst seine Versicherung verlieren würde oder astronomisch hohe Beiträge zahlen müßte. Die Frau steht durch die Gerichtskosten bereits vor dem Bankrott.

Wer hat noch nicht von Fällen gehört, wo Bürger wegen Diebstahl ihres Besitzes vor Gericht gingen, von dem Dieb ein Verfahren angehängt bekamen und dieses verloren? Oder von Polizisten, die von ihrem Dienst entlassen wurden, weil sie bei der Verteidigung von Zivilisten ihre Waffe gebrauchten?

Dies sind nur einige der zahllosen Justizirrtümer, von denen jeder von uns berichten könnte. Sicherlich gibt es einige Fälle, wo die Vertreter von Recht und Ordnung zu eifrig sind. Doch viele Rechtsanwälte sind vollkommen frustriert und angewidert, weil „das System" einen Kriminellen auf freien Fuß setzt, sobald auch nur die kleinsten Vorkommnisse vorliegen, die einen Kriminellen irgendwie „seiner Rechte beraubt haben". Kriminelle, die ihre Schuld nicht zugegeben haben, werden häufig auf Bewährung freigelassen, und sie setzen ihr Leben in Kriminalität fort. Das Recht der ehrlichen Bürger wird mit Füßen getreten, wenn die Gesellschaft von einer Mentalität beherrscht wird, in der die Säulen der Gerechtigkeit, die uns durch Gottes ewige Gesetze gegeben sind, nicht mehr zählen.

Kürzlich sprachen Paula und ich in Singapur. Die Menschen, die dort leben, erzählten uns, daß es in Singapur praktisch keine Kriminalität gäbe! Als wir nach dem Grund dafür fragten, erklärte man uns, daß es vor dem Gericht keine Rechtshändel mit Hilfe von Plädoyers gäbe, keine langen Verzögerungen im Gerichtsablauf, und es wäre undenkbar, daß ein Krimineller ungestraft davon käme, nur weil er irgendwelcher „Rechte" beraubt worden sei. Sie berichteten uns, daß eine Frau z.B. überall im Land zu jeder Tages- und Nachtzeit frei umhergehen kann, ohne Angst vor Vergewaltigung haben zu müssen. Die Strafe für einen einzigen Fall von Vergewaltigung ist 32 Jahre Gefängnis und 24 Schläge mit dem RATON. Der RATON ist ein Schlagstock, der mit Ammoniak getränkt ist. Jeder Schlag dringt ins Fleisch ein, und das Ammoniak verursacht so entsetzliche Schmerzen, daß der Geschlagene ohnmächtig davon wird! Ein Vergewaltiger bekommt 24 Jahre lang pro Jahr einen Schlag und muß dann noch weitere acht Jahre sitzen, bevor er entlassen wird.

Einige meinten, der Einsatz des RATONs sei zu brutal. Eine Zeitlang wurde er nicht mehr benutzt, was einen drastischen Anstieg von Vergewaltigungen zur Folge hatte. Die Verbrecher hatten mehr Angst vor dem Raton als vor 32 Jahren Inhaftierung!

Zweifellos werde ich Briefe bekommen, in denen man mich tadeln wird, daß ich von dieser Praxis berichtet habe. Denn trotz der Gegenerklärung, die ich an dieser Stelle ausspreche, werden einige meinen, ich befürworte den Einsatz entsprechender Mittel in Amerika. (Ich befürworte dies nicht). Ich will mit dem Beispiel nur deutlich machen, daß unsere Gesetze eine gewisse Härte hatten, bevor wir dahin gelangten, mehr um den Schutz des Verbrechers als den des Unschuldigen bemüht zu sein. Damals lag die Kriminalitätsrate weit unter der heutigen. Wir haben geerntet und werden noch mehr ernten, weil wir Gottes Gesetze durch menschliche Vorstellungen von Freundlichkeit ersetzt haben.

Harte Gesetze SIND freundlich, denn sie bewirken sogar, daß derjenige, der auf Verbrechen aus ist, vor sich selbst geschützt wird. Ich ermuntere den Leser, einmal zu studieren, was Gottes Wort über Strafen für Sünde zu sagen hat, sowohl im Alten als auch im Neuen Testament. Satan gelang es, das Wort Gottes aus den Gedanken der Menschen zu verdrängen. Danach konnte er ihnen einreden, in einem Zeitalter, wo die Menschen so stolz auf ihre eigenen törichten Gedanken sind, sei Gottes Gesetz bedeutungslos und unfreundlich. Er hat erreicht, daß wir in unserer Gesellschaft Zerstörung ernten.

> „Obwohl sie Gott kannten, haben sie ihn nicht als Gott gepriesen oder ihm gedankt, sondern haben ihre Gedanken dem Nichtigen zugewandt, und ihr unverständiges Herz ist verfinstert worden. Während sie sich für weise hielten, sind sie zu Narren geworden“ (Röm. 1,21-22 - Luther).

Ich schlage vor, den Rest von Römer 1 zu lesen. Aus diesen Versen springt einem die Erkenntnis förmlich in die Augen, warum in unserer Gesellschaft jene abscheulichen Verbrechen begangen werden, von denen wir heute von allen Seiten bedrängt sind!

Wenn die Leute sehen, daß Verbrechen nicht bestraft werden und die Bösen im Lande grünen, wird der Glaube an die moralischen Gesetze Gottes untergraben. Die Botschaft an die Sünder lautet, daß sie für Verbrechen, die sie begehen, ganz gleich welcher Art, nur wenig oder gar keine Strafe erhalten werden. Auf einer

Reise zu einer Tagung begeht ein Mann zum Beispiel unbeabsichtigt Ehebruch. Er hat Schuldgefühle und Angst, daß seine Frau es herausfinden könnte. Doch sie glaubt seinem erlogenen Bericht. Er wird nicht vom Blitz getroffen. Im Gegenteil, das Leben scheint fast genauso weiterzugehen wie vorher. Beim nächsten Mal wird es dem Mann noch leichter fallen, der Versuchung nachzugeben, weil er glaubt, auch diesmal ungeschoren davonzukommen.

Das scheinbare Fehlen von Vergeltung für Sünde weckt in dem Mann die Frage, ob es überhaupt „ewige, unwiederrufliche Gesetze" gibt, durch die das Verhalten des Menschen gelenkt wird. Doch Gottes Gesetze, in diesem Fall besonders das Gesetz von Säen und Ernten (Gal. 6,7), sind unumstößlich. Wenn die unvermeidbare Zerstörung über ihn kommt, als Preis für seine Sünde (das Ernten ereignet sich oft viele Jahre nach dem Vorfall), dann bringt er die Schwierigkeiten vielleicht überhaupt nicht mit dem wahren Grund in Verbindung und fragt sich, warum ihm und seiner Familie so etwas passiert. Die heilige Furcht vor Gott und Seinen Geboten ist inzwischen so schwach geworden, daß selbst Christen dadurch nicht mehr davon abgehalten werden zu sündigen.

Unsere Zivilgesetze spiegelten früher das jüdisch-christliche Erbe wieder. Homosexualität, Unzucht und Ehebruch waren durch das Zivilgesetz verboten. Das Verbot von Pornographie war noch nicht erweicht durch die törichte Auslegung des Rechts auf freie Meinungsäußerung. Obwohl sich Gottes Gesetze nach wie vor in den meisten bürgerlichen Gesetzbüchern finden lassen, würde heute keiner versuchen, gegen moralische Sünden Anklage zu erheben, und noch viel weniger erwarten, einen Schuldspruch zu erreichen. Warum? Weil die Absolutheit und die Weisheit der heiligen Gesetze Gottes, die das menschliche Verhalten lenken, in den Gedanken der Menschen durch die eigenen törichten Vorstellungen ersetzt wurden. Darum wuchern die sexuellen Sünden in der Welt. Neu geborenen Christen fällt es schwer, sich dagegen zu wehren. Die Bombardierung der Ungerechtigkeit in unserer Gesellschaft höhlt die Fähigkeit des Herzens ständig weiter aus, an dem festzuhalten, was der betreffende Mensch für wahr und richtig erkannt hat, seit sein Sinn in Christus erneuert wurde.

Wir haben gesagt, daß der Verfall unseres Justizsystems ein modernes Phänomen ist, das durch das Aufkommen des Modernismus und Liberalismus bewirkt wurde. Auch in biblischen Zeiten wurde das Rechtssystem zerstört, auch wenn der Unglaube, der dazu führte, damals andere Ursachen hatte. Hören wir uns an, wie Jesaja donnert:

„Denn eure Hände sind mit Blut befleckt
und eure Finger mit Sündenschuld.
Eure Lippen reden Lüge,
eure Zunge murmelt Verkehrtheit.
Niemand lädt vor in Gerechtigkeit,
und niemand tritt vor Gericht in Wahrhaftigkeit.
Sondern bei euch gilt dies:
Auf Leeres vertrauen,
Gehaltloses reden,
mit Mühsal schwanger gehen,
Unrecht zeugen.
Viperneier brüten sie aus,
und Gewebe von Spinnen weben sie!
Wer von ihren Eiern ißt, muß sterben,
und zerdrückt man eins, fährt eine Giftschlange heraus.
Ihr Gewebe taugt nicht zur Bekleidung,
und mit ihrem Gewirke kann man sich nicht bedecken.
Ihre Werke sind Werke des Unrechts,
und Gewalttat ist in ihren Händen.
Ihre Füße laufen zum Bösen
und eilen, unschuldiges Blut zu vergießen.
Ihre Gedanken sind Gedanken des Unrechts,
Verwüstung und Zerbruch ist auf ihren Straßen.
Den Weg des Friedens kennen sie nicht,
und kein Recht ist in ihren Spuren.
Ihre Pfade machen sie sich krumm:
jeder, der sie betritt, kennt keinen Frieden.
Darum ist das Recht fern von uns,
und Gerechtigkeit erreicht uns nicht.
Wir hoffen auf Licht, und siehe, da ist Finsternis,
auf Lichtglanz, aber in dichtem Dunkel gehen wir umher.
Wir tappen herum wie Blinde an der Wand
und wie die, die keine Augen haben, tappen wir herum.
Wir stürzen am Mittag wie in der Dämmerung.
Wir sind unter Gesunden den Toten gleich.
Wir brummen alle wie die Bären,
und wie die Tauben gurren wir.

Wir hoffen auf Recht, aber da ist keins,
auf Rettung, doch sie ist fern von uns.
Denn zahlreich sind unsere Vergehen vor dir,
und unsere Sünden zeugen gegen uns.
Denn unserer Vergehen sind wir uns bewußt,
und unsere Sünden, die kennen wir:
Brechen mit dem Herrn und ihn verleugnen
und zurückweichen von unserem Gott,
reden von Unterdrückung und Abfall,
mit Lügenworten schwanger werden
und sie aus dem Herzen sprechen.
So ist das Recht zurückgedrängt,
und die Gerechtigkeit steht ferne.
Denn die Wahrheit ist gestürzt auf dem Marktplatz,
und die Geradheit findet keinen Eingang.
So geschieht es, daß die Wahrheit fehlt,
und wer sich vom Bösen fernhält, wird beraubt."
(Jes. 59,3-15a)

DER VIERTE HISTORISCHE GRUND

DER VIERTE HISTORISCHE HAUPTGRUND FÜR SEXUELLE UND ANDERE SÜNDEN IN UNSERER ZEIT IST DIE GEBURT DER MODERNEN MASSENMEDIEN. Durch die sofortigen Nachrichten aus Radio und Fernsehen stehen uns die Sünden von Leitern und Laien immer unmittelbar vor Augen. Die sündhafte Lebensweise, die durch Filme, Fernsehen, Videogeräte, Romane, Kurzgeschichten und Zeitschriften dargestellt wird, erinnert an den Strom, der aus Satans Maul hervorschoß, um die Frau zu überwinden, die die Gemeinde Jesu ist (Offb. 12,15). Da ich dies bereits früher erwähnt habe, möchte ich nur noch einen Gedanken hinzufügen: Wenn man den Einfluß der Massenmedien betrachtet, wenn außerdem noch das liberale New-Age-Denken hinzukommt, so wie der Zerfall unseres Justizsystems und die daraus folgende Schwächung des Glaubens an die Gesetze Gottes, so ist es kein Wunder, daß so viele Christen den Sünden erliegen! Man muß schon ein starker, fester Christ sein, um in dieser immer verderbter werdenden Zeit noch für Rechtschaffenheit einzutreten.

WEITERE HISTORISCHE GRÜNDE

Dies sind weitere historische Gründe: die Folgen von zwei Weltkriegen. Die Erweichung der Scheidungsgesetze. Die Abschaffung wirksamer Zensur. Geld machen um jeden Preis. Das Ansteigen von okkulten Praktiken und satanischen Gottesdiensten und die Blindheit und der Unglaube, besonders unter Namenschristen, was Satan und die dämonischen Mächte angeht.

Die Attacke durch die „Schwulen"-Bewegung, die sich für ihre Rechte einsetzen, und ihr verzerrtes Denken. Überzogene feministische Aktivitäten. Enttäuschung über Politiker und die in der Gesellschaft weitverbreitete Billigung der Philosophie, das Ziel rechtfertige die Mittel. Der Zerfall des Ehrenkodex': „Ein Mann – ein Wort". (Mein Großvater Potter war Viehzüchter in Oklahoma, der Geschäfte über viele Tausende von Dollar allein mit einem Handschlag abschloß. Er sagte: „Wenn das Wort dieses Mannes nicht ausreicht, dann wird ihn auch kein noch so großer Berg von Papier dazu bringen, sein Wort zu halten.")

Die verunglimpfende Wirkung, die die Pornographie auf das Denken der Männer im Blick auf Frauen hat, bis zu dem Punkt, daß Männer nicht mehr spüren, daß sie von Gott den Auftrag haben, die Ehre jeder Frau zu schützen. Die Verbannung des Gebets aus unseren Schulen. Die Auswirkung, die die Möglichkeit einer Abtreibung auf den außerehelichen Geschlechtsverkehr hat.

Doch all diese und weitere Gründe können auf die Zerstörung des Glaubens an das Wort Gottes zurückgeführt werden, auf den Verlust einer heiligen Furcht und Achtung vor Gottes Gerechtigkeit und auf die Verunreinigung, die der Modernismus und Liberalismus in den Gedanken und dem Gewissen der Menschen in diesem Zeitalter bewirkt haben.

VORBEUGENDE MITTEL

In den vorausgegangenen Kapiteln habe ich bereits viele vorbeugende Mittel genannt. Ich möchte sie alle in einem dringenden Aufruf zusammenfassen: WENN WIR NICHT EINE LÄNGER ANHALTENDE ERWECKUNG NACH ALTEM STIL HABEN, SO GLAUBE ICH, DASS DIESE NATION UND DIE WELT VERLOREN SIND! Ich sage „nach altem Stil", weil die Erwekkungen früherer Jahrhunderte uneingeschränkte Buße mit sich brachten. Sie bewirkten die Rückkehr zu einer moralischen und heiligen Lebensführung, die in dem, was heute unter Erweckung läuft, leider fehlt. In irgendeiner Weise fehlt bei unseren Bekehrungen jene Tiefe der Abscheu vor der Sünde, die die Menschen damals erschaudern und zum Altar Gottes fliehen ließ.

Die Erweckung, die 1910 in Wales stattfand, veränderte die Minenarbeiter so sehr, daß die Tiere, die die Erzloren zogen, sich nicht mehr von der Stelle rührten – ihnen fehlte das Fluchen, das bisher mit dem Erteilen der Befehle verbunden gewesen war. Zur selben Zeit hatte die Polizei in vielen amerikanischen Städten plötzlich so wenig zu tun, daß sie „barbershop-quartets" gründeten, um sich die Zeit zu vertreiben. Jene Erweckungen veränderten den moralischen Charakter von ganzen Gegenden. Leider geschieht dies heute nicht in gleicher Weise.

Vor mehreren Jahren führten wir im „Elijah-House" ein Seminar über sexuelle Probleme durch. Alle Teilnehmer waren von neuem geboren. Zu Anfang des Seminars teilten wir einen Fragebogen mit 43 Fragen aus. Wir versicherten den Teilnehmern, daß die Listen völlig anonym behandelt würden und ihre Antworten geschützt seien. Wir fragten unter anderem, ob sie vor der Ehe Unzucht und/oder nach der Eheschließung Ehebruch begangen hätten. Über 50% gaben zu, Unzucht getrieben zu haben, ebenso viele machten bei Ehebruch ein Kreuz. Die meisten bekannten, beides begangen zu haben. Dann fragten wir, wie viele von ihnen NACH der Bekehrung dieselben Sünden begangen hätten. Über 40%! DAS BEDEUTET, DASS DER GLAUBE AN CHRISTUS NUR EINE 10%IGE VERBESSERUNG DES MORALISCHEN VERHALTENS BEWIRKT HATTE! Bei ähnlichen, später durchgeführten Umfragen kamen entsprechende Ergebnisse heraus. Auf irgendeine Weise hat die Heiligkeit unseres Herrn Jesus Christus noch nicht in den Herzen der neugeborenen Christen unserer Zeit Einzug genommen!

Wir müssen dahin kommen, daß wir vor Gott weinen und nach einer echten Erweckung schreien, die das Herz derer, die sich bekehren, WIRKLICH verändert. Als Seelsorger weiß ich und lehre dies auch, daß nach der Bekehrung eine Zeit der Heiligung erfolgen muß, wo man täglich am Kreuz stirbt. Doch ich weiß auch, daß nur dann, wenn ein Mensch in Wahrheit umgekehrt ist und sich danach sehnt, wie Christus zu werden, er bereit ist, den Preis zu zahlen und die Schmerzen auf sich zu nehmen, die man erfährt, wenn man die Sünde aufspüren und ihr sterben will.

Es muß ein Zerbrechen erfolgen. Das Feuer der Liebe muß so stark sein, daß die Menschen es nicht ertragen können, dem Herrn, der sie so sehr liebt, Unehre zu bereiten. Der Heilige Geist muß so mächtig und direkt in den Herzen der Menschen wirken, daß sie unter der Last ihrer Sünden stöhnen und voll Qual zu Gott schreien, Er möge sie entweder ändern oder sie sterben lassen. In den Menschen muß ein solcher Haß gegen die Sünde entstehen, daß sie lieber ihr Leben lassen, als irgendetwas tun, was dem Namen und dem Gesetz Gottes Unehre bringt.

Auf den einfachsten Nenner gebracht, kann man sagen, den Erweckungen heute fehlt die „Kraft des Feuers“, durch die die Herzen der Menschen wirklich verändert werden. Wir verhalten uns wie Marktschreier oder wie Verkäufer von Zuckerwaren, die alle nur möglichen Süßigkeiten anbieten, damit mehr Leute dazu verlockt werden, Jesus anzunehmen. Zu viele Menschen kommen zu Jesus, weil sie etwas HABEN wollen, und nicht, weil sie dem, der uns vor der Hölle gerettet hat, Liebe und Achtung erweisen wollen. Auch wenn die Unwirksamkeit von Bekehrungen in unserer heutigen Zeit kein historischer Grund für Sünde unter Christen ist – die Oberflächlichkeit ist in sich auch eine Folge all der anderen Gründe –, so glaube ich trotzdem, daß eine wahre Erweckung die einzige Antwort ist. Nur ein sehr mächtiges Wirken des Geistes in unserem Herzen kann uns die innere Kraft geben, die wir brauchen, um den Preis für eine wirkliche Veränderung zu zahlen! Frühere Erweckungen hatten diese Tiefe. Vielleicht liegt darin die größte historische Veränderung. Sie hat dazu geführt, daß neugeborene Christen fortfahren zu sündigen, so als hätten sie nie eine Neugeburt erfahren – ihre Bekehrung hat noch nicht jene Tiefe und Wirklichkeit erlangt!

Kapitel 7

THEOLOGISCHE UND KULTURELLE GRÜNDE FÜR SEXUELLE SÜNDEN

FESTUNGEN

DER STÄRKSTE KULTURELLE GRUND FÜR SEXUELLE SÜNDEN UNTER CHRISTEN IST DIE MACHT VON FESTUNGEN:

> „Denn obwohl wir im Fleisch wandeln, kämpfen wir nicht nach dem Fleisch, denn die Waffen unseres Kampfes sind nicht fleischlich, sondern MÄCHTIG DURCH GOTT ZUR ZERSTÖRUNG VON FESTUNGEN; so zerstören wir Vernünfteleien und jede Höhe, die sich gegen die Erkenntnis Gottes erhebt, und nehmen jeden Gedanken gefangen unter den Gehorsam Christi" (2. Kor. 10,3-5).

Es gibt zwei Arten von Festungen. PERSÖNLICHE FESTUNGEN sind gewohnheitsmäßige Denkweisen, die in unseren Verstand eingebaut sind. GEMEINSCHAFTLICHE FESTUNGEN sind Denkweisen, von denen alle durch die jeweilige Gesellschaft und Kultur, in der sie leben, beeinflußt sind. Die persönlichen Festungen sehen bei jedem Menschen anders aus, sie sind durch die Geschichte und Entwicklung der jeweiligen Person geprägt. Gemeinschaftliche Festungen haben Auswirkungen auf uns alle, obwohl jeder Mensch zunächst auf seine persönliche Art darauf reagiert und sie entsprechend einzigartig in sein Denken mit aufnimmt. Gemeinschaftliche Festungen sollen jedoch letztlich bewirken, daß die Fähigkeit des einzelnen, auf einzigartige Weise zu reagieren, ausgelöscht wird. Auf diese Weise solle eine Mentalität der „Gleichschaltung" entstehen, so daß der Mensch offen wird für die Beherrschung durch Mächte der Finsternis. In diesem Kapitel werde ich nur die gemeinschaftlichen Festungen behandeln und die Auswirkungen, die diese auf alle Menschen, und Christen insbesondere, haben.

Eine Festung ist eine bestimmte Art und Weise, wie jemand denkt. Es ist mehr als eine Philosophie. Solche Festungen üben Einfluß auf den Verstand der Menschen aus und berauben sie der Fähigkeit, frei zu denken.

Wenn ein Mensch innerlich eine Gewohnheit entwickelt, dann entfaltet diese Praktik bald ein Eigenleben (Kol. 3,9). Wenn ein Mann zum Beispiel zuläßt, daß die Gewohnheit des rebellischen Widerstandes gegen Autorität in seinen Gedanken und seinem Herzen Wurzeln schlägt, dann ist er gebunden. Er reagiert, ohne vorher nachzudenken, und wird, wenn ihm sein Chef zum Beispiel einen Befehl gibt, zu törichten Äußerungen oder Handlungen getrieben. Wenn er beschließt, dieser Gewohnheit nicht mehr zu folgen, stellt er fest, daß er sie gar nicht so leicht loswerden kann. Das nächste Mal, wenn ihm der Chef einen Befehl gibt, der ungerecht erscheint, hat ihn die Gewohnheit, bevor er eingreifen kann, schon wieder dazu verleitet, etwas zu sagen oder zu tun, was er eigentlich nicht wollte. Gewohnheiten haben ein Eigenleben. Sie wollen keine Veränderung, sie wollen nicht sterben.

So wie wir in uns ganz persönliche Strukturen von Gewohnheiten aufbauen können, können wir auch eine gewohnheitsmäßige gemeinschaftliche Art des Denkens entwickeln. Wir können dies „Denkmuster“ nennen, „Traditionen“, „Philosophien“, „Archetypen“ oder, mit dem biblischen Wort, „Festungen“. Ganz gleich, welchen Namen wir gebrauchen, wichtig ist die Erkenntnis, daß diese Denkweisen, genauso wie Gewohnheiten, ein Eigenleben haben und ihren Einfluß auf uns nicht aufgeben wollen. „Seht zu, daß niemand euch einfange durch die Philosophie und leeren Betrug nach der Überlieferung der Menschen, nach den Elementen der Welt und nicht Christus gemäß“ (Kol. 2,8).

Wir sind Geschöpfe, die ein gemeinschaftliches Leben führen. „Und wenn ein Glied leidet, so leiden alle Glieder mit; oder wenn ein Glied verherrlicht wird, so freuen sich alle Glieder mit“ (1. Kor. 12,26). Nicht nur unsere Gefühle beeinflussen andere Menschen. Wir werden auch gegenseitig von unseren Gedanken beeinflußt. Auf dem Wege unseres Einfühlungsvermögens werden wir durch gewohnheitsmäßige Denkweisen in unserer Gesellschaft entweder gesegnet oder verunreinigt.

Festungen rauben dem einzelnen Menschen seinen freien Willen. Eine Festung ist wie ein Tintenfisch im Meer der menschlichen Gedanken. Er wartet darauf, daß er seine Fangarme um eine unachtsame Person klammern kann, die diesem Zugriff durch ihre, sich auf Abwegen befindlichen Gedanken ausgeliefert ist. Festungen bewirken eine eingeschränkte Sicht, sie verdrängen alle Gedanken, die durch Gottes Wort inspiriert sind und das Gegenteil behaupten könnten. Sie bewirken, daß die Logik enge, kleine Kreise zieht und dadurch der Einfluß der Täuschung zunimmt.

Die christliche Art des Denkens macht den Menschen frei. Wenn das Denken eines Christen in Übereinstimmung mit dem Herrn Jesus Christus und dem Wort Gottes ist, dann strömt der Heilige Geist durch seine Gedanken: „Der Herr aber ist der Geist; wo aber der Geist des Herrn ist, ist Freiheit" (2. Kor. 3,17). Wenn wir jedoch in einer Art und Weise denken, die im Widerspruch zu Gottes Wort steht, dann bewirkt das Fleisch, daß wir verführt und gefangen werden.

Vor dem Zweiten Weltkrieg begann Hitler dem deutschen Volk zu predigen, sie seien die „Herrenrasse". Rassisches Überlegenheitsdenken, mit der damit verbundenen Vorliebe und dem Haß gegenüber bestimmten Gruppen, ist eine Festung, die durch alle Jahrhunderte hindurch in den Gedanken der Menschheit errichtet wurde – Juden über Samaritaner, Samaritaner über Juden, Kaukasier über Orientalen, Afrikaner, Inder usw.

Diese Festung faßte in der deutschen Mentalität Fuß. Die Gedanken wurden mit falschen Fakten und nicht zutreffender Logik überflutet. Alle, die nicht fest in unserem Herrn Jesus Christus gegründet waren, fanden in sich selbst das Denken der rassischen Überlegenheit wieder – und viele folgten blind Hitlers Demagogie und vollbrachten unmenschliche Taten! Auf diese Weise gebrauchten „... die Weltbeherrscher dieser Finsternis ... die Geister der Bosheit in der Himmelswelt" (Eph. 6,12) die Festung des Rassenhasses, um den Holocaust herbeizuführen!

Ein Freund von mir wuchs im selben Teil des Landes auf wie ich. Weder seine noch meine Eltern hatten Vorbehalte gegen irgendwelche Menschen, sie lehrten uns, Menschen aller Rassen zu lieben und zu ehren – besonders meine Mutter, da einige ihrer Vorfahren von dem Stamm der Osage-Indianer abstammen. Nun zog mein Freund jedoch in einen südlichen Staat. Nicht alle, die dort leben, stehen unter dem Einfluß rassischer Festungen, doch einige der Leute, mit denen er zusammenlebte, waren davon beeinflußt. Inzwischen kann es mein Freund kaum abwarten, mir den neusten „Nigger"-Witz zu erzählen. Er merkt offensichtlich nicht, wie sehr das der Liebe des Herrn zu allen Menschen widerspricht. Ich bemerke diese Festung oft in seinen Worten, und es schmerzt mich, zu erleben, wie die Freiheit seines Denkens unter dem Einfluß jenes Denkmusters zunehmend einschränkt wird.

Heute sind die „Skinheads" ein Ausdruck der Festung des Rassenhasses. Diese armen, in Finsternis geratenen Seelen werden von Haß und Verwirrung beherrscht, ihr Denken ist vollkommen gebunden. Sie sind zu Marionetten der „Weltbeherrscher dieser Finsternis" geworden (V.12), während sie stolz mit ihren Torheiten vor der Welt herumspazieren.

Hitler verkündete auch das „göttliche" Recht des Dritten Reiches, andere Nationen anzugreifen, um die „vorherbestimmte Weltherrschaft" zu errichten. Dadurch konnte die uralte Festung des Krieges und der Aggression Herrschaft über das Denken der Deutschen gewinnen. Wer nicht einen sehr festen Stand in Jesus hatte, stimmte Hitlers Äußerungen nicht nur zu, sondern spuckte denselben Unsinn aus. Abgesehen von einigen wenigen Dissidenten (die verhaftet oder umgebracht wurden), marschierte die deutsche Nation im Gleichschritt in den Krieg – und in die Niederlage und die Demütigung!

Festungen werden durch dämonische Mächte errichtet: „Denn unser Kampf ist nicht gegen Fleisch und Blut, sondern gegen die Gewalten, gegen die Mächte, gegen die Weltbeherrscher dieser Finsternis, gegen die Geister der Bosheit in der Himmelswelt" (Eph. 6,12). Die „Weltbeherrscher dieser Finsternis" dringen mit ihren Festungen in die Gedanken derjenigen Menschen ein, die nicht wachsam sind, und auf diese Weise beherrschen sie unzählige Menschen in dieser Welt und verführen sogar einige von neuem geborene Christen, so daß diese den Willen der Finsternismächte tun.

Den meisten Christen ist die Existenz und Wirkungsweise von Festungen unbekannt. Wahrlich, „mein Volk kommt um aus Mangel an Erkenntnis" (Hos. 4,6). Wir brauchen uns nur anzusehen, was Satan durch die Festung der Homosexualität hat vollbringen können! Hunderttausende von kranken, elenden Menschen marschieren unter diesem Banner, ihr Denken ist unglaublich verzerrt. Sie werden noch durch die Festung der Bewegung für die „Rechte" unterstützt und setzen Tausende von Dollar ein, in der Meinung, sie könnten sich damit Schutz verschaffen. Doch in vielen Fällen erreichen sie damit Zugeständnisse, die nichts anderes bewirken, als daß, auf Grund von AIDS, ihr eigener geistlicher und körperlicher Tod, und möglicherweise auch unserer, beschleunigt wird.

Bewegungen, die für das Recht bestimmter Gruppen eintreten, wie zum Beispiel Martin Luther King, haben Wunder vollbracht. Wir dürfen nicht aufhören, für wahre Rechte zu kämpfen. Doch wie gewöhnlich betreibt Satan auch hierbei seine Nachahmung. Die Festung der Bewegung für Rechte wird täglich manipuliert, um unsere Politiker, Richter, die Medien usw. zu kontrollieren. Die Festungen der Homosexualität und der „Rechte" üben eine so starke verunreinigende Wirkung auf die Gedanken fast aller Menschen aus, daß selbst Christen ihren Mund nicht aufmachen wollen, obwohl sie wissen, daß es nicht richtig ist. Doch sie haben Angst, die anderen würden meinen, sie wollten die Menschen verurteilen! Satanische Weltbeherrscher benutzen diese Festungen, um viele Tausende von Menschen zu zerstören, die unter ihrer Macht stürzen (Joh. 10,10).

Die Festung der sexuellen Unmoral ist noch größer – sie gebraucht zahllose Werkzeuge für ihren Betrug: Pornographie; Voyeurismus; „Recht auf freie Meinungsäußerung", und verwirrt dadurch die Gedanken der Gesetzgeber und Richter, bis die Gesetze schließlich keine angemessene Zensur mehr bieten und die Menschen keinen Schutz mehr vor vielerlei Art von Schmutz haben (auch hier gilt, daß es einen berechtigten Kampf für das Recht auf freie Meinungsäußerung gibt, zum Beispiel die Genehmigung, in der Schule beten zu dürfen). Sobald sich eine Person in geistigen Ehebruch hineinbegibt oder einfach davon träumt, ein wenig verbotenen Sex zu betreiben, gibt es sofortige „Hilfe". Sobald ein Christ beschließt: „Also, ich schaue mir einfach mal einen Sexfilm an – ich will mal sehen, ob das wirklich so sündig ist", fangen die Mächte der Finsternis an, durch lange bestehende Festungen seine Gedanken und Gefühle zu verdrehen. Die törichte Beschäftigung mit diesen Dingen hat den Mächten Zugang verschafft. Wenn der Betreffende nicht schnell umkehrt, oder wenn er nicht bald Hilfe von Freunden bekommt, die ihn „aus dem Feuer ... reiß(en) ... und sogar das vom Fleisch befleckte Kleid hass(en)" (Judas 23), dann wird er wahrscheinlich bald unter der Macht der Festung der Unmoral stürzen und von Christus abfallen.

Festungen sind einer der Hauptgründe für sexuelle Sünden unter Christen! Jeder Pastor oder christliche Seelsorger, der sich um andere kümmert, kann davon berichten, wie er ständig Schmerz erlebt, weil geliebte Freunde den Bezug zur Realität verlieren, in Täuschungen hineingeraten und sexuelle Sünden begehen. Durch die Lust nähren dämonische Mächte sexuelle Phantasien, trügerische Vorstellungen, Entschuldigungen und Rechtfertigungen im Denken der Christen. Sie lassen unerlaubte Leidenschaften und falsche Sehnsüchte hineinströmen und versuchen, die Warnungen des Gewissens auszuschalten. Es gelingt ihnen, die Christen mit Menschen zusammenzubringen, die für Satan evangelisieren: „Denn sie führen stolze, nichtige Reden und locken mit fleischlichen Begierden durch Ausschweifungen diejenigen an, die kaum denen entflohen sind, die im Irrtum wandeln; sie versprechen ihnen Freiheit, während sie selbst Sklaven des Verderbens sind; denn von wem jemand überwunden ist, dem ist er auch als Sklave unterworfen" (2. Petr. 2,18-19).

Wenn Ehepaare anfangen, über Trennung oder Scheidung nachzudenken, dringen Finsternismächte mit ihren Festungen der Verwirrung und Täuschung in sie ein. Haben wir nicht alle schon einmal erlebt, daß wir an einem Tag noch ganz vernünftig mit einem Freund reden können. Er hört zu und hat klare Gedanken – und schon am nächsten Tag ist er für keine Vernunftsgründe mehr zugängig?

Die Phrasen, die man von allen in gleicher Weise zu hören kriegt, lauten: „Ich lebe schließlich nur einmal." „Gott will nicht, daß ich bis ans Ende meines Lebens unglücklich bin." „Wir streiten uns so viel. Es wäre besser für unsere Kinder, wenn wir uns trennen würden." „Wir waren noch so jung, als wir geheiratet haben." „Also, ich bin einfach kein guter Vater. Wenn ich mich von meiner Frau scheiden lasse, dann findet sie bestimmt einen Mann, der meinen Kinder ein besserer Vater ist, als ich es war." Sie sind nicht mehr in der Lage, die Gedanken zu denken, die diesen Lügen widersprechen würden: „Durch Seelsorge könnte all diese Not zum Guten gewendet werden." „Deine Kinder brauchen *dich*, und nicht jemand anders." „Du hast noch nicht alle Möglichkeiten ausgeschöpft." „Du hast diesen Kinder gegenüber die Verantwortung, es zu versuchen." Ganz zu schweigen von dem Eheversprechen: „... in guten und in schlechten Tagen, bis daß der Tod uns scheide." Die Beherrscher dieser Finsternis setzen alle Mittel ein, damit sich Ehepartner nicht an ihr Eheversprechen erinnern.

Satan hat eine Flut aus seinem Mund strömen lassen, um damit, wenn möglich, die „Frau" wegzuschwemmen (Offb. 12,15). Die

Frau ist die Gemeinde Jesu. Derjenige, der weiß, daß es solche Festungen gibt, und der weiß, wie die „Weltbeherrscher“ sie benutzen, kann erkennen, wo es im geistlichen Kampf um die Kontrolle über die Gedanken der Menschen geht. Wenn sich ein Volk von Gott abwendet, so wie es eine Nation nach der anderen in unserer Zeit tut, dann übergibt Gott die Menschen nichtigen Gedanken, so daß sie tun, was erniedrigend und verachtenswürdig ist (Röm. 1,21-32). Gott weiß genau, daß diese Menschen dämonischen Festungen der Unmoral ausgeliefert sein werden – doch in Seiner Weisheit weiß Er auch, daß die Menschheit erst eine große Abscheu empfinden muß, bevor sie zu wahrer Buße gelangt! Gott ist auch bekannt, daß die Mächte der Finsternis so dumm sind, daß sie es übertreiben und dadurch bewirken werden, daß die Menschheit umkehrt. Gott weiß jedoch auch, daß die Mächte die Gedanken der Menschen so umstricken können, daß es unmöglich für sie ist, ohne Hilfe zur Buße zu gelangen. DARUM IST ES GOTTES PLAN, DIE CHRISTEN MITEINZUBEZIEHEN, ALLE, DIE AUF SEINEN RUF ZUR FÜRBITTE ANTWORTEN. CHRISTEN MÜSSEN IN DEN RISS TRETEN UND GEGEN DIE FESTUNGEN IN DEN GEDANKEN DER MENSCHEN ANKÄMPFEN. SIE MÜSSEN BETEN, DASS DIE ANDEREN STARK WERDEN IN IHREM GEIST, DAMIT SIE ZU DER BUSSE GELANGEN KÖNNEN, DIE GOTT VON ANFANG AN GEWOLLT HAT.

Darum ist dieses Kapitel so wichtig. Gottes Volk muß lernen, wie und wo es in den Kampf ziehen soll. Durch Eifer ohne Erkenntnis geraten Menschen häufig in Kämpfe, zu denen Gott sie gar nicht berufen hat. Tore hasten an Orte, wo Engel nicht einmal wagen, ihren Fuß hinzusetzen. Auf diese Weise erleiden die Kämpfer Verletzungen und werden ausgeschaltet.

Als Paula und ich von der Existenz von Festungen erfuhren und wie man sie besiegen kann, stürzten wir uns bezeichnenderweise sofort in den Kampf, um die ganze Menschheit zu befreien! Wir wollten jeden Menschen in der Kirche des Herrn und auf der ganzen Welt sofort von allen Festungen befreien! Zwei Dinge geschahen: erstens verausgabten wir uns völlig! Nach ein paar Tagen konnten wir keinen Fuß mehr vor den anderen setzen! Darum beteten wir voll Inbrunst unser übliches, hochintellektuelles Gebet: „Hilfe!“ Voll Geduld lehrte uns der Herr, auf Ihn zu warten und nur die Probleme in Angriff zu nehmen, für die Er uns in diesem Moment salbte. Zweitens erlebten wir, daß es mit den Menschen, für die wir betetn, schlechter wurde! Wir hatten das Prinzip vergessen, daß das Vertreiben von Mächten und Festungen sehr ähnlich ist wie das Austreiben von Dämonen: Wenn der Mensch nicht bereit ist, Buße zu tun und sich zu ändern, wird es danach siebenmal so schlimm mit ihm stehen!

DAS VORBEUGENDE MITTEL

1) HÖRE AUF DEN HERRN. Sei wie ein Feldwebel, der den Schlachtplan am Tag vor dem Kampf erhält. Richte dich gegen die Gewalten und Festungen, die du nach Seinem Plan besiegen sollst – zu dem Zeitpunkt, auf die Weise und an dem Ort, die Er dich wissen läßt. Nenne den Namen der Festung. Binde ihre Macht unter der Salbung des Geistes, nicht im abscheulichen Eifer des Fleisches.

2) VERSTEHE DIE STRATEGIE DES KAMPFES GEGEN FESTUNGEN UND MÄCHTE. Wende dich nicht ab, wenn die Schlacht erst zur Hälfte geschlagen ist. Festungen sind für sich selbst genommen keine dämonischen Wesen. Es sind gewohnheitsmäßige Strukturen des Denkens und Fühlens im Fleisch, die von Dämonen gebraucht werden. Das Fleisch treibt man nicht aus. Das Fleisch muß durch Buße, Bekenntnis und Gebet ans Kreuz gebracht werden. Die Mächte müssen gebunden und ausgetrieben werden. Dies gilt jedoch nicht für Festungen. Binde die Macht der Festungen. Gebiete ihnen, still zu sein. Doch du kannst sie nicht aus dem Menschen vertreiben. Durch Gnade werden die Auswirkungen dieser Festungen in dem Menschen verwandelt, so daß sie später ein Teil seiner Barmherzigkeit und seines Dienstes sind.

Wenn du einmal mit dem Kampf gegen Mächte begonnen hast, so darfst du nicht vergessen, daß du nicht aufhören kannst, wann du willst. Der Kampf ist so etwas wie eine Schwangerschaft – du kannst ihn nicht beenden, nur weil du ihn leid bist! Du mußt durchhalten, bis derjenige, der sich in Sünde befindet, zur Buße kommt. Das Ziel des geistlichen Kampfes besteht darin, daß der andere die Fähigkeit wiedererlangt, klar zu denken und auf eigenen Füßen zu stehen. Du kämpft gegen Mächte, du stellst dich auf den Sieg Christi, der bereits errungen wurde, um dadurch den Einfluß dieser Mächte, den sie auf die Festung und den Menschen haben, zu brechen. Dann kann der Mensch in sich kehren und wie der verlorene Sohn sagen: „Ich will mich aufmachen und zu meinem Vater gehen“ (Lk. 15,18).

Wenn du für ihn die Freiheit erkämpft hast, wieder denken zu können, gibt es keine Garantie dafür, daß der Mensch die richtige Entscheidung trifft. Das bedeutet: Erstens mußt du für ihn beten, damit er in seinem Geist die Kraft hat, zu echter Buße zu gelangen. Es ist Geisteskraft nötig, um Fehler zuzugeben und um Vergebung zu bitten. Zweitens mußt du vielleicht über eine lange Zeit hinweg täglich für ihn beten. Deine Gebete erkaufen Zeit und die Fähigkeit, Buße zu tun. Das, worum du vor allem kämpfst, ist seine Freiheit, selbst zu denken. Deswegen kannst du ihn jedoch auch nicht zwingen, die richtige Entscheidung zu treffen.

Darum kämpfe niemals allein. Erstens ist dies zu gefährlich. Die Mächte der Finsternis werden dich dort, wo du Schwächen hast, so lange angreifen, bis dir weder Zeit noch Kraft für den geistlichen Kampf bleibt. „Niemand, der Kriegsdienste leistet, verwickelt sich in die Beschäftigungen des Lebens, damit er dem gefalle, der ihn angeworben hat“ (2. Tim. 2,4). Satans Soldaten kennen, genauso wie ihr Meister, Gottes Wort und wollen darum die Kämpfer des Herrn solange in Schwierigkeiten verwickeln, bis sie schließlich kampfunfähig werden. Wenn du gegen Festungen und Mächte der Finsternis ankämpfst, so achte darauf, daß du deinen Tag so gut wie irgend möglich planst.

Zweitens:

> „Zwei sind besser daran als ein einzelner, weil sie einen guten Lohn für ihre Mühe haben. Denn wenn sie fallen, so richtet der eine seinen Gefährten auf. Wehe aber dem einzelnen, der fällt, ohne daß ein zweiter da ist, ihn aufzurichten. Auch wenn zwei beieinander liegen, so wird ihnen warm. Dem einzelnen aber, wie soll ihm warm werden? Und wenn einer den einzelnen überwältigt, so werden doch die zwei ihm widerstehen; und eine dreifache Schnur wird nicht so schnell zerreißen“ (Prd. 4,9-12).

Zwei oder mehrere können wach bleiben, so daß sich einer ausruhen kann, während der andere das Banner trägt. Mehrere können ihre Vision und ihre Einsichten miteinander vergleichen und sie überprüfen, wohingegen einer allein einer Täuschung erliegen kann (Eph. 4,14). Satans Lieblingslist ist das, was wir einen „Zermürbungskrieg“ nennen könnten. Er treibt uns einfach durch triviale Angelegenheiten zur Erschöpfung, bis wir zu müde sind, um bis zum endgültigen Sieg im Kampf auszuharren. Doch wenn sich mehrere im Kampf zusammenschließen, dann ist es für ihn nicht so leicht, die ganze Gruppe zu ermüden. „Laßt uns aber im Gutestun nicht müde werden, denn ZUR BESTIMMTEN ZEIT WERDEN WIR ERNTEN, WENN WIR NICHT ERMATTEN" (Gal. 6,9).

3) ERST DURCH UNTERWEISUNG WIRD DER SIEG VOLLKOMMEN. Wenn Befreiung erreicht ist und der Mensch durch Buße freigeworden ist, so muß er sorgsam unterwiesen werden, damit er nicht wieder in dieselbe Falle gerät. Der Mensch muß dahin geführt werden zu erkennen, was ihn verstrickt hat und wie dies geschah. Sonst denkt er, er könne sich ungestraft erneut mit denselben Dingen befassen, was immer es war.

Wir brauchen nicht hilflos dazustehen und zuzusehen, wenn unsere Freunde ein Opfer der Festungen des Betrugs werden, die in der heutigen Kultur so weit verbreitet sind. Wir sind, so wie niemals zuvor, in den geistlichen Kampf gerufen:

> „Die Frommen sollen jubeln in Herrlichkeit,
> jauchzen sollen sie auf ihren Lagern!
> Lobpreis Gottes sei in ihrer Kehle
> und ein zweischneidiges Schwert in ihrer Hand,
> um Rache zu vollziehen an den Nationen (d.h. Dämonen),
> Strafgericht an den Völkerschaften (gefallenen Engeln),
> um ihre Könige zu binden mit Ketten (Mächte),
> ihre Edlen mit eisernen Fesseln (Herrscher),
> um das schon aufgeschriebene Gericht an ihnen zu vollziehen!
>
> Das ist die Ehre für alle seine Frommen.
> Halleluja!" (Ps. 149,5-9)

Den Kampf gegen Festungen und Mächte sollen nicht nur ein paar Auserwählte führen. Alle Christen sind dazu bestimmt. Wir alle sind dazu berufen, im Kampf zu stehen und das zu verkündigen, was Jesus Christus bereits vollbracht hat (Mt. 28,18; Phil. 2,9-11). Ich sehne mich nach dem Tag, wo wir unsere kleinen Sorgen hinter uns lassen und als ein „sehr, sehr großes Heer" (Hes. 37,10) zusammenstehen.

DIE FESTUNG DER THEOLOGISCHEN VERWIRRUNG

Die stärkste Festung in unserer Kultur, die durch Täuschung die größte Verwirrung schafft, eine Festung, die dem geistlichen Kampf bisher erfolgreich Widerstand geleistet hat, ist eine bestimmte Art, wie wir über uns selbst denken, und zwar über das Wesen von Leib und Geist.

Es gibt zwei Denkmodelle, wie wir uns als Wesen mit Leib, Seele und Geist sehen. Beide sind theologisch. Beide beeinflussen uns, ob sie uns bewußt sind oder nicht. Sie sind ein Teil unserer Kultur und daher ein Teil unseres Denkens. Wir treffen Entscheidungen und handeln auf der Grundlage dieser Denkmodelle, ohne je von ihnen gehört oder sie je bewußt durchdacht zu haben. Das eine Denkmodell ist christlich. Das andere ist antichristlich. Leider verhalten sich die meisten Menschen (einschließlich vieler Christen) normalerweise auf der Grundlage der antichristlichen Denkart, in der Überzeugung, diese sei gut und zulässig.

Beide Denkweisen entspringen alten Wurzeln. Beide waren schon vor der Zeit des Lebens und Sterbens unseres Herrn ausgeformt. Beide sind so tief in Gewohnheiten und Praktiken verwurzelt, daß jeder von uns unbewußt davon beeinflußt wird, jedenfalls solange wir nicht den Einfluß dieses antichristlichen Denkens auf unser Herz und unseren Verstand verstehen und ihn brechen.

Die antichristliche Denkweise sagt, daß der Mensch und das ganze Universum aus einer Dichotomie bestehen: Materie und Geist sind vollkommen voneinander getrennt und bekämpfen einander. Der Geist ist gut, aber die Materie ist verunreinigt. Der Geist wird meistens als hoch oben im Himmel angesehen, wohingegen die Materie als niedrig, gefallen und verunreinigt betrachtet wird.

Wie wir sehen werden, steht hinter zahllosen Ehebrüchen und Unzucht diese falsche Art des Denkens über unseren Leib und unseren Geist. Es bringt den Menschen dahin zu denken, Pornographie und Voyeurismus würden keinen Schaden verursachen. Prostitution erscheint als vorteilhaft. Dieses Denken steht auch hinter der Zerstörung der moralischen Schranken, was dazu geführt hat, daß das Jugendverbot bei vielen Filmen aufgehoben wurde.

Erstaunlicherweise ist den Lehrern an den meisten christlichen Schulen und Universitäten, ja sogar an vielen Seminaren, nicht bewußt, daß dieses Denken falsch ist. Darum treten sie dafür ein, als sei es christlich, „sie verkündigen Lehren, die nichts als Menschensatzung sind“ (Mt. 15,9b und Mk. 7,7 – Albrecht).

Bei einigen Christen führt diese irrige Theologie zu einer falschen Auslegung des Wortes „Fleisch“ in der Bibel. Sie verstehen es so, daß der menschliche Leib in sich selbst böse ist und kasteit werden muß. Die rechte Auslegung der Schrift erklärt jedoch, daß die Bibel, wenn sie von „Fleisch“ spricht, normalerweise die Wege der Welt meint, die zu einem „Körper“ bestimmter Denk- und Handlungsweisen geworden sind, die im Widerspruch zu unserem Herrn stehen.

Paulus sagt: „Ich elender Mensch! Wer wird mich retten von diesem Leibe des Todes?“ (Röm. 7,24) und „... wenn ihr aber durch den Geist die Handlungen des Leibes tötet, so werdet ihr leben“ (Röm. 8,13). Die orthodoxe Lehre sagt, daß er nicht von seinem physischen Leib spricht, sondern von dem „Leib“ der sündigen Praktiken, die in seiner Natur liegen. Sonst könnte er an anderer Stelle nicht sagen, „... daß ihr Gottes Tempel seid und der Geist Gottes in euch wohnt ...“ (1. Kor. 3,16). Der Heilige Geist wohnt nicht in einem unreinen Gefäß. Unser Leib ist rein und gut. Doch diejenigen, die unter dem Einfluß des antichristlichen Gedankenmodells stehen, glauben, daß der physische Körper in sich selbst böse ist. Wie wir sehen werden, steht diese falsche Vorstellung hinter einer großen Anzahl von sexuellen Sünden, die von neugeborenen Christen begangen werden.

Überall um Palästina herum und in der ganzen Welt, die zur Zeit der Geburt unsres Herrn bekannt war, wurde die Kultur von der antichristlichen Denkweise bestimmt. Die Grundlage dafür bildete die hinduistische Philosophie und Theologie, die lehrt, daß der reine Geist absolut transzendent und von allen Dingen auf der Erde getrennt ist. Die Materie, oder das Fleisch, sind schlecht. Die Menschheit ist gefallen, sie war einst reiner Geist, hat dann jedoch eine Inkarnation erfahren, ist in einen Leib gekommen. Es ist schlecht, sich in einem Leib zu befinden. Man muß die Räder des Samsara durchschreiten (Kreise der Wiedergeburt oder wiederholter Inkarnationen, in Tieren oder in menschlicher Form) und das Karma (die Summe der Handlungen eines Menschen innerhalb einer Inkarnation, die die nächste Inkarnation bestimmt, ähnlich dem Gesetz von Säen und Ernten. Doch spielt hier auch das Schicksal, „Kismet“, eine Rolle, und die Notwendigkeit, die verschiedenen Stadien zu durchlaufen, um dadurch für das Nirwana gereinigt zu werden – die hinduistische Vorstellung des endgültigen Himmels).

Die Hoffnung ist, wieder reiner Geist zu werden und nie wieder eine Reinkarnation erfahren zu müssen. Wenn jemand gut ist und sich in diesem Leben in sein Schicksal ergeben hat, wird er im nächsten Leben vielleicht in einer höheren Kaste wiedergeboren werden und weiter aufsteigen, bis er ein Brahmane wird (die höchste Kaste) und schließlich den Kreisen der Wiedergeburt vollkommen entflieht. Dieser Glaube bewirkt, daß man einem anderen Menschen nicht übermäßig viel Hilfe zukommen läßt, weil man dadurch dessen Karma stört und bewirkt, daß der andere dieselbe Situation in einer anderen Reinkarnation noch einmal durchleben muß, damit er das erreicht, was durch das hilfreiche Eingreifen verhindert wurde.

Diese Theologie ist das genaue Gegenteil der christlichen Lehre! Die Materie und die irdischen Dinge sind nicht schlecht. Gottes Geist fließt in allen Dingen und durch alle Dinge (Eph. 4,6). Wir wollen dem Leib nicht entfliehen, um wieder reiner Geist zu werden, sondern vielmehr wollen wir in diesem Leib zur Vollkommenheit gelangen, oder, wenn das nicht möglich ist, in diesem Leib auferstehen. Wir wollen nicht alles hinnehmen, was über uns kommt, sondern die ganze Menschheit und die ganze Geschichte für unseren Herrn befreien.

Auf diesem Hintergrund möchte ich all diejenigen warnen, die denken, sie könnten Anleihen bei den östlichen Religionen machen: hinter Mantras und Chakren (hinduistische Techniken des Singens, Betens, Meditierens) stehen mächtige Festungen des Betrugs. Hinduistische Meditation bewirkt Passivität, die dazu führt, das Mächte die Herrschaft ergreifen und Festungen errichten. Christliche Meditation beinhaltet eine aktive Begegnung, wir begegnen unserem lebendigen Herrn und haben Gemeinschaft mit Ihm. Christliche Meditation ist in keiner Weise mit östlicher Meditation zu vergleichen. Wir brauchen weder die Techniken dieser noch irgendeiner anderen Religion. Es wird uns nicht helfen, solche Techniken zu entleihen.

Hinter Joga und ähnlichen Techniken, die entwickelt wurden, um den Körper zu stärken, stehen starke Festungen östlicher Philosophie. Dasselbe gilt für die verschiedenen Kampfkunstarten. Christen können körperliche Übungen und Techniken entwickeln, und haben dies auch getan, durch die nicht gleichzeitig Festungen und Mächten der Täuschung die Tür geöffnet wird. Viele Polizisten werden heute in östlichen Kampfkunstarten ausgebildet. Ich weiß nicht, ob man die Kampftechniken von ihrer Grundlage trennen kann. Viele Christen, die sich in jenem Bereich auskennen, streiten diese Möglichkeit ab. Da ich die Macht von Festungen kenne, befürchte ich, daß sie recht haben könnten.

Als Adam und Eva in Sünde verfielen, verloren sie (und damit auch wir) die Fähigkeit, ganz enge Gemeinschaft mit Gott haben zu können. Adams und Evas Geist hatte sich vor dem Fall in vollkommenem Einklang mit dem Geist des Herrn befunden. Wenn Er in der Kühle des Abends mit ihnen wandelte und sprach, konnten sie Seinen Geist „lesen". Sie verstanden Seine Empfindungen und begriffen Seine Gedanken in vollkommenem Vertrauen und ohne die geringste Angst. Die Sünde zerstörte diese Fähigkeit, Seinen Geist zu lesen und Seine Gedanken zu verstehen. Satans Verunreinigung bewirkte, daß an die Stelle von vertrauter Nähe jetzt Angst und mangelndes Vertrauen trat. Was folgte, war eine Rückentwicklung. Wenn sich Gott nun den Söhnen und Töchtern auf der Erde näherte, konnten sie nur noch ein Jota von dem verstehen, was Gott ihnen mitteilen wollte.

Natürlich hätte Gott Seine Macht gebrauchen und sie zwingen können, Ihn richtig zu verstehen. Doch dann wären sie zu Robotern geworden und wären nicht mehr Söhne und Töchter, mit denen Gott bis in Ewigkeit Gemeinschaft haben konnte. Von Gottes Gesichtspunkt aus lautete die Frage: „Wie kann ich die Fähigkeit der Menschheit, Gemeinschaft mit mir zu haben, wiederherstellen, ohne ihren freien Willen zu verletzen?"

Satan konnte Gott nicht überraschen, er konnte Ihn nicht dazu zwingen, Seine ewigen Pläne zu verändern. In Seiner Weisheit wußte Gott im voraus genau, was Satan, Adam und Eva tun würden. Von Anfang an, schon vor der Schöpfung, hatte Gott einen Plan gefaßt, wie Er die Menschen zurückbringen konnte.

Immer, wenn unser Herr sich einem Volk nahte, hat es ein kleines Stück Seines Wesens gesehen, aber nur ein kleines Stück. Er kam zu den Menschen in Indien, und sie ergriffen den Gedanken, daß Gott eine Trinität ist – doch einer der drei hieß Schiwa, der Zerstörer! Und sie glaubten, das Leben im Leib sei ein Fluch, anstatt eine Gabe und das Tor zum Himmel. Gott kam zu den Menschen in China, und sie erhielten die Vorstellung, daß Er Weisheit ist – doch sonst begriffen sie fast gar nichts. Als Er sich in Mittelamerika und auf Hawai den Menschen nahte, entwickelten sie ein Vorausbild des Blutopfers Seines Sohnes – und ermordeten bei Orgien in

Opferriten Tausende von Menschen! Und so ging es weiter. Keiner erkannte Gott als den, der Er wirklich ist.

Doch Gott hatte gewußt, daß dies passieren würde, und bereitete die Menschen darauf vor, eine größere und klarere Offenbarung Seiner selbst zu empfangen – ja, die Fülle der Offenbarung in unserem Herrn Jesus Christus.

Als die Zeit herbeigekommen war, sprach Er zu einem Mann namens Abram. Durch ihn und seine Nachkommen wollte Gott Stück für Stück Sein wahres Wesen offenbaren. Er machte ihnen ein Angebot. Er würde sie 400 Jahre in Gefangenschaft senden und sie dann in ein Land führen, in dem Milch und Honig fließt (1. Mose 15,13-21). Wenn sie Sein Volk sein und der Welt zeigen würden, wie Gottes Wesen ist, dann würde Er ihr Gott sein und sie in dem Land segnen.

Gott wußte, daß sie versagen würden. Aber Er wußte auch, daß Israel in den Herzen und Gedanken Seines Volkes den Boden für das Kommen Seines Sohnes vorbereiten würde, durch den Er ein für allemal offenbaren würde, wer Er ist und wie Er ist.

Doch die Hebräer, denen in unserem Herrn Jesus Christus die Offenbarung des Wesens Gottes gegeben wurde, waren ein Volk, das von uralten Festungen von Gedanken umgeben war. Diese Festungen drohten von Anfang an, die Reinheit der Offenbarung wieder zu verwischen oder sie sogar vollkommen zu zerstören!

In der babylonischen Schöpfungsgeschichte wird erzählt, daß der Gott Marduk die vier Winde des Himmels in den Mund seiner Mutter Tiamat stopfte, woraufhin sich ihr Bauch aufblähte, sie an Gasvergiftung starb und zu Boden stürzte. Marduk nahm sein Messer und schlitzte ihren Leib auf. Den oberen Teil zog er nach oben, daraus wurde der Himmel. Aus dem Blut und den Eingeweiden, die unten herausquollen, wurde die Erde! Kann man bei einer solchen Schöpfungsgeschichte die Erde und den eigenen Körper noch wertschätzen?!

Die ägyptische Geschichte behauptet, es habe eine Schlammflut gegeben, aus der heraus sich Schlammhügel bildeten. Auf einer der Anhöhen stand ein Mann. Eine Version erzählt, er habe gespuckt, eine andere, er habe masturbiert. Die Spucke oder der Samen ist die Schöpfung! Daraus wurde die Erde geformt. Daraus wurden wir geformt. Kann sich die Menschheit bei so einer Geschichte über ihre Existenz freuen?!

Stellen wir dies der biblischen Geschichte gegenüber: Ein guter und heiliger Gott sagte: „Es werde Licht. Und es ward Licht. Und Gott sah, daß das Licht gut war ..." (1. Mose 1,3-4a). Sechs Tage lang befaßte sich dieser heilige und liebende Gott mit dem Werk der Schöpfung, und jeden Tag sah Er, daß es gut war. Am sechsten Tag nahm Gott den guten, reinen Staub der Erde, formte den Menschen, hauchte ihm Seinen eigenen, heiligen Atem ein, und der Mensch wurde zu einer lebenden Seele (2,7). Als Gott Mann und Frau geschaffen hatte, „... sah Gott an alles, was Er gemacht hatte, und siehe, es war sehr gut" (1,31a). Was für ein Unterschied!

Doch diese Offenbarung kam zu einem Volk, das von einer Kultur durchdrungen war, die von Festungen der Täuschung beherrscht wurde. Drei Jahrhunderte vor der Geburt Jesu hatte Alexander der Große Palästina und die ganze Region des mittleren Ostens erobert. Damit begann die hellenistische Periode, in der griechische Gedanken und Sitten und die griechische Sprache vorherrschten. Aristotelische Philosophie beeinflußte die Mentalität zu jener Zeit. Später wurde durch den PAX ROMANA des römischen Reichs eine Atmosphäre geschaffen, in der sich die griechische Kultur und Denkweise weiter entfalten konnte. So wurde auch das Neue Testament in KOINE geschrieben (einem griechischen Dialekt, der zu jener Zeit in den römischen Herrschaftsgebieten verbreitet war und in etwa mit dem heutigen amerikanischen Englisch vergleichbar ist).

Die griechische Mentalität der damaligen Zeit hielt an einer dualistischen Sicht der Natur fest, die der hinduistischen ähnelte – der Geist ist gut, das Fleisch ist schlecht. Darum empfanden die Menschen es als einen Skandal, als sie aufgefordert wurden zu glauben, daß Jesus, Gottes eigener Sohn, als niedriger Mensch geboren wurde, mitten in Schmerz und Blut. Daß Er an der Brust gestillt und gewickelt wurde – eine grauenhafte Vorstellung! Darum entstanden eine Reihe von hellenistischen Häresien:

Ein Mann mit Namen Kerinthos entwickelte eine Häresie, die sich „Adoptionismus" nannte. Gott in Jesus konnte nicht durch die Verunreinigung eines menschlichen Mutterleibes geboren werden, darum suchte sich Gott einfach einen erwachsenen Mann aus und verlieh ihm (adoptierte ihn) Seinen eigenen Geist!

Da es undenkbar war, daß Gott Fleisch würde (Joh. 1,14), besagte eine andere Häresie, daß Er nur scheinbar einen Leib hatte, eine Weile auf der Erde herumschwebte und dann zurückkehrte, um wieder reiner Geist zu werden. Diese Häresie nannte sich „Doketismus", nach dem griechischen Wort DOCEIN, das „erscheinen" bedeutet. Obwohl die Kirche diese Anschauung als Häresie brandmarkte und sie theologisch ablehnte, hielt sie sich als Festung und wurde immer stärker, wie wir sehen werden. Der Doketismus ist die Festung, von der heute das gesamte Christentum am meisten bedrängt und verunreinigt wird.

Die Griechen dachten, daß Sokrates, als er den giftigen Schierlingsbecher trank, dadurch den Verunreinigungen der Körperlichkeit entfliehen würde. Auf diese Griechen wirkte es abstoßend, als sie dazu aufgefordert wurden, einen Glauben zu bejahen, der die Tatsache feierte, daß man in einem physischen Leib wiederauferstehen würde! Der Sinn des Sterbens lag doch darin, dem Leib zu entfliehen! Darum mußte Paulus den Korinthern (Griechen) schreiben, daß Jesus tatsächlich in einem physischen Leib auferstanden ist und daß wir ebenso auferstehen werden (1. Kor. 15).

Die griechischen Gnostiker (von GNOSIS oder Erkenntnis – Menschen, die glaubten, daß sie durch das richtige Denken gerettet würden, anstatt durch die Person des Retters, unseres Herrn Jesus Christus) behaupteten, daß die Welt von einem Demiurgen (einem Wesen, das niedriger als der höchste Gott war) erschaffen wurde. Doch durch dessen konfuse Wege wurde die Erde verdorben und verunreinigt. Darum waren natürlich die Materie und der Leib vom Bösen getrübt. Gegen diese Häresie donnern die Eröffnungsworte des Johannesevangeliums mit der Wahrheit:

> „IM ANFANG war das Wort, und das Wort war bei Gott, und das Wort war Gott.
> (Kein Demiurg, kein Halbgott, sondern Gott selbst.)
>
> DIESES WAR IM ANFANG BEI GOTT.
> (Die gnostische Theologie lehrte, daß der niedrigere Gott von dem höchsten Gott erst nachträglich geschaffen wurde.)
>
> ALLES WURDE DURCH DASSELBE, UND OHNE DASSELBE WURDE AUCH NICHT EINES, DAS GEWORDEN IST.
> (Die Gnosis lehrte, daß der höchste Gott einige Dinge erschaffen habe, die gut waren, doch der Demiurg fügte andere

falsche Dinge hinzu, die das Werk des höchsten Gottes verunreinigten.)

IN IHM WAR LEBEN, UND DAS LEBEN WAR DAS LICHT DER MENSCHEN."
(Die Gnostiker glaubten, daß der niedrigere Gott in sich auch Finsternis hatte, durch die Tod und Verwirrung in die Menschheit hineinkam.) (Joh. 1,1-4)

Nachdem Johannes klar dargestellt hat, daß Jesus kein niedrigerer, falscher Gott ist, zerstört er die doketische Vorstellung, daß Er nicht wirklich Fleisch wurde, sondern nur eine Zeitlang herumschwebte und daß es dabei nur so aussah, als habe Er einen Körper: „Und das Wort wurde Fleisch und wohnte unter uns, und wir haben seine Herrlichkeit angeschaut, eine Herrlichkeit als eines Eingeborenen vom Vater, voller Gnade und Wahrheit" (Joh. 1,14). Jesus hat das Fleisch nicht nur „besucht", so wie Wasser in einem Krug. Er wurde Fleisch. Doch gleichzeitig hat Er bei diesem Wechsel nichts von Seiner Göttlichkeit verloren. Er war voller Gnade und Wahrheit.

Auf diese Weise traten die Apostel den Festungen des Gnostizismus und des Doketismus gegenüber und zerstörten sie als Theologie. Doch die Festungen sind hartnäckig. Sie tauchen in jedem Jahrhundert neu auf. Fast 300 Jahre später, auf dem Konzil zu Nicäa 325 n.Chr., wurde der Kampf erneut ausgefochten. Durch den Arianismus versuchten die Verfechter des doketischen Gnostizismus' zu behaupten, Jesus sei ähnlicher Natur wie Gott, jedoch nicht derselben Natur. Der Streit wurde über einen kleinen Buchstaben geführt, ein Jota. Sollte im Glaubensbekenntnis homo-ousios oder homoi-ousios stehen? Das erste bedeutete „von derselben, identischen Natur", das zweite „von ähnlicher Natur, jedoch nicht derselben". (Immer wieder taucht der gnostische Demiurg auf.)

Gegen die Arianer stand Athanasius auf, ein großer asketischer Eremit und Theologe. Er bestand darauf, daß Jesus derselben Natur war wie der Vater. Athanasius gewann, und der Glaube wurde vor dem Irrglauben bewahrt. Darum verkündigt das Nicänische Glaubensbekenntnis so triumphierend: „... Gott von Gott, Licht von Licht, wahrhaftiger Gott vom wahrhaftigen Gott; geboren, nicht geschaffen; mit dem Vater in einerlei Wesen, durch welchen alles geschaffen ist ..."

Erneut war die Festung in der Form der Theologie besiegt worden, aber grundsätzlich ließ sie sich nicht vertreiben, sie taucht bis zum heutigen Tag hier und dort wieder auf, vor allem durch aristotelische Philosophie (die die grundlegende Weltsicht der östlichen Mentalität übernommen hat). Diese Philosophie wurde zur vorherrschenden Philosophie, nicht nur damals, sondern auch heute. Ihre Hauptlehrsätze (daß alles von Ursache und Wirkung bestimmt wird, und daß alles, was nicht atmet, keinen Geist in sich hat) sind praktisch unangefochten in die christliche Theologie eingegangen. Zusammen mit diesen scheinbar harmlosen Vorstellungen kam auch der Glaube, daß der Geist gut ist und die Materie schlecht. Mit der Bejahung dieser Vorstellung schlich sich gleichzeitig der Gedanke ein, daß der Leib böse ist, und darum auch der Geschlechtsverkehr.

Marcion, ein gnostischer Theologe, der seine Werke um 100 n.Chr. schrieb, sagte, jeglicher Geschlechtsverkehr sei schlecht. Er lehrte, daß alle seine Anhänger in vollkommenem Zölibat leben sollten. Obwohl er als Häretiker exkommuniziert wurde, lebten seine Gedanken in der Festung des Doketismus weiter, die von Anfang an die Kirche bedroht hat.

WIR WOLLEN UNTERSUCHEN, WIE DIE FESTUNG DES DOKETISMUS VIELE MENSCHEN IN DER GEMEINDE JESU BEEINFLUSST UND VERUNREINIGT HAT:

1) Im 19. Jahrhundert, das vom religiösen Geist des Doketismus beherrscht wurde, lehrte man sowohl in der katholischen als auch in der evangelischen Kirche, daß Geschlechtsverkehr schlecht sei. Den Katholiken wurde gesagt, sie müßten beichten, wenn sie Freude am ehelichen Geschlechtsverkehr hätten! Die Mütter sagten ihren Töchtern, daß Männer böse seien, weil sie Sex wollten. Als pflichtbewußte Ehefrauen müßte man sie „gewähren" lassen, und natürlich wäre dies auch zur Fortpflanzung nötig. Doch wenn man Spaß daran hatte, dann würde man sündigen!

2) Viele Männer und Frauen wurden gelehrt, daß der Leib sündhaft ist und daß ein wahrer Christ das Verlangen seines Leibes mißachtet. Man glaubte, alle Leidenschaften seien vom Teufel. Ein wahrer Christ würde ihnen keinen Raum geben. Auf Gemälden wurde Jesus mit säuglingshaften Zügen dargestellt, idealisiert, als Jüngling, der kaum noch wie ein Mensch aussah und der natürlich zu rein und zu unschuldig war, um irgendwelche echten Gefühle zu haben.

3) Eine Mutter war entsetzt und beschämt, wenn sie herausfand, daß die Kinder ihre „privaten Teile" entdeckt hatten und mit ihnen spielten. Sie schimpfte mit ihnen und veranlaßte, daß der Vater mit ihnen in den Wald ging, um sie dort mit seinem Gürtel die Lektion fühlen zu lassen.

4) Die Kleidung der Frauen mußte den ganzen Körper bedekken, vom Hals bis zu den Knöcheln, sogar noch weit bis ins 20. Jahrhundert hinein. Ich kann mich daran erinnern, wie ein Knecht auf der Ranch in Oklahoma beschämt und entsetzt war, weil er zufällig die Knöchel meiner Mutter gesehen hatte, als er ihr in den Sattel eines Pferdes half! Der Körper durfte nicht sichtbar sein! Kein einziges Teil davon!!

Die Badekostüme der Jahrhundertwende bedeckten den Körper zu so großen Teilen, daß man sich fragt, wie überhaupt jemand damit schwimmen konnte. Im Gegensatz dazu zeigen die modernen Badeanzüge sehr viel vom Körper. Vielleicht ist dies unter anderem durch eine Gegenreaktion und Rebellion gegen die törichte doketische Prüderie jener Tage zu erklären. Als extremes Beispiel seien die Hausfrauen genannt, die (in der Viktorianischen Ära) Hosen nähen mußten, um die „Gliedmaßen" des Klaviers zu bedecken! (Man nannte sie nicht „Beine" – das wäre zu schamlos gewesen.) Paulas Urgroßmutter brachte neun Kinder zur Welt und rühmte sich bis zu ihrem Todestag, daß ihr Mann sie niemals nackt gesehen hätte!

5) In den beiden ersten Gemeinden, in denen ich Pastor war, erlebte ich es mehrfach, daß Frauen aufstanden und den Gottesdienst verließen, weil sie erzürnt waren, daß ich von der Kanzel aus über Geschlechtsverkehr gesprochen hatte. Welche Unverschämtheit! In Wirklichkeit hatte ich nur einen harmlosen Hinweis auf ein anderes Thema gemacht. Diese Frauen hielten sich für rechtschaffene Christen. In Wahrheit waren ihre Gedanken jedoch von den antichristlichen Festungen der Täuschung verunreinigt.

NUN WOLLEN WIR SEHEN, WELCHE AUSWIRKUNGEN DOKETISCHE FESTUNGEN AUF DIE MORAL HABEN:

1) Einige Denominationen haben durch ihre Lehre, daß der Körper böse sei, bewirkt, daß bei ihren Gemeindegliedern Schuld- und Schamgefühle auftreten, immer wenn sie ehelichen Geschlechtsverkehr haben, besonders dann, wenn sie Freude daran finden. Dadurch entsteht eine ungesunde Unterdrückung natürlicher und normaler Gefühle, was wiederum verhindert, daß man

lernt, wie man einander Freude bereiten kann. Auch beeinträchtigt dies die Regelmäßigkeit sexueller Betätigung, obwohl wir von Gott dazu geschaffen sind.

> „Der Mann leiste der Frau die eheliche Pflicht, ebenso aber auch die Frau dem Mann. Die Frau verfügt nicht über ihren eigenen Leib, sondern der Mann; ebenso aber verfügt auch der Mann nicht über seinen eigenen Leib, sondern die Frau. Entzieht euch einander nicht, es sei denn nach Übereinkunft eine Zeitlang, damit ihr euch dem Gebet widmet und dann wieder zusammen seid, damit der Satan euch nicht versuche, weil ihr euch nicht enthalten könnt" (1. Kor. 7,3-5).

Auch wenn Ehepaare versuchen, ihre natürlichen Leidenschaften im Akt des Liebesspieles zu unterdrücken, können diese Leidenschaften nicht abgestellt werden. Wenn sie verleugnet werden, tauchen sie an unerwünschten Orten wieder auf. In der Viktorianischen Ära war es üblich, daß Männer eine Geliebte hatten. Mit ihren Ehefrauen hatten sie Geschlechtsverkehr, um Erben hervorzubringen, doch wenn sie ihre Ehefrau in den Armen hielten, unterdrückten sie alle Leidenschaft. Ich hörte von einem Mann, der sich, von Schamgefühl überwältigt, bei seiner Frau vielmals dafür entschuldigte, daß er so derb und gedankenlos gewesen sei, in der Nacht zuvor ihre sexuelle Leidenschaft geweckt zu haben! Doch bei ihrer Geliebten konnten die Männer ihrer Leidenschaft ungezügelt Raum geben, da sie ja sowieso schon in Sünde verstrickt waren. Mit ihrer Geliebten genossen sie den Geschlechtsverkehr – und zu Hause erduldeten sie ihn!

Die bei weitem höchste Anzahl von Menschen, die Ehebruch begangen haben und zu mir in die Seelsorge kommen, stammen aus Denominationen, deren Theologie besagt, daß der Leib sündhaft ist! Kürzlich war ich mit mehreren anderen Leitern christlicher Seelsorgedienste zusammen und hörte, daß sie genau dieselbe Beobachtung gemacht hatten! Falsche Theologie macht die Gläubigen in jenen Denominationen wehrlos sowohl gegenüber der Dynamik von Unterdrückung und Ausdruck, als auch gegenüber der Festung des unerlaubten Sex.

2) Pornographie und Voyeurismus blühen immer dann auf, wenn Sex als unrein angesehen wird. Die natürliche Neugier der Kinder wird mit dem Stempel ungezogen und böse versehen.

Dadurch werden rebellische Wünsche geweckt, man möchte sehen, was verboten ist. Pornographie und Voyeurismus erhalten dadurch Macht und Reiz, daß derjenige, der sich damit befaßt, das Gefühl hat, etwas zu tun, was ihm als Kind verboten war.

In einer der Gemeinden, wo ich Pastor war, gehörten viele der Männer zu einem Männerclub vor Ort. Sie beschlossen, eine Männerparty zu veranstalten. Stripteasetänzerinnen wurden eingeladen und boten sich in verschiedenen Graden der Nacktheit dar. Ein Nachbar von uns, ein Arzt, verließ den Raum, setzte sich allein an die Bar und trank etwas. Einer der Männer aus der Gemeinde ging zu ihm und sagte: „He, Doktor, Sie müssen unbedingt reinkommen und sich das anschauen! So etwas haben Sie bestimmt noch nicht gesehen!“ Der Arzt erwiderte lediglich: „Wetten daß?!“ Auf ihn, der jeden Tag nackte Körper untersuchte, übte Voyeurismus keine Faszination aus. Die Macht des Voyeurismus lag in kindischem Ungehorsam.

Wenn die Christen in jüdisch-christlichen Begriffen denken würden, würden sie erkennen, daß der Körper heilig, rein und gut ist. Darum verunreinigen wir ihn nicht. Doch sind sie gelehrt worden, in Begriffen zu denken, die unser Sein aufteilen: „Das da ist einfach nur ein Leib, und was ich mit diesem Leib tue, hat mit mir ansonsten nichts zu tun.“

Ich hatte Männer in der Seelsorge, die Ehebruch begangen hatten und dann zu ihren Frauen sagten: „Aber Liebling, das hat mir überhaupt nichts bedeutet. Das war rein körperlich. Ich liebe dich allein.“ Sie wußten nicht, daß es so etwas wie rein körperlichen Sex nicht gibt. Ihr Denken war von der Festung des Doketismus verführt worden. „Oder wißt ihr nicht, daß, wer der Hure anhängt, EIN Leib mit ihr ist? ‘Denn es werden’, heißt es, ‘DIE ZWEI EIN FLEISCH SEIN’“ (1. Kor. 6,16). Wenn jene Männer in hebräisch-christlichen Begriffen gedacht hätten, hätten sie gewußt, daß der Geschlechtsverkehr, den sie mit einer Frau haben, niemals nur ihren Körper betrifft. Die Prostitution breitet sich immer weiter aus, weil Männer und Frauen denken, sie könnten körperlichen Sex genießen, ohne in irgendeiner anderen Weise etwas miteinander zu tun zu haben. Das ist doketische Häresie.

EINER DER STICHHALTIGSTEN GRÜNDE DAFÜR, WARUM SEXUELLE SÜNDEN UNTER CHRISTEN HEUTE SO VERBREITET SIND, LIEGT DARIN, DASS SATAN IHNEN DIE LÜGE WEISGEMACHT HAT, DAS, WAS SIE MIT IHREM

KÖRPER TUN, HABE WENIG EINFLUSS AUF IHREN GEIST UND DESSEN ZUSTAND UND TUN. Allein durch die Gnade Gottes bin ich Paula treu geblieben. Doch diese Gnade ist unter anderem dadurch wirksam geworden, daß Er mich von Anfang gelehrt hat, nur Paula sei von Ihm dazu gesalbt, mich sexuell zu berühren. Es ist unmöglich, daß ich mit einer anderen Frau sexuellen Kontakt haben kann und sie dabei nur körperlich berühre. Alle anderen Frauen außer Paula würden meiner Seele Lügen über mich selbst erzählen. Nur Paula ist mir von Gott gegeben, um mich zu vervollständigen und mir zu sagen, wer ich bin.

Wenn Christen auf jüdisch-christliche Weise denken würden, würden sie Unmoral aufs äußerste verabscheuen: „Flieht die Unzucht! Jede Sünde, die ein Mensch begehen mag, ist außerhalb des Leibes; wer aber Unzucht treibt, sündigt gegen den eigenen Leib. Oder wißt ihr nicht, daß euer Leib ein Tempel des Heiligen Geistes in euch ist, den ihr von Gott habt, und daß ihr nicht euch selbst gehört?“ (1. Kor. 6,18-19).

Wenn wir jüdisch-christlich denken würden, könnten wir weder Pornographie noch Voyeurismus dulden. In dem Wissen, daß jeder Christ ein Tempel des Geistes Gottes ist, könnten wir es nicht ertragen, ihn zu verunreinigen: „Denn ihr seid um einen Preis erkauft worden; verherrlicht nun Gott mit eurem Leib“ (1. Kor. 6,20). „... Ich aber sage euch, daß jeder, der eine Frau ansieht ...“ (Mt. 5,28).

Aufgrund der Festung des Doketismus herrscht in den Herzen und Gedanken der Menschen Verwirrung, selbst was die alltäglichsten Geschäfte angeht. Ein Mann setzt sich hin, um zu essen. Er sagt ein Dankgebet – das ist geistlich. Essen ist eine rein körperliche Sache, so denkt er. Er geht zur Arbeit. Das ist körperlich. Das Dankgebet bei Mittagessen ist geistlich, aber das Essen ist wiederum rein körperlich. Vielleicht spricht seine Frau mit ihm ein Gebet, bevor sie zu Bett gehen – geistlich. Dann möchte er mit seiner Frau schlafen – und denkt, dies sei etwas rein Körperliches. All das ist Täuschung! Da Gottes Geist in ihm wohnt, ist alles, was er tut, sowohl körperlich als auch geistlich. Kein Christ kann das Leben in dieser Weise aufspalten – doch auf Grund der Festung des Doketismus denkt er, er könne es.

Darum stellt er die Frage, die mir schon so viele Christen gestellt haben: „Aber was kann ich denn an meinem Arbeitsplatz tun, was speziell christlich ist?“ Allein diese Frage ist ein Beweis dafür, in welcher Täuschung er sich in seinem Denken befindet. Was immer er tut, ist christlich, wo immer er sich befindet. Er versteht nicht, daß sein ganzes Leben heilig ist, daß es für Christen keine Trennung zwischen dem gibt, was „säkular", und dem, was „christlich" oder „geistlich" ist. Er sollte von dem Wissen durchdrungen sein, daß durch alles, was er tut, das Leben unseres Herrn Jesus Christus auf der Erde dargestellt wird. Dieses Wissen würde als Prüfstein für seine Taten dienen. Doch er glaubt, daß das Leben in der Welt und das Leben in Christus zwei verschiedene Dinge sind. Darum ist Unmoral zwar etwas, was wir einem Priester beichten wollen, damit uns der Weg in den Himmel offen bleibt (falls es so etwas tatsächlich gibt). Aber uns ist nicht wirklich klar, in welcher Weise die körperliche Sünde etwas mit unserem geistlichen Leben in Christus zu tun hat. Für diejenigen, die der Täuschung erlegen sind, handelt es sich hier um zwei getrennte Dinge.

Denke über diese Sachen nach. Das einzige Mittel gegen die Festung des Doketismus im Leben der Gemeinde Jesu heute besteht darin, daß viele Christen diese Festung erkennen, sie und die Folgen, die sich daraus im Leben der Christen ergeben, hassen, diese Erkenntnis lehren und in entsprechender Weise beten.

Kapitel 8

UNAUSGEWOGENE THEOLOGISCHE LEHREN DER HEUTIGEN ZEIT, DURCH DIE SEXUELLE UND ANDERE SÜNDEN VERURSACHT WERDEN

BILLIGE GNADE

Ich glaube, einer der entscheidendsten theologischen Gründe dafür, warum neugeborene Christen in unseren Tagen der Sünde gegenüber so gleichgültig geworden sind, liegt in einer Täuschung, die von vielen die „billige Gnade“ genannt wird. Auf der einen Seite wird die Gnade und Vergebung des Herrn Jesus Christus gepredigt und auf der anderen Seite meistens Seine Strenge im Gericht übersehen. Diese Unausgewogenheit in der Darbietung des Evangeliums kann Menschen zu der Annahme verleiten, sie könnten alles tun, Jesus würde sie einfach wieder reinwaschen. Doch die Auswirkungen sind noch weitreichender. Ich glaube, daß in dieser unausgewogenen Lehre ein noch größerer Irrtum verborgen liegt, der sich weitaus schädlicher auf die Moral der Christen auswirkt.

Die Täuschung liegt darin, daß man glaubt, Vergebung würde sämtliche Auswirkungen der Sünde beseitigen, die Sünde hätte keine weiteren Folgen, sobald Jesus uns vergeben hat, und außerdem würde Vergebung die Notwendigkeit von Züchtigung aufheben. Wenn Christen dieser Täuschung glauben, sind sie versucht zu denken, daß sie alles ungestraft tun können, weil Jesus sich schon darum kümmern wird, und damit halten sie die Sache für erledigt. Das meinen wir, wenn wir von „billiger Gnade“ sprechen.

Billige Gnade ist weder das Evangelium der guten Nachricht, noch läßt sich diese Lehre von der Schrift her rechtfertigen. Irgendwie ist in uns die falsche Vorstellung entstanden, daß wir verabscheuenswürdige Sünden begehen können, um was immer es sich auch handelt; sobald wir jedoch die magischen Worte „Vergib mir“ gesagt haben, würden kein Schaden und keine Züchtigung mehr folgen! Das ist ein schrecklicher Betrug, besonders was sexuelle Sünden unter Gläubigen angeht. Wenn ein Mann Ehebruch begeht, hat er die Ehre seines Bruders erniedrigt (1. Thess. 4,6). Die Folgen werden Zerstörung und Verlust sein, ungeachtet dessen, wie umfassend seine Buße ist und wie vollständig die Vergebung und Wiederherstellung sind, die er erfährt!

Ein Aspekt dieser Tragödie ist, daß die Herrlichkeit, die der Dienst dieses Mannes hatte, für immer getrübt ist. Er wird seinen Dienst vielleicht weiterführen, möglicherweise auch mit viel Erfolg. Doch hat er seine Unbescholtenheit vor dem Herrn verloren. Sie kann nie mehr wiedergewonnen werden.

Auch Strafe wird erfolgen. Wir sind immer wieder verwundert zu sehen, wie oft sich im Leben solcher Männer eine Art Fluch zeigt, der durch keinen Exorzismus und auch nicht durch noch so viel Gebet gebrochen werden kann. Meistens haben diese Männer vom Zeitpunkt des Ehebruchs an unentwegt finanzielle Schwierigkeiten. Am traurigsten ist, daß wir sehr oft erleben, wie das Leben ihrer Kinder von Tragödien getroffen wird! Erinnerst du dich an das, was König David widerfuhr, als er mit Bathseba Ehebruch beging? Obwohl ihm vergeben wurde, erfolgte durch den Tod seines Kindes eine Strafe: „Und der Herr schlug das Kind, das Urias Frau dem David geboren hatte ..." (2. Sam. 12,15ff). IN DEN FAMILIEN DERER, DIE IN EHEBRUCH VERFALLEN SIND, GEHEN TOD UND TRAGÖDIEN UM!

Jemand könnte jetzt fragen: „Wie kann ich einen Gott lieben, der mein Kind schlägt für die Sünden, die ich begangen habe? Das ist doch nicht gerecht!" In mindestens zwei Punkten besteht hier Verwirrung. Erstens fehlt es uns heute an der Erkenntnis, wie sehr das Leben, das wir in Christus haben, ein gemeinschaftliches Leben ist. Die Tatsache, daß Gott Davids Kind schlug, heißt nicht, daß Gott dies wollte.

Wenn die Bibel von rechtlichen Fragen des Erntens spricht, gebraucht sie den persönlichen Fall. „Gott schlug ..." bedeutet, daß sich das Gesetz von Säen und Ernten an Davids Kind erfüllte. Wie kann das gerecht sein? Alle Fortschritte der Medizin, die wir heute genießen, die uns das Leben retten und uns Gesundheit und Freude ermöglichen, sind Gaben, die wir von der Arbeit unserer Vorväter ernten, ohne sie verdient zu haben. In gleicher Weise haben wir auch von unseren Vorfahren die Technologie geerbt, mit Hilfe derer wir uns kleiden, unsere Häuser heizen, unsere Autos fahren und den manchmal zweifelhaften Segen des Fernsehens ausnutzen – völlig ohne unseren Verdienst. Kann man sagen, daß es gerecht ist, den

Segen unserer Vorfahren zu ernten, aber ungerecht, wenn wir das Böse ernten, was sie gesät haben? Darum leiden unsere Kinder, wenn wir sündigen. Wenn sich diese Art des Schadens ereignet, ist Gottes Schmerz darüber größer als unser eigener.

Die zweite Verwirrung hat mit der Frage der Strafe oder Rachsüchtigkeit zu tun. Manch einem mag es so erscheinen, als hätte Gott sich an irgendjemandem rächen wollen und sich dafür Davids armes, unschuldiges Kind ausgesucht! Oder Kinder in unserer Zeit, die leiden, nachdem ihre Eltern Sünden begangen haben. „Furcht ist nicht in der Liebe, sondern die vollkommene Liebe treibt die Furcht aus; denn die Furcht rechnet mit Strafe“ (1. Joh. 4,18 – Luther). Gott ist nicht rachsüchtig. Wir übertragen auf Gott unseren ungeheilten Groll gegen Autoritätspersonen, die uns gestraft haben und uns dabei vielleicht zu viel Schmerz zufügten und uns mißhandelten. Wer „zur Vollkommenheit in der Liebe“ gelangt ist, kann die wahre Ursache seiner Verwirrung und Ängste erkennen und wird durch das Kreuz dazu befreit, Gott so zu sehen, wie Er wirklich ist – grenzenlose, reine, herzliche Liebe für jeden von uns.

Wir wollen nicht wahrhaben, daß die Sünden, die wir begehen, drastische Auswirkungen auf unsere Kinder haben. Mehrfach habe ich bereits Hosea 4,6 zitiert: „Mein Volk kommt um aus Mangel an Erkenntnis.“ Hören wir uns an, wie dieser Vers weitergeht: „Weil du die Erkenntnis verworfen hast, so verwerfe ich dich, daß du mir nicht mehr als Priester dienst. Du hast das Gesetz deines Gottes vergessen, so vergesse auch ich deine Kinder.“

Die Apokryphen werden von der Mehrheit der Kirche nicht als zum Kanon der Schrift zugehörig betrachtet. Die folgende Stelle zitiere ich nicht als Bibelwort, jedoch als Beleg für die Art und Weise, wie Menschen in biblischen Zeiten über Sünde und deren Auswirkungen dachten:

> „Denn wer sich recht müht, empfängt herrliche Frucht, und aus Einsicht wächst hervor, was ohne Tadel ist. Aber die Kinder der Ehebrecher geraten nicht, und die Nachkommen aus gesetzwidriger Ehe werden vertilgt. Denn wenn sie auch lange leben, werden sie doch nichts gelten, und ihr Alter wird zuletzt doch ohne Ehre sein. Sterben sie aber bald, so haben sie nichts zu hoffen und keinen Trost am Tage des Gerichts. Denn die Ungerechten nehmen ein schlimmes Ende.“ (Weisheit 3,16-19)

> „Denn Gott ist zwar barmherzig, aber er ist auch zornig. Er läßt sich versöhnen, aber er straft auch schrecklich. So groß wie seine Barmherzigkeit ist, so groß ist auch seine Strafe; und er richtet jeden, wie er's verdient. Der Gottlose wird mit seinem Raub nicht entkommen, doch was der Fromme erhofft, wird nicht ausbleiben." (Sirach 16,12-13)

In 5. Mose 23,2 steht es sogar noch krasser als in der Weisheit: „Ein Bastard (uneheliches Kind) darf nicht in die Versammlungen des Herrn kommen; auch die zehnte Generation von ihm soll nicht in die Versammlung des Herrn kommen." Die Umstände der Geburt Jesu brachten seine Eltern in den Ruf, Unzucht getrieben zu haben. Dies geschah, um jenen Fluch von der Menschheit wegzunehmen! Wir glauben zu Recht, daß Er ein für allemal den Preis bezahlt hat. Tragischerweise haben wir die Barmherzigkeit jedoch so weit ausgedehnt, daß wir dadurch Gottes Züchtigung aus den Augen verloren haben, in der sich ebenfalls Seine Liebe zu uns zeigt.

Dort, wo durch Mangel an Buße keine Vergebung empfangen wird, werden unsere Kinder ungemindert von den Auswirkungen des Gesetzes von Säen und Ernten getroffen. Ich denke, jeder von uns kennt Fälle, wo die Eltern zwar sagen, sie hätten Buße getan und Vergebung ihrer Sünden empfangen, wo die Kinder aber trotzdem von schrecklichen Dingen getroffen wurden! Man fragt sich: War ihre Buße nicht ausreichend, so daß sie trotzdem das Gesetz geerntet haben? Wo immer umfassende Buße dies ermöglicht, erfüllt das Kreuz Christi die gesetzliche Notwendigkeit des Erntens. Das unpersönliche Gesetz von Galater 6,7 wird persönlich erfüllt durch die Sühne Jesu am Kreuz.

Doch Gottes Erbarmen hebt die Züchtigung nicht auf. Seine Züchtigung trifft die Sünder nach wie vor.

Ich weiß, daß der Leib Christi dies nicht hören will. Wir haben zulange an billige Gnade geglaubt. Aber in Wirklichkeit ist es sehr einfach. Als Kind hat mich mein Vater manchmal bei einer Sünde ertappt. Ich mußte mich zu ihm setzen, und er sprach mit mir: „Jackie, ich möchte, daß du weißt, daß Mama und ich dir vergeben und daß wir dich lieben. Aber jetzt muß ich dich schlagen." VERGEBUNG BEDEUTETE NICHT, DASS DIE DISZIPLINIERUNG ERLASSEN WERDEN KONNTE. Vielmehr bedeutete es, daß meine Eltern mir, gerade weil sie mich liebten, das, was ich von selbst nicht gelernt hatte, durch den Schmerz der Züchtigung ins Herz schreiben mußten.

Ich muß es noch einmal mit anderen Worten wiederholen, damit wir es richtig begreifen! Irgendwie ist in uns das Denken entstanden, daß Jesu Blut all unsre Sünden abwaschen wird und daß wir keine schrecklichen Folgen zu erwarten brauchen, sobald wir unsre Sünde bekannt und Vergebung empfangen haben! Brüder und Schwestern, ich will es wiederholen: Das ist ein schrecklicher Irrtum, eine Täuschung!! Es ist wahr, das Blut wäscht unsere Schuld ab und öffnet uns den Weg zur Gemeinschaft mit Gott und schließlich zum Himmel. Aber es hält Gottes strafende Hand nicht zurück! Wir dürfen nicht vergessen, daß wir über den Ehebruch von neugeborenen Christen sprechen.

Vor einiger Zeit pries ich Gott für seine Güte und Freundlichkeit. Plötzlich kam Seine Gegenwart machtvoll über mich, und Er sagte recht streng: „Du liebst das Bild, das du dir von mir gemacht hast!" In diesem Augenblick der Konfrontation wurden mir tausend Dinge bewußt! Unter anderem wurde mir deutlich, daß ich nur zugelassen hatte, daß Gott mir einen kleinen Teil Seines Wesen offenbarte. Dies war der Anfang des Weges nach Emmaus, den Er mich von jenem Tag an führte. Er öffnete meine Augen für viele Seiten Seines Wesens, die wir in unserer modernen Behaglichkeit nicht sehen wollen. Vor allem offenbarte Er mir, wie sich in Strenge und Disziplin die Herrlichkeit Seiner Liebe zu uns zeigt. Er ließ mich wissen, daß einer der Hauptgründe dafür, warum Christen heute so himmelschreiende Sünden begehen, darin liegt, daß sie Ihn nicht wirklich kennen.

Die Tragödie ist, daß die Christen heute nicht erkennen, welchen Segen Züchtigung bedeutet:

> „... (ihr) habt die Ermahnung vergessen, die zu euch als zu Söhnen spricht: 'MEIN SOHN, ACHTE NICHT GERING DES HERRN ZÜCHTIGUNG, UND ERMATTE NICHT, WENN DU VON IHM GESTRAFT WIRST. DENN WEN DER HERR LIEBT, DEN ZÜCHTIGT ER; ER SCHLÄGT ABER JEDEN SOHN, DEN ER AUFNIMMT.' Was ihr erduldet, ist zur Züchtigung; Gott behandelt euch als Söhne. Denn ist der ein Sohn, den der Vater nicht züchtigt?

> Wenn ihr aber ohne Züchtigung seid, deren alle teilhaftig geworden sind, so seid ihr Bastarde und nicht Söhne.
>
> Zudem hatten wir auch unsere Väter nach dem Fleisch als Züchtiger und scheuten sie. Sollten wir nicht vielmehr dem Vater der Geister unterwürfig sein und leben?
>
> Denn sie züchtigten uns freilich für wenige Tage nach ihrem Gutdünken, er aber zum Nutzen, damit wir seiner Heiligkeit teilhaftig werden.
>
> Alle Züchtigung scheint uns zwar für die Gegenwart nicht Freude, sondern Traurigkeit zu sein; nachher aber gibt sie denen, die durch sie geübt sind, die friedsame Frucht der Gerechtigkeit" (Hebr. 12,5-11).

Durch Züchtigung (und andere liebevolle Berührungen) erfüllt unser liebender himmlischer Vater die Verheißung Seines Bundes: „Ich werde mein Gesetz in ihr Inneres legen und werde es auf ihr Herz schreiben" (Jer. 31,33b). Durch Züchtigung bereitet Er uns für die Ewigkeit vor.

Die Züchtigung ist schwer oder leicht, je nachdem, ob wir wissen, was richtig und falsch ist und in welchem Maße wir zu sündigen beabsichtigen. „Jener Knecht aber, der den Willen seines Herrn wußte und sich nicht bereitet, noch nach seinem Willen getan hat, wird mit vielen Schlägen geschlagen werden; wer ihn aber nicht wußte, aber getan hat, was der Schläge wert ist, wird mit wenigen geschlagen werden" (Lk. 12,47-48a). Dies bedeutet, daß christliche Leiter, die es besser wissen, „viele Schläge" empfangen werden. Aber selbst diejenigen, die es nicht besser wissen, werden einige Schläge empfangen. Warum? Weil Gott uns liebt und weil Er uns die Lektion ins Herz schreiben muß, die uns davon abhält, noch einmal zu fallen.

Der Herr weiß, wieviel Schmerz und Leiden nötig sind, damit dadurch in unserem Herzen das Gewicht Seiner Herrlichkeit bewirkt wird. Dementsprechend hart oder sanft ist die Züchtigung. (Der folgende Abschnitt aus dem Korintherbrief spricht von dem Leiden, das aus dem hingebungsvollen Dienst für den Herrn entspringt. Doch das Prinzip für die Wirkung des Leidens ist dasselbe.):

„Deshalb ermatten wir nicht, sondern wenn auch unser äußerer Mensch aufgerieben wird, so wird doch der innere Tag für Tag erneuert. Denn das schnell vorübergehende Leichte der Drangsal bewirkt uns ein über die Maßen überreiches, ewiges Gewicht von Herrlichkeit, da wir nicht das Sichtbare anschauen, sondern das Unsichtbare; denn das Sichtbare ist zeitlich, das Unsichtbare aber ewig." (2. Kor. 4,16-18)

„Schlimme Züchtigung für den, der den Pfad verläßt; wer Zurechtweisung haßt, muß sterben." (Spr. 15,10).

„Siehe, glücklich ist der Mensch, den Gott zurechtweist! So verwirf denn nicht die Züchtigung des Allmächtigen! Denn er bereitet Schmerz und verbindet, er zerschlägt, und seine Hände heilen." (Hiob 5,17-18)

Für mich besteht die größere Tragödie darin, daß zu wenig Menschen den Unterschied zwischen Züchtigung und Strafe verstehen. Züchtigung wird uns ganz persönlich, nach genauem Maß, zugedacht, weil wir geliebt sind und weil uns vergeben ist. Strafe kommt über alle, die nicht bußfertig sind und/oder die wiederholt sündigen. Strafe ergeht meistens nach dem unpersönlichen Gesetz von Säen und Ernten über uns und bewirkt immer mehr Schaden als die persönliche Züchtigung. „Ja, Wind säen sie, und Sturm ernten sie" (Hos. 8,7a). Einige ernten, obwohl sie glauben, Buße getan zu haben. Aber Eimer voll Tränen sind noch nicht Buße. Buße heißt nicht nur, umgekehrt zu sein, sondern auch Besserung gezeigt zu haben.

Stolz, Arroganz und ein unbußfertiges Herz rufen die Strafe auf uns herab:

„Und ich werde am Erdkreis die Bosheit heimsuchen und an den Gottlosen ihre Schuld. Ich werde der Anmaßung der Stolzen ein Ende machen und den Hochmut der Gewalttätigen erniedrigen." (Jes. 13,11)

Im Blick auf das Hauptthema dieses Buches ist es vor allem wichtig zu erkennen, daß die Strafe für sexuelle Sünden, in denen jemand verharrt, ohne Buße zu tun, besonders hart ist:

„... der Herr weiß die Gottseligen aus der Versuchung zu retten, die Ungerechten aber aufzubewahren auf den Tag des Gerichts, wenn sie bestraft werden; besonders aber die, welche in der Lust der Befleckung dem Fleisch nachwandeln und die Herrschaft verachten ... und werden auch in ihrem Verderben umkommen, wobei sie durch den Lohn der Ungerechtigkeit geschädigt werden. Sie achten sogar die Schwelgerei bei Tage als ein Vergnügen, Schmutz- und Schandflecken, die in ihren Betrügereien schwelgen und zusammen mit euch Festessen halten; sie haben Augen voll Begier nach einer Ehebrecherin und lassen von der Sünde nicht ab, indem sie unbefestigte Seelen anlocken; sie haben ein in der Habsucht geübtes Herz, Kinder des Fluches ... Denn sie führen stolze, nichtige Reden und locken mit fleischlichen Begierden durch Ausschweifungen diejenigen an, die kaum denen entflohen sind, die im Irrtum wandeln; sie versprechen ihnen Freiheit, während sie selbst Sklaven des Verderbens sind; denn von wem jemand überwältigt ist, dem ist er auch als Sklave unterworfen. Denn wenn sie den Befleckungen der Welt durch die Erkenntnis des Herrn und Heilandes Jesus Christus entflohen sind, aber wieder in diese verwickelt und überwältigt werden, so ist für sie das letzte schlimmer geworden als das erste. Denn es wäre ihnen besser, den Weg der Gerechtigkeit nicht erkannt zu haben, als sich, nachdem sie ihn erkannt haben, wieder abzuwenden von dem ihnen überlieferten heiligen Gebot. Es ist ihnen aber nach dem wahren Sprichwort ergangen: DER HUND KEHRT WIEDER UM ZU SEINEM EIGENEN GESPEI und die gewaschene Sau zum Wälzen im Kot." (ausgewählte Verse aus 2. Petr. 2,9-22)

„Wie auch Sodom und Gomorra und die umliegenden Städte, die in gleicher Weise wie sie Unzucht trieben und hinter fremdem Fleisch herliefen, als ein Beispiel vorliegen, indem sie des ewigen Feuers Strafe leiden." (Judas 7)

Die Auswirkungen unserer Unwissenheit über Züchtigung und Strafe sind vielfältig:

1) WIR WENDEN UNS VON GOTTES VATERSCHAFT UND DEN WORTEN DES LEBENS AB:

„Läßt du ab, mein Sohn, auf Ermahnung zu hören, so irrst du ab von vernünftiger Lehre.“ (Spr. 19,27 – Luther)

„Wer Zucht liebt, liebt Erkenntnis; und wer Ermahnung haßt, ist dumm.“ (12,1)

„Wer Zucht fahren läßt, verachtet sich selbst; wer aber auf Zurechtweisung hört, erwirbt Verstand.“ (15,32)

„Eine aufgebrochene Stadt ohne Mauer, so ist ein Mann ohne Selbstbeherrschung.“ (25,28)

2) WENN WIR GEZÜCHTIGT WERDEN, NEHMEN WIR DIE ZÜCHTIGUNG NICHT ALS DAS AN, WAS SIE IST, WIR KÖNNEN SIE NICHT ALS LIEBE WERTSCHÄTZEN:

„Armut und Schande dem, der Züchtigung unbeachtet läßt; wer aber Zurechtweisung beachtet, wird geehrt.“ (13,18)

„Ein Narr verschmäht die Zucht seines Vaters; wer aber die Zurechtweisung beachtet, ist klug.“ (15,5)

3) DARUM FAHREN WIR DIREKT FORT ZU SÜNDIGEN, SO DASS DAS, WAS EIN SEGEN HÄTTEN SEIN KÖNNEN, ZUR STRAFE WERDEN MUSS. GOTTES ZÜCHTIGUNG HÄTTE UNS NÄHER ZU IHM GEZOGEN. DOCH WIR HABEN NICHT EINMAL GEMERKT, DASS DAS, WAS UNS WIDERFUHR, SEINE LIEBE WAR, DIE UNS GEZÜCHTIGT HAT:

„Die Zucht des Herrn, mein Sohn, verwirf nicht und laß dich nicht verdrießen seine Mahnung! Denn wen der Herr liebt, den züchtigt er wie ein Vater den Sohn, den er gern hat.“ (3,11-12)

„Denn eine Leuchte ist das Gebot und die Weisung ein Licht, und ein Weg zum Leben sind Ermahnungen der Zucht.“ (6,23)

4) DAS ENTSCHEIDENDSTE IST, DASS DIESE GENERATION DIE HEILIGE FURCHT VOR GOTT UND DAS GRAUEN VOR DER SÜNDE VERLOREN HAT. ICH SCHLAGE DEM LESER VOR, DIE FOLGENDEN ABSCHNITTE ÄUSSERST AUFMERKSAM ZU LESEN UND IN SICH AUFZUNEHMEN. (Zwar beziehen sie sich vor allem auf die Sünde des Abfalls, aber das Prinzip über Sünde und deren Folgen gilt in gleicher Weise für sexuelle Sünden und alle anderen Sünden, die absichtlich begangen werden):

> „Denn es ist unmöglich, diejenigen, die einmal erleuchtet worden sind und die himmlische Gabe geschmeckt haben und des Heiligen Geistes teilhaftig geworden sind und das gute Wort Gottes und die Kräfte des zukünftigen Zeitalters

> geschmeckt haben und doch abgefallen sind, wieder zur Buße zu erneuern, da sie für sich den Sohn Gottes wieder kreuzigen und dem Spott aussetzen. Denn ein Land, das den häufig darauf kommenden Regen trinkt und nützliches Kraut hervorbringt für diejenigen, um derentwillen es auch bebaut wird, empfängt Segen von Gott; wenn es aber Dornen und Disteln hervorbringt, so ist es unbrauchbar und dem Fluch nahe, der am Ende zur Verbrennung führt." (Hebr. 6,4-8)

Damit wir nicht zu sehr betrübt oder geängstigt werden, wollen wir daran denken, daß dieser Abschnitt über den Abfall in Unglauben spricht, nicht nur über Ehebruch. Es ist möglich, diejenigen, die in Ehebruch verfallen sind, zur vollen Buße zu erneuern. Doch die anderen Aussagen dieser Stellen sollten wir uns sehr zu Herzen nehmen, besonders die Worte, daß sie „... für sich den Sohn Gottes wieder kreuzigen und dem Spott aussetzen."

Der Schreiber des Hebräerbriefes kehrt vier Kapitel später erneut zu dem Thema zurück:

> „Denn wenn wir mutwillig sündigen, nachdem wir die Erkenntnis der Wahrheit empfangen haben, bleibt kein Schlachtopfer für Sünden mehr übrig, sondern ein furchtbares Erwarten des Gerichts und DER EIFER EINES FEUERS, DAS DIE WIDERSACHER VERZEHREN WIRD. Hat jemand das Gesetz Moses verworfen, stirbt er ohne Barmherzigkeit auf zwei oder drei Zeugen hin. Wieviel schlimmere Strafe, meint ihr, wird der verdienen, der den Sohn Gottes mit Füßen getreten und das Blut des Bundes, durch das er geheiligt wurde, für gemein geachtet und den Geist der Gnade geschmäht hat? Denn wir kennen den, der gesagt hat: 'MEIN IST DIE RACHE, ICH WILL VERGELTEN'; und wiederum: 'DER HERR WIRD SEIN VOLK RICHTEN.' Es ist furchtbar, in die Hände des lebendigen Gottes zu fallen." (Hebr. 10,26-31)

Die Tatsache, daß kein Opfer für Sünden mehr übrig bleibt, bedeutet nicht, daß diejenigen, die in Ehebruch verfallen sind, damit ihre Eintrittskarte in den Himmel verloren haben! Sie sind nach wie vor gerettet. Es bedeutet jedoch, daß Gläubige, die absichtlich sündigen, Gottes Gericht nicht entfliehen werden. Das, was wir gesät haben, bevor wir Ihn kannten, müßten wir nach Aussage des Gesetzes eigentlich ernten. Doch als wir Ihn bei unserer Bekehrung als unseren Herrn und Heiland annahmen, löschten Sein Blut und Sein Kreuz das aus. was wir eigentlich hätten ernten müssen. In gleicher Weise wurde die Strafe weggenommen, die wir für das verdient hätten, was wir vor unserer Errettung taten.

Diese Verse sagen zwar, daß uns, die wir Ihn kennen, vergeben werden wird, wenn wir absichtlich sündigen, dann jedoch Buße tun. Doch bleibt kein Opfer mehr übrig, das all die Folgen wegnimmt, die sich aus unserer Sünde ergeben! Christen, die wissentlich sündigen, werden die mächtige Hand der Züchtigung Gottes ertragen müssen, unabhängig davon, wie tiefgehend ihre Buße ist und wie vollkommen die Vergebung, die sie empfangen haben.

Mir ist bewußt, daß diese Lehre nach den bisherigen Ausführungen so hart und furchterregend klingt, daß sich viele fragen mögen: „Also, wenn ich sowieso für meine Sünden geschlagen werde, welchen Sinn hat dann die Vergebung überhaupt?“ Die Frage allein zeigt schon, wie sehr wir von der Schrift abgefallen sind. Die Folge, die jegliches Sündigen nach sich zieht, ist der Tod. Wir verdienen nichts anderes! „Die Seele, die sündigt, sie soll sterben“ (Hes. 18,4 – siehe auch 1. Mose 2,17 und die restlichen Verse von Hesekiel 18). Vergebung bedeutet Erlösung. Jesus ist unseren Tod gestorben. Vergebung bedeutet Wiederherstellung der Gemeinschaft mit Gott und den Menschen – und so weiter. Man kann eine lange Liste von Segnungen aufführen. Doch Vergebung bedeutet nicht, daß wir jemals straffrei davon kommen könnten! Es ist Zeit und längst überfällig, daß wir die Strenge der Liebe Gottes wiederentdecken und aufhören, durch die leichtfertige Weise, wie wir mit der Sünde umgehen, die Gnade Gottes in vermessener Weise zu beanspruchen!

Das bedeutet nicht, daß wir all das unterlassen sollten, was ich in den bisherigen Kapiteln aufgeführt habe, um diejenigen zu heilen, die in Ehebruch geraten sind. Vergebung ist ein Ausdruck der Gnade Gottes und heilt unsere Herzen. Aber nicht nur das, sie befähigt uns auch, Züchtigung als Ausdruck der Liebe Gottes anzusehen und die Hilfe, die sich daraus ergibt, anzunehmen, so wie Gott es geplant hat.

Einige denken nun vielleicht: Wenn Christen, die in Ehebruch geraten, vollkommene Wiederherstellung erlangen können, was soll man dann mit Schriftstellen wie der folgenden anfangen:

> „Oder wißt ihr nicht, daß Ungerechte das Reich Gottes nicht erben werden? Irrt euch nicht! Weder Unzüchtige noch Götzendiener, noch Ehebrecher, noch Wollüstlinge, noch Knabenschänder, noch Diebe, noch Habsüchtige, noch Trunkenbolde, noch Lästerer, noch Räuber werden das Reich Gottes erben." (1. Kor. 6,9-10)

(Ähnliche Listen finden sich in 1. Tim. 1,9-10; Offb. 21,8 und Offb. 22,15.)

Die Antwort ist, daß wir alle von Zeit zu Zeit die eine oder andere dieser Sünden begehen. Wer von uns könnte sagen, daß er niemals begehrt oder lästert? Es gibt viele, die, nachdem sie Jesus als Herrn und Heiland angenommen haben, gelegentlich zu viel getrunken haben. Wenn wir diese Schriftstelle ohne Deutung hinnehmen, dann wird es im Himmel sehr einsam sein! Ich vermute, daß sich Paulus und Johannes hier auf diejenigen beziehen, die ihre Sünde zur Gewohnheit werden lassen und sich nicht sehr darum mühen, damit aufzuhören.

Wenn ich nur ein- oder zweimal üben würde, Schlittschuh zu laufen, so würde beim Anblick meiner herumfuchtelnden Arme und verhedderten Beine niemand, selbst mit der größten Einbildungskraft, auf den Gedanken kommen, mich einen Eiskunstläufer zu nennen! Darum bezeichne ich einen Mann, der ein- oder zweimal in seinem Leben in Ehebruch verfällt, auch nicht als einen Ehebrecher. Er ist einfach ein geschwächter Christ, der in Sünde verfallen ist. Wenn er in dieser Sünde beharren und behaupten würde, dies sei in Ordnung, dann wäre es gerechtfertigt, ihn einen Ehebrecher zu nennen. Ein solcher Mensch würde ganz gewiß das Reich Gottes nicht erben. Ein Mann oder eine Frau mag in Homosexualität geraten. Doch er oder sie können noch befreit werden, um wieder zu einem normalen, heiligen Sexualleben zurückzukehren. Doch diejenigen, die die Schrift verdrehen, um Homosexualität zu verteidigen und zu behaupten, sie sei Gott wohlgefällig und ein ehrbarer „alternativer Lebensstil", werden den feurigen Pfuhl erben, den sie verdienen, wenn sie nicht umkehren und sich ändern!

Gelegentliches Versagen macht uns noch nicht zu einem gewohnheitsmäßigen Sünder, von dem jene Schriftstellen meiner Meinung nach sprechen. Selbst bei häufig auftretendem Versagen müssen wir eine Person noch nicht „abstempeln". Paula und ich hatten Menschen in der Seelsorge, die von bestimmten Zwängen immer wieder in den Ehebruch getrieben wurden. Einige dieser Menschen waren von jenen Schriftstellen so sehr überführt, daß sie sicher waren, sie hätten jede Chance verspielt, hier auf der Erde im Reich Gottes zu leben und später im Himmel. Doch als Gott sie durch uns von den Wurzeln, die ihr Verhalten verursachten, befreite, waren sie in der Lage, in Christus fest zu stehen, ohne noch einmal zu fallen. Für sie war Buße kein Ding der Unmöglichkeit. Wir müssen aufpassen, daß wir in solchen Fällen nicht der Gesetzlichkeit verfallen.

Hier ist nicht die Häufigkeit der Sünde der entscheidende Faktor, sondern die Herzenshaltung. Es kann sein, daß ein Mensch oft fällt. Doch wenn er nicht fallen will und wenn er seine Sünde nicht rechtfertigt, so steht ihm nach wie vor Gottes Gnade offen. Daher, wenn wir uns darum bemühen, jene, die in Ehebruch geraten sind, wiederherzustellen, wollen wir sehr darauf achten, daß wir für, und nicht gegen, den Herrn arbeiten, in Übereinstimmung mit der Bibel.

Der Leib Christi muß aufhören, Gottes Gnade in vermessener Weise zu beanspruchen. Wir müssen eine heilige Furcht und Achtung vor Gott und Seinen Geboten wiedergewinnen. Ich kenne kein anderes Mittel gegen jene Anmaßung als die Buße, zu der ich hier aufrufe – und die Entschlossenheit, Gottes Gebote in unser Herz und unsere Gedanken aufzunehmen, damit wir nicht gegen Ihn sündigen (Ps. 119, 9-16).

DIE TÄUSCHUNG EINES ZU INDIVIDUALISTISCHEN, AUF SICH SELBST GERICHTETEN GLAUBENS

Die letzte theologische Falle, durch die neugeborene Christen zur Sünde verleitet werden (jedenfalls die letzte, die ich in diesem Buch bespreche), ist unsere moderne, zu individualistische, auf uns selbst gerichtete Art des Glaubens. Wir haben die persönliche Bekehrung so sehr betont, daß dadurch eine Generation von Christen herangewachsen ist, die sich selbst suchen, die selbstsüchtig sind und Jesus unbewußt als eine Art von Nikolaus betrachten, der ihnen alle Annehmlichkeiten dieses Lebens besorgen soll. „Ich kann erwarten, alles zu bekommen, was ich haben möchte. Wenn ich das, was ich haben möchte, nicht mit erlaubten Mitteln erlange, so kann es Gottes Willen nicht allzusehr widersprechen, wenn ich dafür unerlaubte Mittel einsetze!" In einem nationalen Fernsehprogramm erklärte eine Ehebrecherin, Gott wäre sicherlich nicht sehr zornig darüber, daß sie die Geliebte eines verheirateten Mannes sei. Schließlich möchte Er doch, daß sie glücklich ist, und die Zuwendung jenes Mannes täte ihr einfach gut!

Während ich über dieses Phänomen der heutigen Zeit nachdachte und Vorbereitungen für die Niederschrift traf, dachte unser Sohn Loren, ohne daß ich davon wußte, genau über dasselbe Thema nach, und er hielt eine Adventspredigt darüber. Als Zusammenfassung dieses Kapitels und des ganzen Buches gebe ich hier, mit seiner Erlaubnis, Auszüge aus seinen Aufzeichnungen weiter:

Den Zeitgeist meiner Generation zu „verprügeln", ist eine meiner Lieblingssportarten hier auf der Kanzel. Dies bedeutet für mich, der Generation, die nach dem Zweiten Weltkrieg, in den 50er und 60er Jahren, geboren wurde, ihren beklagenswerten Zustand in prophetischer Weise vor Augen zu halten. Ich kann dies tun, ohne meine Integrität zu verlieren, weil ich selbst 1951 geboren wurde, in den 60er Jahren lange Haare trug, trotz all des Widerstands, der uns entgegengebracht wurde, in mehr als einer Antikriegsdemonstration mitmarschierte und Slogans sang, die ich nur vage verstand.

Wir, die Generation jener geburtenstarken Jahrgänge, haben uns nur durch eine Sache wirklich deutlich hervorgehoben: Wir haben das „Ich" in einer Weise erhoben und vergöttert, wie es noch nie zuvor geschehen ist. Dieser Zustand, von sich selbst völlig in Anspruch genommen zu sein, wurde nicht von uns erfunden. Wir haben nur das ausgeweitet, was wir von unseren Vorfahren geerbt haben, und die ganze Gesellschaft damit angesteckt – vom Jüngsten bis zum Ältesten. Dieser Zustand, von sich selbst völlig in Anspruch genommen zu sein, ist inzwischen zur vorherrschenden philosophischen Untermauerung unserer ganzen Kultur geworden, sowohl der säkularen als auch der religiösen.

Folglich ist unsere religiöse Ausrichtung übermäßig individualistisch und ichbezogen. Unsere Auffassung vom Glauben lautet: „Jesus wird sich um MICH kümmern", anstatt: „WIR wollen die Welt für Christus ändern." In den folgenden Sätzen wird es noch deutlicher: „Ich persönlich bin gerettet worden", anstatt: „Wir sind ein Volk zum Lobpreis Gottes."

Als Menschen des 20. Jahrhunderts, die vom Individualismus durchdrungen sind, denken wir: „Jesus kam, um MICH zu retten. Er kam, um MICH zu befreien." Die religiöse Triebkraft unseres Landes ist seit vielen Jahren von der Ausrichtung auf persönliche Rettung geprägt. Doch dies ist nicht die Haupttriebkraft der Bibel. In diesem Jahrhundert der Kirchengeschichte finden sich vor allem Evangelisten, die persönliche Errettung predigen, Lehrer, die dem Leib Christi sagen, wie sie persönlich zu Wohlstand gelangen können, Gottesmänner, die im Befreiungsdienst stehen und persönliche Dämonen austreiben, Seelsorger, die versuchen, einzelne Menschen zu persönlicher Erfüllung zu führen und so weiter. Ich habe nichts gegen diese Dinge, solange sie nicht an Stellen überbetont werden, die die Bibel nicht hervorhebt. Das Thema der persönlichen Errettung findet sich natürlich in der Bibel, doch die Hauptbetonung liegt an einer anderen Stelle

Wir Menschen der heutigen Zeit reden individualistisch, doch die Bibel spricht anders:

> „Das Volk, das im Dunkel lebt,
> sieht ein großes Licht.
> Die im Land der Finsternis wohnen,
> Licht leuchtet über ihnen.
> Du vermehrst die Nation,
> machst ihr die Freude groß.
> Sie freuen sich vor dir,
> wie man sich freut in der Ernte,
> wie man jauchzt beim Verteilen der Beute.
> Denn das Joch ihrer Last, den Stab auf ihrer Schulter,
> den Stock ihres Treibers zerbrichst du wie am Tag Midians.
> Denn jeder Stiefel, der dröhnend einherstampft,
> und jeder Mantel, in Blut gewälzt,
> fällt dem Brand anheim, wird ein Fraß des Feuers.
> Denn ein Kind ist uns geboren,
> ein Sohn uns gegeben,
> und die Herrschaft ruht auf seiner Schulter;
> und man nennt seinen Namen: Wunderbarer Ratgeber,
> starker Gott,
> Vater der Ewigkeit, Fürst des Friedens.
> Groß ist die Herrschaft, und der Friede wird kein Ende
> haben auf dem Thron Davids und über seinem Königreich,

es zu festigen und zu stützen durch Recht und
Gerechtigkeit von nun an bis in Ewigkeit.
Der Eifer des Herrn der Heerscharen wird dies tun."
(Jes. 9,1-6).

Achtet auf die Aussagen im Plural. Vers 2: „Du vermehrst die Nation, machst ihr die Freude groß." Vers 3: „Denn das Joch ihrer Last, den Stab auf ihrer Schulter zerbrichst du ..." Vers 5: „Denn ein Kind ist uns geboren, ein Sohn ist uns gegeben."

Jesaja sprach davon, daß Gott Seinem Volk als gesamter Nation größere Freude schenken wollte. Wir hingegen scheinen in dieser Generation nur damit beschäftigt zu sein und danach zu streben, daß wir persönlich glücklich sind, oft auf Kosten anderer. Jesaja erklärte, daß Gott dem ganzen Volk der Israeliten gemeinsam mehr Freude schenken wollte. Es ist das Joch des Volkes, das Er brechen will, es ist ein gemeinsames Joch, unter dem das ganze Volk leidet. Doch bei Gottes Volk in der heutigen Zeit ist Leiden oft das Stichwort dafür, daß man sich allein irgendwohin zurückzieht, um eine private Mitleidsparty zu veranstalten, als wenn unsere Last niemand anderen außer uns selbst betreffen würde!

Einer unserer Mitarbeiter äußerte einmal mir gegenüber, daß eine Wirtschaftskrise dem Leib Christi gut tun könnte, weil die Christen dadurch in Not geraten und in die Kirche zurückkehren würden. Aus meiner Erfahrung nach etlichen Jahren als Pastor weiß ich, daß das Gegenteil geschehen würde. Tatsache ist, daß allzuviele der heutigen Gläubigen die Kirche aus selbstsüchtigen Motiven besuchen. Angesichts einer Krise würden sie nach Hause gehen und dort eine einsame Mitleidsparty feiern, in dem Glauben, sie könnten Gott durch ihre Abwesenheit dafür bestrafen, daß Er die Krise zugelassen hat. Währenddessen würden, aus derselben Suche nach Selbsterfüllung heraus, die Ungläubigen in die Kirche strömen. Das klingt wunderbar, ist aber noch nicht das Ende der Geschichte! Wenn die Krise vorbei ist, kehren die Gläubigen zur Kirche zurück, und die meisten jener neuen, religiösen Gläubigen gehen nach Hause, weil sie meinen, keine Hilfe mehr zu brauchen. (Oh, wie wahr ist das! – dies ist mein Kommentar, nachdem ich 21 Jahre lang Pastor gewesen bin.)

Wenn sich einer freut, freuen sich alle, und wenn einer leidet, leiden alle (1. Kor. 12,26). So wie Paulus im Neuen Testament sprach auch Jesaja im Alten Testament von der gemeinsamen

Unterdrückung, die sich bei jedem Menschen anders auswirkt. Jesus kam, um Sein VOLK von seiner Last zu befreien. Unsere persönliche Last wird weggenommen, weil wir zu dem Volk gehören, das von seiner Last befreit ist.

Wenn Jesus nun das Joch zerbricht, so zerbricht Er es für uns alle zusammen. Wenn wir gerettet werden, so werden wir als ein Volk zusammen gerettet.

„Die Herrschaft ruht auf seiner Schulter" (Jes. 9,5) bedeutet nicht, daß Er eine politische Figur sein wird, auch nicht, daß Er einfach nur mein persönlicher HERR ist. Der Blick richtet sich vielmehr auf Seine Herrschaft über das ganze Volk, die Kirche, von der ich ein Teil bin. Unsere Gesellschaft sagt MEIN HERR. Die biblische Betonung liegt auf UNSER HERR. UNS. WIR.

Die Bilder, die vom Reich Gottes gemalt werden, sprechen klar von Beziehungen. Rettung ist eine Sache, die „uns" angeht, „wir" sind gemeint, es geht um verbindliche Beziehungen, wir sind dazu berufen, in Frieden miteinander zu leben.

> „Und viele der Söhne Israels wird er zu dem Herrn, ihrem Gott, bekehren. Und er wird vor ihm hergehen in dem Geist und der Kraft des Elia, UM DER VÄTER HERZEN ZU BEKEHREN ZU DEN KINDERN und Ungehorsame zur Gesinnung von Gerechten, um dem Herrn ein zugerüstetes Volk zu bereiten" (Lk. 1,16-17).

Bei dieser Botschaft ging es nicht um rein persönliche Errettung. Die Verheißung deutete auf eine Wiederherstellung des Einsseins und der Gemeinsamkeit hin. „Um dem Herrn ein zugerüstetes Volk zu bereiten." Unsere Kultur hat die Betonung auf die persönliche Errettung gelegt, doch Johannes, Jesus und alle anderen Bibelstellen legen die Betonung auf die Schaffung eines Volkes, das zusammen gerettet wird, das zusammen arbeitet, gemeinsam auf dem Weg ist, gemeinsam wächst, zusammen erobert.

Lukas 2,10 berichtet, wie der Engel den Hirten erscheint, um ihnen die Geburt Jesu anzukündigen: „Fürchtet euch nicht! Denn siehe, ich verkündige euch große Freude, die dem ganzen Volk widerfahren wird."

In Matthäus 1,21 spricht der Engel in einem Traum zu Joseph und sagt ihm, er solle Maria als Frau zu sich nehmen: „Und sie wird einen Sohn gebären, und du sollst seinen Namen Jesus nennen; denn er wird sein Volk erretten von seinen Sünden."

In der biblischen, hebräischen Kultur bedeutete der Ausdruck „das Volk" mehr als nur eine Versammlung von mehr als einem Menschen. Ein „Volk" war eine klar erkennbare Gruppe, die durch gemeinsame Vorfahren miteinander verbunden war und dadurch, daß sie so etwas wie ein gemeinsames Bewußtsein hatte. Eine solche Gruppe stellte man sich als ein selbständiges Wesen vor, auch wenn diese Gruppe aus Einzelpersonen zusammengesetzt war, die sich wie Tag und Nacht unterschieden. Israel wurde immer mit dem Namen einer Einzelperson angesprochen, so als wäre es ein einziger, kollektiver Mensch – Jakob ... Ein „Volk" war ein gemeinschaftliches Wesen, eine Einheit, dessen Leben Auswirkungen auf jeden einzelnen hatte. Sowohl ihr gottesfürchtiges Leben als auch ihre Sünden betrafen alle, und sie wußten, daß sie vor Gott den Lohn und die Folgen der Gottesfurcht oder der Sünde von einigen wenigen oder sogar einzelnen mitzutragen hatten. (Siehe Josua 7 und erneut 1. Kor. 12,26.)

Wenn wir gerettet werden, werden wir zusammen gerettet, weil Er kam, um Sein Volk von seinen Sünden zu retten. Wir sorgen uns dann gemeinsam um unser Heil, leben es gemeinsam und arbeiten gemeinsam im Dienst.

In Matthäus 1,23 steht, daß Sein Name Immanuel heißen wird, was „Gott mit uns" bedeutet. Unsere Generation hätte Ihn „Gott mit MIR" genannt.

Wenn wir das, was die Bibel sagt, anerkennen und verstehen, müssen wir erkennen, daß persönliche Errettung ein praktisch bedeutungsloses Konzept ist, wenn sie nicht in irgendeiner Weise mit der Einheit des gesamten Volkes Gottes verbunden ist. Ich werde nicht allein gerettet. Ich werde in ein Volk hinein gerettet. 1. Korinther 12,13: „Denn in EINEM Geist sind wir alle zu EINEM Leib getauft worden, es seien Juden oder Griechen, es seien Sklaven oder Freie, und sind alle mit EINEM Geist getränkt worden."

Ich meine, daß unsere Überbetonung der persönlichen Errettung – der Haltung, daß Jesus sich um mich kümmern wird – keine sehr gute Frucht hervorgebracht hat. Die Konzentration auf Selbsterfüllung führt zu Sünde, nicht zu Heiligkeit. Der Erweis liegt vor unseren Augen. Ich sehe ihn täglich. Wenn unser Beweggrund, warum wir zu Jesus kommen oder Ihm dienen, in Selbsterfüllung liegt, und wenn Er uns die Art des Glücks, nach der wir gesucht haben, nicht gibt, dann stehen wir sehr in Versuchung, einen anderen Weg auszuprobieren. Dies kann sogar so weit gehen, daß wir Selbsterfüllung in der Sünde suchen. Die Folge der Beschäftigung mit uns selbst ist immer Frustration und Leere, anstatt Befriedigung und Freude.

Es ist nicht das Gesetz Gottes, das mir hilft, heute an meinen moralischen Maßstäben festzuhalten. Es ist der Heilige Geist, meine Liebe zu Jesus und mein Einssein mit dem Volk Gottes. Alle drei Elemente sind nötig. Durch Schwachheit in irgendeinem dieser drei Elemente sind wir den Verheerungen und Versuchungen des Feindes schutzlos ausgesetzt. Viel zu viele von uns begehen immer wieder dieselben Sünden und geraten immer wieder auf das alte Gleis, weil uns das Gefühl des Einssein miteinander fehlt. Wir können den Schmerz, den wir anderen verursachen, nicht spüren. Wir können uns nicht mit den Nöten der anderen identifizieren, so als wären es unsere eigenen.

Warum begehen Christen Ehebruch? Weil sie nicht in gemeinschaftlichen Begriffen denken oder fühlen. An irgendeinem Punkt sind sie zu Individuen geworden, die nach individueller, persönlicher Erfüllung suchen, ohne an andere zu denken.

Die Suche nach Selbsterfüllung und eine Überbetonung der persönlichen Errettung führt weder zur Heiligkeit, noch kann sie diese aufrechterhalten. Heiligkeit entsteht durch den Heiligen Geist in mir und meine Liebe zu Jesus. Aber sie entsteht auch durch ein tiefes Gefühl der Verantwortlichkeit gegenüber anderen, mit denen ich in einem gemeinsamen Leben in einer Einheit verbunden bin. Das Gewissen dieser Generation ist im Blick auf die Folgen, die das Leben des einzelnen auf das Leben anderer Menschen hat, nicht ausgebildet.

„Dies aber wisse, daß in den letzten Tagen schwere Zeiten eintreten werden; denn die Menschen werden selbstsüchtig sein, geldliebend, prahlerisch, hochmütig, Lästerer, den Eltern ungehorsam, undankbar, unheilig, lieblos, unversöhnlich, Verleumder, unenthaltsam, grausam, das Gute nicht liebend, Verräter, unbesonnen, aufgeblasen, mehr das Vergnügen liebend als Gott“ (2. Tim. 3,1-4).

„Und weil die Gesetzlosigkeit überhand nimmt, wird die Liebe der meisten erkalten“ (Mt. 24,12).

Ich habe oft beteuert, es sei unmöglich, daß ich Ehebruch begehe. Diejenigen, die mir an diesem Punkt widersprochen haben, verstehen weder, wie ich zu dieser Erklärung komme, noch wie ich erzogen wurde. Ich lebe nicht, um Selbsterfüllung zu finden. Ich lebe nicht, um meine eigenen Bedürfnisse zu befriedigen. Darum kann ich mit meiner Frau eins sein und ihre Freuden und Schmerzen fühlen, als wären es meine eigenen. Weil ich ihr Herz in meinem trag, als wäre es mein eigenes, werde ich ihr, soweit dies mein bewußtes Handeln betrifft, niemals Schmerz zufügen oder sie verletzen. Keine Versuchung zu einem kurzen Vergnügen kann stärker sein als dieses Einssein mit ihr. Wir sündigen, weil wir nur an uns selbst denken. Das Gewissen gründet sich auf die Fähigkeit, den Schmerz der anderen zu fühlen und sich um ihretwillen von unseren schlechten Taten abzuwenden. (Hat Lorens Zeugnis nicht Ähnlichkeit mit dem seines Vaters? Warum? Erziehung! Von dem Vater meines Vaters zu meinem Vater, von dort zu mir, von mir zu Loren – vier Generationen der Treue und der Unterweisung.)

In der zweiten Hälfte der 80er Jahre haben wir erlebt, wie viele bekannte internationale und nationale Leiter in Unmoral verfallen sind. Wir haben aufgeschrien und geglaubt, Gott reinige Seine Kirche. Wir hatten recht, doch nur zum Teil. Gott hat auch unsere Vergötterung eines religiösen Systems in Stücke zerbrochen. Es war ein System, das die Überbetonung der persönlichen Errettung förderte, und zwar auf Kosten des Bewußtseins, daß wir uns als EIN Volk betrachten. Gott hat uns zu erlösender Gemeinschaft miteinander berufen, wir sollen die Kirche sein, „denn wir sind untereinander Glieder" (Eph. 4,25).

> „Laßt uns aber die Wahrheit bekennen in Liebe und in allem hinwachsen zu ihm, der das Haupt ist, Christus. Aus ihm wird der ganze Leib gut zusammengefügt und verbunden durch jedes Gelenk des Dienstes, entsprechend der Wirksamkeit nach dem Maß jedes einzelnen Teils; und so wirkt er das Wachstum des Leibes zu seiner Selbstauferbauung in Liebe" (Eph. 4,15-16).

PERSÖNLICHE ERRETTUNG IST FÜR SICH SELBST GENOMMEN NOCH NICHT GENUG. SIE BRINGT UNS WEDER IN DAS REICH GOTTES HINEIN, NOCH FÜHRT SIE ZU HEILIGKEIT IM VERHALTEN. DENN DAS REICH GOTTES BESTEHT AUS BEZIEHUNGEN. ICH BIN IN EIN VOLK HINEINGERETTET WORDEN. UNSER GLAUBE. UNSER WEG. UNSER AUFTRAG. UNSER HERR. UNSER RETTER.

Das Thema der persönlichen Errettung läuft wie ein roter Faden durch das Neue Testament. Doch die Aussagen über die Zugehörigkeit zu einem Volk, über Einheit und Einssein sind wie ein mächtiger Balken, durch den jeder einzelne Aspekt der gesamten Struktur getragen wird. Es geht nicht nur darum, daß wir gerettet sind, sondern wohinein wir gerettet wurden. Wozu sind wir gerettet worden? Damit wir ein Volk sind und damit sich die Nationen zu dem Wurzelsproß Isais kehren (Jes. 11,10).

Jesus wurde eins mit uns. Gott wurde Mensch. Das Wort wurde Fleisch (Joh. 1,14). Einheit. Beziehung. Der Himmel ist ein Fest der Freunde. Und der Leib Christi auf Erden ist eine Probe, eine Übungsstunde für die Ewigkeit. Jesus kam, um zu sterben und wiederaufzuerstehen, um uns mit Gott und miteinander zu versöhnen, um uns zu einem Fest der Freunde um sich selbst herum zu versammeln, das Volk Gottes, das zusammen ist. Ich bin davon überzeugt, daß der Herr im Himmelreich nach dem Christen suchen wird, mit dem ich auf der Erde die größten Schwierigkeiten gehabt habe, und ihn für alle Ewigkeit zu meinem Zimmergenossen machen wird – und wir werden es beide herrlich finden!

R. Loren Sandford, Pastor
The Cornerstone Vineyard Christian Fellowship
Post Falls, Idaho 83854
U.S.A.

John Loren Sandford
Gründer, Elijah House, Inc.
P.O. Box 722
Coeur D'Alene, Idaho 83814
U.S.A.

Ein Katalog der Bücher und Kassetten von John und Paula Sandford und/oder der regelmäßig erscheinende Rundbrief könnnen angefordert werden bei:

Elijah House
P.O.Box 14758
Spokane, WA 99214
U.S.A.

Weitere Titel aus dem Verlag Gottfried Bernard:

175800	R.S. Greenway,	Eine Stadt für Gott	DM 10,80
175805	T. Ruthven,	Ihr werdet den Himmel offen sehen	DM 12,80
175806	H. Riefle,	Nein ich bin zu dumm	DM 5,00
175811	T. Ruthven,	Edelsteine – Tägliche Stille Zeit NT	DM 24,00
175812	T. Ruthven,	Edelsteine – Tägliche Stille Zeit AT	DM 24,00
175815	M. Sheldon,	Gesundheit Heilung u. Medizin	DM 7,80
175819	L. Sandford,	Der verwundete Christ – Heilwerden	DM 13,80
175826	P. Hübner,	Prolegomena zu e. christl. Psychologie	DM 19,80
175827	Lambert/Minor/Joyner,	Das Zukünftige wird er ...	DM 3,80
175828	F. Frangipane,	Geistlicher Kampf auf drei Ebenen	DM 14,80
175829	F. Frangipane,	Heiligkeit, Wahrh. u. d. Gegenwart Gottes	DM 14,80
175832	P. u. D. Gleiß,	Macht sie zu Jüngern	DM 18,00
175833	H. Baar,	Gott macht das Krumme gerade	DM 7,80
175834	W. May/W. Sauter,	Ruhen im Geist	DM 10,80
175839	H. Stricker,	Beichte – Der Weg z. Lebensbereinigung	DM 3,80
175840	H. Stricker,	Sekte – Kirche zwischen Wahrheit und ...	DM 3,80
175841	H. Stricker,	Theologie – Aus welcher Quelle	DM 5,80
175842	H. Stricker,	Wiederkunft Jesu – Wider die falschen	DM 5,80
175843	H. Stricker,	Okkultismuns – Seelsorge im Engpass?	DM 6,80
175844	H. Stricker,	Ökumene – Einheit um jeden Preis?	DM 4,80
175845	H. Stricker,	Sterben – Wohin geht die Reise	DM 6,80
175820	B. Thompson,	Wiederherstellung der Persönlichkeit	DM 24,80
175830	J. Sandford,	Umgestaltung des inneren Menschen	DM 29,80
175835	D. Prince,	Segen oder Fluch	DM 20,80
175849	C.P. Wagner,	Territoriale Mächte	DM 24,80
175846	C. Urquhart,	Mein liebes Kind	DM 25,80
175831	J. Sandford,	Heilung des verwundeten Geistes	DM 29,80 ca.
175822	J. Sandford,	Warum begehen Christen Treue(Ehe)Bruch	DM 21,80 ca.
175821	J. Sandford,	Elias Auftrag	DM 22,80 ca.